The Japanese Association of Financial Econometrics and Engineering
ジャフィー・ジャーナル｜金融工学と市場計量分析

定量的信用リスク評価とその応用

津田博史
中妻照雄
山田雄二
●編

朝倉書店

は　し　が　き

　ジャフィー（日本金融・証券計量・工学学会）は，1993年4月に設立されて以来，年2回の国内大会に加えて，国際大会，コロンビア大学との共同コンファランス，フォーラム等の開催，英文学会誌，和文学会誌（ジャフィー・ジャーナル）の刊行を通じて，日本における金融・証券領域，企業経営の意思決定・リスクマネジメントにおける計量分析・金融工学の発展と普及に尽力して参りました．本書は，本学会の和文機関紙であるジャフィー・ジャーナルの第9巻です．

　このたびの特集テーマは，「定量的信用リスク評価とその応用」です．2007年の夏ごろから顕在化しはじめた米国のサブプライム問題に端を発する金融危機は，2008年9月にリーマンショックと呼ばれる米国の大手金融機関の倒産へと発展し，100年に1度といわれる世界的な大不況を引き起こしました．日本の鉱工業生産指数も2009年2月に前年同月比でマイナス38％と日本の総生産が約4割も低下しました．このような未曾有の事態へと発展することとなったきっかけは，信用リスクが低いとされた金融商品が無価値になったり，大幅に値崩れしたことです．こうした事態を踏まえ，さまざまなリスクを想定，把握し，回避，低減する工夫を行うリスクマネジメントの重要性が金融機関を中心に企業で改めて認識されています．銀行の自己資本比率に関する国際的な基準であるBasel IIは，規制上の自己資本比率を維持するだけでなく，融資や保有債券の信用リスク，トレーディング勘定でのマーケット・リスクに加えてオペレーショナル・リスクを含めた，総合的にリスクマネジメントを行う体制の整備を求めています．とりわけ，信用リスクの精緻な計測方法が求められています．このような状況を鑑みて，「定量的信用リスク評価とその応用」をテーマとして特集を組むことを企画しました．

　本書に収められた論文は，理論だけでなく，実務的にも有意義な内容を取り扱ったものも多く見受けられます．いずれの論文も，先端的な問題をテーマに

しており，幅広い読者の興味に応えられるものと考えております．

序論　「「定量的信用リスク評価とその応用」特集号の発行にあたって」
　　　（中川秀敏）

特集論文
1. 「多目的遺伝的アルゴリズムを用いたスコアリングモデルのチューニング」（山内浩嗣）
2. 「AUC を用いた格付け予測評価指標と重み付き最適化」（三浦　翔・山下智志・江口真透）
3. 「小企業向けスコアリングモデルにおける業歴の有効性」（枇々木規雄・尾木研三・戸城正浩）
4. 「t 分布 2 ファクターモデルを用いた中小企業 CLO のデフォルト依存関係の分析」（吉規寿郎・中川秀敏）
5. 「信用リスクのデルタヘッジ—モデリングと有効性の検証」（成田俊介）

一般論文
6. 「我が国におけるブル・ベア市場の区別とリターンの統計分析」（柴田　舞）

出版にあたり，レフェリーの皆様方と，お世話になりました朝倉書店の編集部の方々に記して感謝致します．

　　2010 年 2 月

　　　　　　　　　　　　　　　　　　　　チーフエディター：津田博史
　　　　　　　　　　　　　　　　アソシエイトエディター：中妻照雄・山田雄二

目　次

はしがき

序論　「定量的信用リスク評価とその応用」特集号の発行に
　　　あたって……………………………………………中川秀敏……1

特集論文

1　多目的遺伝的アルゴリズムを用いたスコアリングモデルの
　　チューニング　………………………………………山内浩嗣……24
　　　1　は じ め に　24
　　　2　スコアリングモデルのチューニング問題と GA　28
　　　3　スコアリングモデルのチューニング手法　32
　　　4　データの概要と財務指標　38
　　　5　多目的 GA によるスコアリングモデルのチューニング結果　42
　　　6　ま と め　52

2　AUC を用いた格付け予測評価指標と重み付き最適化
　　……………………………三浦　翔・山下智志・江口真透……55
　　　1　は じ め に　55
　　　2　従来からの手法　58
　　　3　AUC を用いた格付け予測モデルの評価指標　60
　　　4　RAUC 最適化によるモデリング　64
　　　5　シミュレーションデータを用いた分析結果　68
　　　6　実データを用いた分析結果　73
　　　7　ま と め　80

3 小企業向けスコアリングモデルにおける業歴の有効性
……………………………枇々木規雄・尾木研三・戸城正浩……83
    1 はじめに 83
    2 融資先企業の概要 87
    3 現行（財務指標）モデルの概要とパフォーマンス 90
    4 業歴の有効性 95
    5 まとめ 113

4 t 分布2ファクターモデルを用いた中小企業CLOのデフォルト依存関係の分析
………………………………………吉規寿郎・中川秀敏……117
    1 はじめに 118
    2 先行研究 123
    3 研究方法 133
    4 研究結果 140
    5 まとめ 157
    付録A 159
    付録B 160
    付録C 162

5 信用リスクのデルタヘッジ―モデリングと有効性の検証
………………………………………………成田俊介……166
    1 はじめに 166
    2 先行研究 168
    3 ヘッジ・モデル 170
    4 パラメーター推定 173
    5 データ 174
    6 実証分析 176
    7 まとめ 182

一 般 論 文

6 我が国におけるブル・ベア市場の区別とリターンの
  統計分析 ……………………………………柴田　舞……186
　　1　は じ め に　186
　　2　ブル・ベア市場の転換点決定法　188
　　3　ブル・ベア市場のリターンの分布　199
　　4　ボラティリティの分析　204
　　5　ま　と　め　219

『ジャフィー・ジャーナル』投稿規定　221
役員名簿　223
日本金融・証券計量・工学学会（ジャフィー）会則　224

序　論
「定量的信用リスク評価とその応用」
特集号の発行にあたって

特集号世話人
中　川　秀　敏

1　特集「定量的信用リスク評価とその応用」について

1.1　特集号のねらい

2007年夏以降に一気に加速した世界的な金融危機は，危機の火種となったサブプライム・ローン（信用力の低い個人向けの住宅ローン）の証券化商品を購入していた投資家にはもちろん，直接購入していなかった投資家にも深刻な影響を及ぼすことになり，金融に付随する各種のリスクを適切に把握し管理することの重要性と難しさを改めて浮き彫りにしたと言える．

これまでは，金融市場に関連するリスクを，市場リスク，流動性リスク，信用リスク，オペレーショナル・リスクなどのカテゴリに分類して論じることが多かった．しかし，今回の金融危機は，様々なリスク・カテゴリにまたがる多様なリスク要因が複合的に絡んだ結果と考えられる．したがって，今回の金融危機を省みる際には，単純に個々のリスク・カテゴリの議論に帰着することはできないはずであり，統合リスク管理や広い意味でのシステミック・リスクという視点を取り入れて問題の本質を論じていくことが肝要であろう．

しかしながら，今回の金融危機の理由の一端として，サブプライム・ローンそのもののデフォルト・リスクに対する評価が適切とは言えなかったこと，サブプライム・ローンを組み入れた証券化商品に対する格付機関の信用リスク評価が甘かったこと，またそうした証券化商品のリスク構造をきちんと理解せずに高い格付だけを拠り所として投資判断をした投資家がいたことなどが指摘さ

れている．その意味では，金融危機に対する反省を「信用リスクの適切な計量」という枠組みで論じることも十分に意味があり，より本質的な金融リスクの議論への足がかりにすることが大切であると考えられる．

金融危機の問題と離れてみても，信用リスクの理論研究の面では，個別企業のデフォルト確率評価や個別CDS評価といった「シングルネーム」に対する信用リスクの話題から，貸出ポートフォリオの期間内の損失分布の算出やCDO（collateralized debt obligation の略，債務担保証券とも呼ばれる）などのポートフォリオを原証券とするクレジット・デリバティブの価格付けといった「マルチネーム」の信用リスクの話題に中心がシフトしてきている印象をもっている．また，シングルネームに対する信用リスク評価がメインテーマの研究であっても，そのシングルネームが属するポートフォリオ全体との関係を軸にモデルを構築しようという研究も増えてきているように思える．

実証研究においても，個別の社債・CDS・CDOなどの信用リスクをもつ金融商品の価格などやそれらのインデックス値の市場データをはじめ，格付の推移やデフォルト実績などのデータを用いた実証的な研究が多くなっている．日本でも市場性のある信用リスク関連データが少しずつ充実してきており，提案したモデルの妥当性や実務への応用可能性をデータ分析に基づいて議論することが，以前と比べてやりやすい環境になりつつある．

また，自己資本比率に関する新たな国際的な基準であるBasel IIは，その導入前に銀行に対して信用リスク計測のための内部モデル開発を促進させた経緯がある．本稿執筆時点（2009年秋）はBasel IIが本格的に始動されて間もない段階であるが，世界的な金融危機を経験したこともあり，すでに新しい規制の枠組みの話題も出てきている．このように，銀行規制を取り巻く環境も変化していく中で，銀行が信用リスク管理をどのように行うべきかという従来からの問題意識を背景として，会計情報や様々な属性を基礎データとするデフォルト判別モデルや信用スコアリングモデル（格付を付与したり，デフォルト確率を算出するものも含む）の改善を目的として数理的に新しい技術を導入したり，新しい視点で問題を再定義したりすることをテーマとする研究がJAFEE大会でも毎回のように発表されている．

このような信用リスク研究を取り巻く状況こそ，このタイミングで「定量的

信用リスク評価とその応用」をテーマとする論文募集を企画した理由であり，新たな視点での信用リスク・モデルの理論研究や，日本における信用リスク関連データを用いた実証研究に取り組んだ論文が投稿されることを期待していた．

今回，通常と同じ匿名の査読者による審査を受けて採択された論文は5編である．いずれの論文も，企業に勤める実務家としての一面を有する方が，著者あるいは共著者になっていることが特徴的である[1]．

内容を見ると，アプローチやアウトプットはいずれも異なるものの，5編中3編が広い意味での企業向け与信に対する信用スコアリングモデルの構築・改善に関する研究である．他の2編はそれぞれ，ファクターモデルを日本のCLO（ローン担保証券）の格付評価に応用した研究と，Mertonモデルを基礎として社債の信用リスクを株式でヘッジする方法を論じる研究である．

また，いずれの論文も日本企業に関する実データを用いて分析を行っている．そのうち，2編が非金融業種の上場企業の財務データおよび格付データを，また1編が長期かつ広範な日本の社債価格データをそれぞれ対象にしている．これらのデータは，扱うデータの規模は別としても，従来も利用されることが多かったものである．その他に，（サンプル期間が長いとは言えないが）中小企業CLOのデフォルト実績データを扱っているもの，小企業の財務データおよび属性データを大規模に扱っているもの，がそれぞれ1編ずつある．中小企業CLOデータや大規模な小企業データが学術的な研究で取り上げられることは，これまであまりなかったことだと思うので，その点では，扱われているデータ自体にも興味をもつ読者も少なくないであろう．また，このことは信用リスク関連データが充実してきていることの一つの証左であり，今後もこれまでは研究目的で利用しにくかったデータを用いた研究がますます増えていくことを期待させてくれる．

「定量的信用リスク評価とその応用」特集に採択された各論文の紹介と簡単なコメントは，最後の節にまとめることとしたい．

せっかく巻頭文を執筆させていただく機会をいただいたので，次の二つの節を使って，信用リスクの依存構造をテーマとする最近の研究動向についての概

---

[1] うち1編は，筆者（中川）が共著者の論文であるが，他の投稿論文と同様に匿名の査読者による審査を受けて採択されたものであることをお断りしておく．

説,および筆者自身の最近の研究について簡単な紹介をさせていただきたい.筆者の拙文も,読者の方々にとって何らかの参考になれば幸いである.

2 信用リスクの依存構造のモデル化

筆者自身は,信用リスクの依存構造のモデル化を研究テーマの一つにしており,この分野の研究動向もフォローしているつもりである.本節では,多少テーマの偏りはあることをお許しいただいたうえで,ごく簡単ではあるが信用リスクの依存構造に関する研究動向を概説させていただく.

まず,信用リスクの依存関係をモデル化する際の考え方を整理するために,一つの見方ではあるが信用リスクの依存関係を定式化する際の立場を大まかに以下のように整理してみる.

- 依存関係が現れるメカニズムには直接の関心は示さないが,依存関係を表現できるスキームだけはモデルに準備しておくという立場
- 複数の対象に対して共通に作用するファクター(観測可能なマクロ経済因子,あるいは観測不可能な潜在因子[2])が媒介となって,個別の対象間にリスクの依存関係が現れると考えるという立場
- 個別の対象間の相対取引関係における(一方的あるいは双方向的に)直接的または間接的な作用を通じてリスクが伝播(contagion)すると考える立場

以下では,こうした立場を実際に定式化する際に用いられるモデルの例を挙げてみる.ただし,全てのモデルが上記の三つの立場にきれいに分類できるというわけではなく,中間的な位置付けのものや両方の立場を融合させたものとして扱うべきモデルも多数存在することに注意しておく.

2.1 依存関係を表現可能にするスキームをもつモデル

デフォルト事象の組合せ全てについての確率を考えるモデル

ポートフォリオを当初構成する要素数を n とするとき,各要素が期間内に

---

[2] 後でも触れるが,Das et al. (2007) などによると,観測不可能な共通の潜在変数のことを "frailty" などと呼ぶようである.

デフォルトするか否かという2値の不確実な状態があると考えると，全部で 2^n 通りの状態が考えられる．もちろん現実には n が大きくなると 2^n 個の状態の確率を一つ一つ評価することは事実上不可能となるので，様々な仮定をおいて計算しやすい形に帰着させることが普通である．

二者間の静的な依存関係を線形相関で与えるモデル

各企業について，デフォルトしている (1)/していない (0) という2つの状態を $\{0,1\}$ 値で表す確率変数間の線形相関（デフォルト相関ということが多い）を考えたり，企業価値の代理変数として見なされる標準正規分布に従う確率変数間の線形相関（アセット相関ということがある）を考えたりするモデルは，実務では一般的なものである．

ポートフォリオを当初構成する要素数を n とするとき，特に仮定をおかなければ $\dfrac{(n-1)n}{2}$ 個の線形相関係数をパラメータとして扱うことになるが，現実には強い仮定をおいて，扱うべきパラメータ数を少なくすることが常套手段である．

ただし，McNeil et al. (2005) の5.2.1項では，相関についての誤信として「周辺分布と対ごとの相関により，確率ベクトルの同時分布は定められる」という誤信と「任意の1変量分布 F_1, F_2 と任意の相関係数 $\rho \in [-1,1]$ に対して，F_1, F_2 を周辺分布とし，相関が ρ である同時分布 F を作ることは常に可能である」（McNeil et al. (2005) の翻訳版の232〜233ページの該当箇所を引用）という誤信が挙げられている．要するに，個別に評価されるデフォルト確率とは独立に各対象間の相関を与えることができるとは限らないということであり，その意味で個別のデフォルト確率評価と単純な線形相関に基づく依存関係評価を独立に行うことは一般にはできないことに注意が必要である．

コピュラを用いて多数の債務者間の依存関係を表すモデル

d 次元コピュラ（「接合関数」という訳語もある）とは，周辺分布が全て区間 $[0,1]$ 上の一様分布となる $[0,1]^d$ 上の多変量分布関数を指す一般的な概念であるが，有名な Sklar の定理[3] によって，「個別のデフォルト確率」と

---

3) d 次元同時分布を H とし，その周辺分布を $F_1,\cdots,F_d$ とするとき，常にあるコピュラ C が存在して，任意の点 $(x_1,\cdots,x_d) \in \mathbf{R}^d$ に対して
$$H(x_1,\cdots,x_d) = C(F_1(x_1),\cdots,F_d(x_d))$$
が成り立つという定理．特に $F_1,\cdots,F_d$ が連続のときは，コピュラ C は一意に決まる．

「リスクの依存関係」を分離してモデル化できることが理論的には可能となり，ボトムアップによるモデル化という観点からは，単なる線形相関よりは柔軟性に富むモデル化の手法と言える[4]．

特に，信用ポートフォリオを対象とした証券化商品であるCDOの価格付けモデルとして，Li (2000) により提案されたガウシアン・コピュラが標準的に使われていることは周知の事実である．

ただし，コピュラを用いて信用リスクの依存関係をモデル化する際に，ガウシアン・コピュラを選択しなければいけないという根拠は特になく，またガウシアン・コピュラは市場の信用リスクの依存関係を過小評価するという批判もあり，どのコピュラを用いるのが適当かという問題意識で様々な方向に拡張した研究が行われている．理論的な研究としては，一般のコピュラ・モデルを対象にしたSchönbucher and Schubert (2001) やファクター・コピュラ・モデルとも呼ばれるタイプのモデルを扱った Laurent and Gregory (2005) が挙げられる．また，Hull and White (2004) や北野 (2006) では，double-t コピュラ（いわゆる t-コピュラとは別のものになる）に相当するものを用いてCDO評価の問題を論じている．最近では，Burtschell et al. (2009) が，いくつかのコピュラ・モデル（Gaussian, Student-t, Clayton, double-t, stochastic correlation, Marshall-Olkin）によるCDO等の価格付けの比較分析を行い，iTraxx EuropeのCDOトランシェについては，他の比較対象コピュラ（Gaussian, Student-t, Clayton）などに比べて，double-t コピュラが（スーパー・シニア部分で過大評価気味ではあったが）市場の値付けに最も整合的であったと主張している．

2.2 共通ファクターを取り入れるモデル
デフォルト発生を条件付き独立として扱うモデル

基本的には，何らかの共通ファクターの値を所与としたときに，ある期間内のデフォルトの発生あるいはデフォルト発生時刻を条件付き独立なものとして扱うことができるモデルを総称して，条件付き独立モデルと呼ぶ．言うまでも

---

[4] コピュラ全般については，McNeil et al. (2005) の5章を参照のこと．また信用リスクへのコピュラの応用という点では，同書の8.3節や9.7節を参照のこと．

なく，条件付き独立モデルでは，「条件付きデフォルト同時分布」を「条件付き個別デフォルト分布の積」で表すことができるため，条件付きの個別デフォルト分布のモデル化に集中できるという取り扱いやすさが大きな長所と言える．

ただし，「条件付き独立」という範疇に入るモデルは多岐にわたり，前節で紹介したデフォルト相関やアセット相関を扱うモデル，およびコピュラ・モデル，さらには後述する情報効果に基づくデフォルト伝播モデルに分類されるモデルの中にも，共通ファクターの考え方を取り入れて，条件付き独立の性質を介して実務で応用しやすくするケースも少なくない．

情報効果に基づくデフォルト伝播の構造を取り入れたモデル

時間に関して動的なモデルを考える場合，ある企業にデフォルトが発生した場合に残った生存している要素にその影響が及ぶと考えることは自然である．このようにデフォルトの影響が伝播するモデルも数多く提唱されているが，McNeil et al. (2005) では，伝播の仕方として次の二つの整理の仕方がされている．

- 情報効果に基づく表現：デフォルト発生を新しい情報として，全体に共通する変数の事後分布を計算しなおすことで（間接的な）リスクの伝播を表現する
- 相互作用に基づく表現：デフォルトの発生が，生存している債務者のデフォルト強度などに直接影響を与えるようにリスクの伝播を表現する

そのうち，情報効果に基づく表現の例としては，背後の経済状態が有限状態のいずれかであると仮定し，各状態に応じてデフォルト強度が与えられているが，真の状態が直接観測できないという設定を考えている Collin-Dufresne et al. (2003) のモデルが挙げられる．同論文では，背後の経済状態（直接観測できない共通ファクターと見なせる）を所与としたときの条件付きデフォルト確率を考えるともに，他の企業にデフォルトが発生したときにベイズ公式に沿って経済状態（共通ファクター）の事後分布を更新していくという定式化を提唱している．

最近では，Das et al. (2007) が，米国企業のデータの分析の結果として，観測情報だけに基づいたデフォルト強度による二重確率的な (doubly stochastic) モデルでは説明できないような "frailty" または伝播性の存在が示唆されると主張している．また，Duffie et al. (2009) では "frailty" が一定ではなく Ornstein-Uhlenbeck 過程に従うと仮定するモデルを提案し，MCMC（マルコフ連鎖モンテカルロ法）を援用したパラメータ最尤推定法を Das et al. (2007) と同じ米国企業のデータに適用して分析を行い，"frailty" がデフォルト・リスクの源泉として存在することが強く示唆されると結論づけている．他にも，Delloye et al. (2006) は，格付推移の強度について比例ハザード型モデルを仮定し，ベースラインハザード関数を動的な "frailty" パラメータで調整するようなモデルを考案し，MCMC を用いた最尤推定による分析を行っている．

2.3　個別対象間の作用を取り入れるモデル

相互作用に基づくデフォルト伝播の構造を取り入れたモデル

デフォルト伝播の構造を相互作用に基づいて表現するモデルの例は多岐にわたる．また，数学的にも興味深い議論ができるモデルが多い．

デフォルト強度に関する相互作用モデルとしては，大企業（企業 A）とその企業に大きな与信をする商業銀行（企業 B）のような主従関係を想定し，デフォルトの影響が一方向だけ生じるような相互作用のあるデフォルト強度モデル

$$\lambda_t^A = a_1, \quad \lambda_t^B = b_1 + b_2 1_{\{\tau^A \leq t\}} \quad (a_1, b_1, b_2 > 0)$$

（ただし，τ^A は企業 A のデフォルト時刻）を提案した Jarrow and Yu (2001) などがその端緒と考えられる．最近では，Zheng and Jiang (2009) において，Z という共通ファクターが与えられたときに，n_i 個の債務者からなる部分ポートフォリオ i の中の j という債務者のデフォルト強度 $\lambda_{ij}(t;Z)$ を，ある関数 a_i, c_i を用いて，

$$\lambda_{ij}(t;Z) = a_i(Z)\left(1 + \sum_{l=1}^{n_i-1} c_i(Z) 1_{\{\tau_i^l \leq t\}}\right)$$

（ただし，τ_i^l はポートフォリオ i における l 番目のデフォルト時刻）と表されるようなモデルが考えられている．また，デフォルト強度に関する相互作用モデルについての数学的な議論は，Kusuoka (1999) や Bielecki and Rutkowski (2002) の7章などで詳しく論じられている．

他にも，理論物理などにおける相互作用系のモデルに模して，各企業を一つの粒子（ランダムに変化する信用状態で特徴づけられる）に見立てて粒子間の相互作用をビジネス取引関係と読み替え，確率的に取引相手の信用状態が伝播していくという設定の下で時間経過とともに漸近的に経済全体がどのような状態になるかを論じる Giesecke and Weber (2004)，Giesecke and Weber (2006)，Dai et al. (2009) のような研究もある．

Giesecke らによるトップダウン・アプローチのモデル

ここ数年，個人的に関心がある信用ポートフォリオを対象とするリスクのモデル化のアプローチが，Giesecke and Goldberg (2005) のトップダウン・アプローチである．ポートフォリオ内の個々の対象の信用リスクを計量するモデルをまず考案し，そのうえで信用リスクの依存関係を考慮してポートフォリオ全体の信用リスクの計量化を図ろうとする従来の（ある意味で自然な）アプローチをボトムアップ・アプローチと呼ぶのに対して，個別の対象を扱うのはひとまず置いておき，ポートフォリオ内でのデフォルトのようなイベントの発生だけに注目して，ポートフォリオの信用リスクをモデル化してから個別対象のリスクに目を向けるアプローチがいわゆるトップダウン・アプローチである．

トップダウン/ボトムアップという考え方自体は目新しいものではないが，Giesecke and Goldberg (2005) は，誘導型モデルの枠組みで，最初にポートフォリオ全体のデフォルト発生強度を定式化し[5]，それから全体のデフォルト強度を random thinning と呼ばれるアイデアで個別の対象のデフォルト発生強度に結びつけるという二段階のモデル化の方針を示し，それらを点過程についての確率論の知識を用いて数学的に基礎づけた．

Giesecke and Goldberg (2005) の論文は本稿執筆時点でもワーキングペーパーの段階であるが，初稿（2005年2月18日版）では，どちらかというとポ

---

[5] ポートフォリオ全体のデフォルト発生強度の例として，ポートフォリオ内でデフォルトが発生した時点で，次にポートフォリオ内でデフォルトが発生する強度が正方向にジャンプをする自己励起的（self-exciting または self-affecting）な性質をもつものが挙げられる．具体的なメカニズムはともかく，ある企業のデフォルトが，残る生存企業の信用リスクに作用を及ぼすという考え方に基づくものと見なして，この節で取り上げた．

ートフォリオのデフォルト発生強度の例として自己励起性を有する基本的なHawkesモデル[6]の例を数多く挙げており，random thinningについては理論フレームワークを示しただけで具体的なモデルを提示していなかった．

それが何回かのドラフトの改訂を経て，本稿執筆時点の最新稿（2009年8月11日版）では，Giesecke, et al. (2009) と著者が三名の論文となり，内容も初稿とは大きく異なっている．最新稿では，自己励起的なデフォルト発生強度についての言及はほとんど消えており，ラプラス変換を応用した評価法実践の例としてのみ，具体的なデフォルト強度（ジャンプ・アフィン型）が取り上げられている．最新稿の中心的話題は，random thinningについての理論および実用化のための具体的な導入法であり，CDS High Yieldポートフォリオを対象にしたときの，市場データによるキャリブレーションの方法や個別構成銘柄によるヘッジ感応度の具体的な計算法が論じられており，個別のCDSの役割に目を向けたモデルになっている[7]．

実際には自己励起的なデフォルト強度に関する話題は，Giesecke and Goldberg (2005) の初稿以降ワーキングペーパーとして公表されている別の派生的な論文の中で議論されている．

例えば，Errais et al. (2006) では，Hawkesモデルを含む一般のアフィン・ジャンプ拡散モデルをポートフォリオ・デフォルト強度とした場合に，CDSインデックス・スワップおよびトランシェ・スワップと呼ばれるクレジット・デリバティブの固定プレミアム・レートの評価に必要な期待値計算の方法について具体的に論じている．

また，Azizpour and Giesecke (2008) では，Hawkesモデルを含むアフィン・ジャンプ拡散型の自己励起的なポートフォリオ・デフォルト強度モデルのパラメータ最尤推定や適合度検定の方法を示し，1970～2006年の米国社債デ

---

6) もともとはHawkes (1971) によって伝染病の伝染メカニズムを表せるモデルとして数学的な性質の研究がされたものだが，その後は地震発生の強度モデルなどに広く応用され，それが金融リスクにおいて点過程で表現されるイベントのリスクなどに応用されるようになってきた．

7) ちなみに，Adobe® Acrobat®の検索機能を用いてカウントした結果，初稿では"self-exciting"というキーワードが論文中に20件のヒット，"thinning"は13件のヒットだったのに対して，最新稿では，"self-exciting"はゼロ，"thinning"は67件のヒットがあった．

フォルトの履歴データを用いて実証分析の結果についても考察を行っている．その際には，拡散項を考慮しない最も単純な Hawkes モデルの場合（ゼロファクターモデル）だけでなく，3ヶ月もの米国債利回りと S&P 500 をリスクファクターと見なしたモデル（1 ファクターモデル）についても分析しているが，適合度検定の結果は 1 ファクターモデルがゼロファクターモデルよりも当てはまりが良いとは言えないという考察をしている．

さらに，Giesecke and Kim (2009) では，経済全体で観測されたデフォルト履歴データからリサンプリングを通じて，参照ポートフォリオの thinning 過程を特徴づける方法を提案し，トップダウン・アプローチを実際の CDO 市場分析に応用できる枠組みを提示していて非常に興味深い．一つには，参照ポートフォリオのデフォルト強度として，Hawkes モデルにおける時間確定的な項やジャンプ幅が，直前のデフォルト強度の水準によって決まる形に拡張した例を挙げてパラメータ推定手法について論じている．また，random thinning について，経済全体の格付分布および対象となるポートフォリオの格付分布を対応させる具体的な定式化を提案している．

3 相互作用型強度モデルを用いた格付変更履歴データの分析

この節では，中川 (2009) の内容を簡単に紹介する．前節との関連でいうと，Giesecke and Goldberg (2005) のトップダウン・アプローチにおける「トップ」部分に相当するポートフォリオにおけるイベント発生強度をデフォルト事象ではなく，格付変更という事象の分析に応用するという位置付けの研究になる．

あるタイプのイベント発生（ここでは，ある業種カテゴリにおける格下げ/格上げのようなイベントを考える）が，同じタイプのイベント発生強度だけでなく異なるタイプのイベント発生強度にも影響を及ぼす状況を表現することを目的として，アフィン・ジャンプ過程による複数のタイプの相互作用型イベント発生強度モデルを構築する．さらに，この相互作用型イベント発生強度モデルを用いて日本企業の格付変更履歴データを分析することで，提案モデルの実務への応用可能性を考える．

3.1 データの概要と加工について

本研究で相互作用型強度モデルのパラメータ推定に用いるデータは，Bloomberg から取得した格付投資情報センター（R&I）の 1998 年 4 月 1 日から 2009 年 9 月 27 日までの日本企業の発行体格付（保険会社の償還能力含む）の変更に関するものである．取得した履歴データには，発行体，イベント発生年月日，変更後の格付，変更前の格付，業種が情報として含まれている．しかし，今回の分析では，イベント発生年月日，該当する企業の属するセクター，イベントの種類（格下げ，格上げ，その他）だけに注目し，発行体の名称や細かい格付推移の情報は扱わない．

図 1 は発行体格付の変更の件数の推移を，格下げ，格上げ，その他（償還・発行）について，月次で表したものである．この図を見ると，1998 年 5 月から 1999 年 8 月くらいまでの期間と，2002 年の前半あたりおよび 2008 年後半以降に特に格下げが多くなっていることが分かる．一方，2006 年から 2007 年

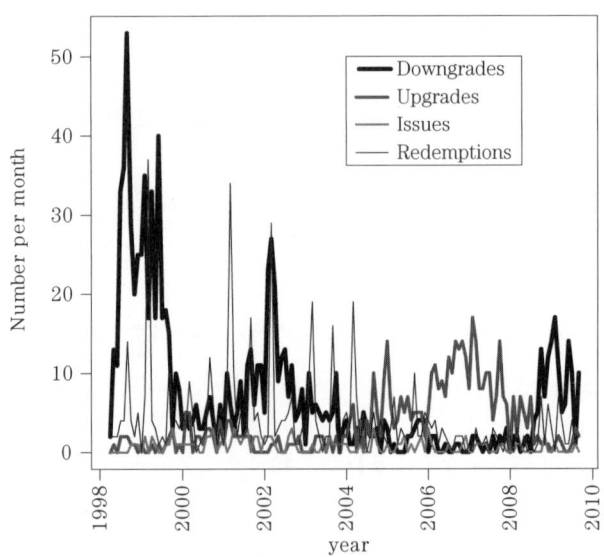

図1 1998年4月1日から2009年9月27日までのR&I発行体格付についての格下げ（Downgrades）/格上げ（Upgrades）/その他（償還（Redemptions）・発行（Issues））の月別発生件数の推移（保険会社の償還能力に対する変更も含む）（中川（2009））

にかけては，格上げ件数が相対的に多くなってきている．

次に，業種分類については Bloomberg のものを採用し，最終的に次の三つのカテゴリに再分類する[8]．

- Financial（保険会社の償還能力に対する格下げも含む）
- Group-A (Communications, Consumer-Cyclical, Industrial, Technology)
- Group-B (Basic Materials, Consumer-Non-cyclical, Energy, Utilities)

また，分析する際に時間を連続時間に対応させる必要があるため，適当な処理を行った．

3.2 モデルとパラメータ推定法

細かい議論は割愛するが，本節でモデルを紹介するのに必要最低限の数式を用いて，具体的な相互作用型イベント発生強度モデルを導入しておく．

$(\Omega, \boldsymbol{F}, P)$ を完備な確率空間とし，$(\boldsymbol{F}_t)$ を適当なフィルトレーションとする．まず，ある $m \in \mathbb{N}$（対象とするイベントタイプの総数）に対して，$0(=\tau_0^i) < \tau_1^i < \tau_2^i < \cdots$ $(i=1,\cdots,m)$ を $(\boldsymbol{F}_t)$-適合な点過程（停止時刻の増大列）とする．τ_k^i を，タイプ i のイベント（例えば「金融業における格下げ」といったイベント）が k 回目に発生するランダムな時点と解釈する．また，$N_t^1, \cdots, N_t^m$ をそれぞれ点過程 $\{\tau_k^1\}_{k\in\mathbb{N}}, \cdots, \{\tau_k^m\}_{k\in\mathbb{N}}$ に付随する計数過程とする．

また，$L_t^1, \cdots, L_t^m$ を各 i について，L_t^i は独立同分布の確率変数 $\eta_1^i, \eta_2^i, \cdots$ を用いて

$$L_t^i := \sum_{k=1}^{N_t^i} \eta_k^i,$$

で定義される $(\boldsymbol{F}_t)$-適合な純ジャンプ過程とする．ただし，η_k^i は $\boldsymbol{F}_{\tau_k^i}$-可測であるとする．本稿の分析例では，$\eta_k^i$ を τ_k^i で同時に観測されたタイプ i のイベント件数と見なす．

次に，$(\boldsymbol{F}_t)$-発展的可測な非負値の確率過程 X_t^i を用いて

---

[8] データ加工の難しさもあり，Group-A は景気変動の影響を受けやすそうなセクター，Group-B は景気変動の影響が小さそうなセクターという単なる主観的イメージで分類している．もう少し意味のある分類をすると，分析結果もより興味深いものになると期待される．

$$M_t^i := N_t^i - \int_0^t X_s^i ds$$

と定義した M_t^i が (F_t)-マルチンゲールになるとき, X_t^i を N_t^i に付随するイベント強度過程と呼ぶことにする.

ここでは, m 個のイベントタイプに対するイベント強度過程のベクトル $X_t = {}^t(X_t^1, \cdots, X_t^m)$ が次のようなモデル (相互作用型 Hawkes モデル[9]) と解釈できる) に従うと仮定する.

$$\begin{pmatrix} dX_t^1 \\ \vdots \\ dX_t^m \end{pmatrix} = \begin{pmatrix} \kappa^1(c^1 - X_t^1) \\ \vdots \\ \kappa^m(c^m - X_t^m) \end{pmatrix} dt + \sum_{i=1}^m \begin{pmatrix} \xi^{1,i} \\ \vdots \\ \xi^{m,i} \end{pmatrix} dL_t^i, \quad (1)$$

ただし, κ^j, c^j, $\{\xi^{j,i}\}_{i=1,\cdots,m}$ $(j=1,\cdots,m)$ および初期値 X_0^j は全て非負値のパラメータである. (1) 式から, タイプ j のイベント発生強度は, 時点 t でタイプ i のイベントが発生したとき, $\xi^{j,i} dL_t^i$ だけジャンプするが, イベントが発生しなければ c^j という水準に κ^j で決まるスピードに時間について確定的に回帰すると解釈することができる.

対象とする格付変更タイプが m 種類であるとき, タイプごとにイベント発生日と発生件数の履歴データ, すなわち, $(\tilde{\tau}, \tilde{\eta}) := [\{(\tilde{\tau}_k^i, \tilde{\eta}_k^i)\}_{k=1,\cdots,\tilde{N}_T^i}]_{i=1,\cdots,m}$ というマーク付き点過程のサンプルとして観測データが利用できるものとして, パラメータを推定する方法を考える. このとき, L_t^i はタイプ i の累積発生件数を表すジャンプ過程として扱われることに注意しておく.

ここで, $\Theta^j := (X_0^j, \kappa^j, c^j, \{\xi^{j,i}\}_{i=1,\cdots,m})$ $(j=1,\cdots,m)$ を推定すべきパラメータの組とする. 全てのパラメータは非負の値をとるものと仮定する.

最終的にタイプ j イベントに対する最尤推定の問題は, 以下の目的関数の非負制約付きの最大化問題として考えることができることが分かる.

$$\sum_{k=1}^{\tilde{N}_T^j} \log\left\{c^j + e^{-\kappa^j \tilde{\tau}_k^j}(X_0^j - c^j) + \sum_{i=1}^m \xi^{j,i} \sum_{\tilde{\tau}_p^i < \tilde{\tau}_k^j} \tilde{\eta}_p^i e^{-\kappa^j(\tilde{\tau}_k^j - \tilde{\tau}_p^i)}\right\}$$
$$-c^j T - \frac{X_0^j - c^j}{\kappa^j}(1 - e^{-\kappa^j T}) - \frac{1}{\kappa^j}\sum_{i=1}^m \xi^{j,i} \sum_{k=1}^{\tilde{N}_T^i} \tilde{\eta}_k^i(1 - e^{-\kappa^j(T - \tilde{\tau}_k^i)}). \quad (2)$$

パラメータの最尤推定は, 統計分析ソフトウェア R の optim 関数 (非負制約を入れるため method として "L-BFGS-B" を選択) によって, (2) 式で

---

[9] ただし, Hawkes (1971) では定常過程になるケースだけを考えている.

定義された関数を最大化するという実装を行った．初期値は，強制的にパラメータ値を固定しない限り，計12個のセットを用意して最適化し，各 j について目的関数 (2) が最大となる場合の推定値を取り出す．

3.3 業種カテゴリ別の格下げモデル

ここでは，三つに分類した業種カテゴリごとの格下げ発生強度モデルを $m=3$ とした (1) 式の確率微分方程式によって与え，業種カテゴリごとにまとめた履歴データを用いてパラメータ推定を行う．変数の右上の数字は，1が "Financial" を，2が "Group-A" を，3が "Group-B" の格下げイベントを示すものとする．

格下げについて業種カテゴリ別にパラメータ推定した結果は，表1にまとめている．

業種カテゴリ別の格下げについては，$\xi^{1,1}$，$\xi^{2,2}$，$\xi^{3,3}$ の推定値の水準だけを見ると，いずれもある程度の自己励起性が認められるが，推定値の絶対値が標準誤差の2倍より大きい場合を有意であると判断する場合，Group-A カテゴリだけが有意な水準と見なされ，Financial カテゴリおよび Group-B カテゴリの自己励起性は有意とは認められないことになる．

また，相互作用性については，$\xi^{2,1}$ の推定値と標準誤差の関係から，Financial カテゴリの格下げが Group-A カテゴリの格下げに対して一方向的に比較

表1 格下げに対する業種カテゴリ別強度モデルのパラメータの最尤推定値
カッコ内は，Hesse 行列の逆行列の対角成分の平方根として計算した標準誤差（中川 (2009)）

Financial	X_0^1	κ^1	c^1	$\xi^{1,1}$	$\xi^{1,2}$	$\xi^{1,3}$
	19.11	4.08	3.18	1.51	0.00	0.00
	(13.35)	(6.33)	(1.10)	(1.26)	(0.24)	(1.21)
Group A	X_0^2	κ^2	c^2	$\xi^{2,1}$	$\xi^{2,2}$	$\xi^{2,3}$
	42.09	3.26	3.17	1.17	1.00	0.82
	(18.67)	(0.97)	(1.80)	(0.32)	(0.43)	(0.86)
Group B	X_0^3	κ^3	c^3	$\xi^{3,1}$	$\xi^{3,2}$	$\xi^{3,3}$
	24.47	4.34	1.01	0.38	0.44	1.22
	(19.12)	(1.71)	(0.86)	(0.25)	(0.39)	(0.66)

的強い影響を及ぼしていることが示唆される．しかしながら，その他には強い相互作用性は認められない．

業種カテゴリ別の格下げモデル以外の分析結果や考察は，中川（2009）を参照されたい．いずれにしても，強度モデルの定式化だけでなく，格付変更データの加工法，業種カテゴリのまとめ方，パラメータ推定法（最適化手法）など，様々な点で改善の余地があり，今後の課題としたい．

4 各論文の概説

最後に本節では，特集「定量的信用リスク評価とその応用」で採択された各論文について，概要を紹介して筆者なりの簡単なコメントを与えておく．実際に各論文を読む際のガイドとしての役割が果たせていれば幸いである．

山内論文「多目的遺伝的アルゴリズムを用いたスコアリングモデルのチューニング」

山内論文の研究目的は非常に分かりやすい．いくつかの財務指標を点数化して企業の信用力を判定する際に，各財務指標についてどのような点数の与え方をすることが望ましいかという問題を考えているわけで，実際に銀行の審査業務やリスク管理業務に従事している方には非常に興味深い内容であると思われる．その一方で，問題解決に対するアプローチに用いられている遺伝的アルゴリズム（以下，GA）は，金融工学でも応用例があるとは言え，まだまだGAに馴染みが少ない実務家の方が多いであろう．

確かに，GAの一般論を詳細に理解することは難しいと思われる（筆者自身もきちんと学習した経験がない）が，山内論文ではGAについて必要最低限の知識が得られる配慮もされているので，GAについての知識を全くもたなくても十分内容を理解できると考える．また，機械的に一つの最適解を求めるのではなく，複数の評価尺度に注意を払いつつ最適に近い解を効率的に探していき，その解の意味をきちんと考えていくというアプローチは，むしろ実際の審査業務やリスク管理業務と整合的なものではないだろうか．

欲張った考え方かもしれないが，現状ではスコアリングモデルに用いる財務

指標を先に固定しているところを，変数選択も含めて GA で解くところまで拡張すると面白いのではないかと思う．

三浦・山下・江口論文「AUC を用いた格付け予測評価指標と重み付き最適化」

　三浦・山下・江口論文は，格付予測手法として広く用いられている順序ロジットモデルのパラメータを最尤推定する方法に替わりうるものとして，格付のような順序付きのカテゴリカルデータに対する統計モデルの評価指標として RAUC（rating AUC）と名づけられた指標を最大化することでモデル・パラメータを推定する方法を提案している．RAUC とはデフォルト確率予測モデルの評価指標として定着している感のある AUC（area under the curve）を拡張したものである．また，各カテゴリ間の重みを調整した weighted RAUC という指標も検討されている．

　近似的な最適化の手法や，モデルの1次アウトプットである実数値を格付にマッピングする際の格付間のしきい値の決め方についても丁寧に議論しており，格付予測に関心のある実務家にとっては，すぐにも試してみたくなる方法になっていると思われる．

　ただし，今回の研究では，RAUC 最適化によって得られた格付予測モデルの予測性能については検証されていない．提案した手法の有効性を示すためには，予測に対するモデルの頑健性も議論する必要があると思われる．その意味で今後の研究の進展を期待したい．

枇々木・尾木・戸城論文「小企業向けスコアリングモデルにおける業歴の有効性」

　枇々木・尾木・戸城論文は，従業員数 20 人未満の小企業向けの信用スコアリングモデルとして，財務指標を説明変数とするロジスティック回帰モデルから得られる信用スコアに，業歴（年数）の多項式を加えて得られる新しい信用スコアの有効性を，AR（accuracy ratio）値をモデルの評価指標として主張している．

　過去データから観測される業歴と実績デフォルト率の関係，および一般的に

想像される小企業の生涯と整合する解釈が可能であることをふまえて，デフォルト率を業歴（年数）の3次式でモデル化するというアイデアは非常に興味深い．しかしその一方で，確かに実証結果もある程度良いものであるとは言え，3次式のモデルがベストな選択かどうかという点については，読者も少なからず疑問をもつであろう．

筆者個人としては，同論文の最大のポイントは，日本政策金融公庫が実際に融資を行っている小企業についての大規模なデータの概要をうかがい知ることができるということであると考える．いたずらにモデルや手法を高度化しなくても，埋もれているデータにきちんと目を向けることで，信用リスク評価は十分改善しうることを示唆しているようにも感じられる．本研究および今後の研究の成果が，公庫の融資政策にも活かされることを大いに期待したい．

吉規・中川論文「t 分布2ファクターモデルを用いた中小企業 CLO のデフォルト依存関係の分析」

吉規・中川論文で用いたモデルのフレームワークおよび手法は，基礎となるファクターの分布を標準正規分布から標準 t 分布に変えているが，直接的には北野（2007）の2ファクターモデルを採用している．ただし，日本政策金融公庫が組成した CLO をモデルの適用対象としている研究という点では，本誌出版時点では比類ないものと言えよう．

提案されている t 分布2ファクターモデルは，パラメータの最尤推定の際に技術的な難しさが認められるし，AIC を基準にしたときのモデル適合度も満足できる結果ではない．しかし，実績デフォルト率が高く大幅に格下げされた実際の CLO 案件に対してモデルを事後的に適用した結果，正規分布2ファクターモデルより t 分布2ファクターモデルの方が，実情にあった格付の評価を与えていることが確認されている．

研究上の課題はまだまだ多いが，データが蓄積されていくにつれ，CLO 組成や CLO 投資において本研究の成果が少なからず活かされていくことが期待される．

成田論文「信用リスクのデルタヘッジ―モデリングと有効性の検証」

　成田論文では，社債投資でかかえる信用リスクを，株式のショートポジションによってヘッジするための手法を提案し，効果を検証している．ヘッジ手法の基礎としているものはいわゆる Merton モデルである．信用リスク研究に明るい方には周知であるが，Merton モデルは，債務の返済期日において債務超過である状態をデフォルトと定義した上で負債および株式の理論価値をオプション価値として算出する，理論的に美しい構造型モデルである．しかしながら，それゆえに現実のデフォルト・リスクをとらえるモデルとして利用するには難しい，あるいは有用とは言えないという認識が一般的であろう．

　成田論文は，現実とは乖離している理論の応用可能性をあえて追求しているように見えるので，その試みを無謀と感じる読者も少なくないかもしれない．確かに，実データを用いた検証結果は提案したヘッジ手法の有効性を強く主張できるものではなかったことを著者も認めており，研究方法を見直していくことも必要であろうが，分析をする中でパラメータ推定に関して副次的に得られた興味深い知見もあり，これらを総合して本論文の研究成果と見ることができよう．また，基礎となる理論モデルの改良によっては結果が改善する可能性も否定できないので，今後の研究の展開を注視したいと思う．

〔参考文献〕

北野利幸 (2006)「デフォルト相関に関する t 分布ファクターモデル― CDO 評価への応用」『ジャフィー・ジャーナル金融工学と証券市場の計量分析 2006』，83-117，東洋経済新報社．

北野利幸 (2007)「デフォルト実績データによるデフォルト依存関係の推定―２ファクターモデルによる資産相関の最尤推定」『日本オペレーションズ・リサーチ学会和文論文誌』，**50**，42-67．

中川秀敏 (2009)「相互作用型の格付変更強度モデルによる格付変更履歴データの分析」，*Working paper* (Dec. 13, 2009)．

Azizpour, S. and K. Giesecke (2008), "Self-exciting corporate defaults : Contagion vs. frailty," *Working paper* (Aug. 29, 2008), Stanford University. (http://www.stanford.edu/dept/MSandE/people/faculty/giesecke/publications.

html)

Bielecki, T. and M. Rutkowski (2002), *Credit Risk : Modeling, Valuation and Hedging*, Springer Finance. Springer.

Burtschell, X., J. Gregory and J. P. Laurent (2009), "A comparative analysis of CDO pricing models," *Working paper* (Feb. 20, 2009), (http://www.defaultrisk.com/pp_crdrv_71.htm)

Collin-Dufresne, P., R. Goldstein and J. Helwege (2003), "Is credit event risk priced? modeling contagion via the updating of beliefs," *Working paper*. (http://faculty.haas.berkeley.edu/dufresne/)

Dai Pra, P., W. Runggaldier, E. Sartori and M. Tolotti (2009), "Large portfolio losses : Adynamic contagion model," *The Annals of Applied Probability*, **19** (1), 347-394.

Das, S. R., D. Duffie, N. Kapadia and L. Saita (2007), "Common failing : How corporatedefaults are correlated," *Journal of Finance*, **62**(1), 93-117.

Delloye, M., J. D. Fermanian, and M. Sbai (2006), "Dynamic frailties and credit portfolio modeling," *Risk*, October, 100-105.

Duffie, D., A. Eckner, G. Horel and L. Saita (2009), "Frailty correlated default," *Journal of Finance*, **64**(5), 2089-2123.

Errais, E., K. Giesecke and L. R. Goldberg (2006), "Pricing credit from the top down with affine point processes," *Working paper* (Sep. 5, 2007), Stanford University. (http://www.stanford.edu/dept/MSandE/people/faculty/giesecke/publications.html)

Giesecke, K. and L. R. Goldberg (2005), "A top down approach to multi-name credit," *Working paper* (Jun. 6, 2008), Stanford University. (http://www.stanford.edu/dept/MSandE/people/faculty/giesecke/publications.html)

Giesecke, K., L. R. Goldberg and X. Ding (2009), "A top down approach to multi-name credit," *Working paper* (Aug. 11, 2009), Stanford University. (http://www.stanford.edu/dept/MSandE/people/faculty/giesecke/publications.html)

Giesecke, K. and B. Kim (2009), "Risk Analysis of Collateralized Debt Obligations," *Working paper* (Jun. 17, 2009), Stanford University. (http://www.stanford.edu/dept/MSandE/people/faculty/giesecke/publications.html)

Giesecke, K. and S. Weber (2004), "Cyclical correlations, credit contagion, and portfolio losses," *Journal of Banking and Finance*, **28**, 3009-3036.

Giesecke, K. and S. Weber (2006), "Credit contagion and aggregate losses," *Journal of Economic Dynamics and Control*, **30**, 741-767.

Hawkes, A. G. (1971), "Spectra of some self-exciting and mutually exciting point process," *Biometrika*, **58**, 83-90.

Hull, J. and A. White (2004), "Valuation of a CDO and an nth to default CDS without monte carlo simulation," *Journal of Derivatives*, **12**(2), 8-23.

Jarrow, R. A. and F. Yu (2001), "Counterparty risk and the pricing of defaultable securities," *Journal of Finance*, **56**(5), 1765-1799.

Kusuoka, S. (1999), "A remark on default risk models," *Advances in Mathematical Economics*, **1**, 69-82.

Laurent, J. P. and J. Gregory (2005), "Basket default swaps, CDO's and factor copulas," *Journal of Risk*, **7**(4), 103-122.

Li, D. (2000), "On default correlation : A copula function approach," *Journal of Fixed Income*, **9**(4), 43-54.

McNeil, A. J., R. Frey, and P. Embrechts (2005), *Quantitative Risk Management : Concepts, Techniques and Tools*, Princeton Series in Finance. Princeton University Press.
(邦訳として，塚原英敦他訳 (2008)『定量的リスク管理―基礎概念と数理技法』共立出版.)

Nakagawa, H. (2009), "Modeling of contagious rating changes and its application to Multi-Downgrade Protection," *Working paper* (Dec. 13, 2009).

Schöonbucher, P. and D. Schubert (2001), "Copula-dependent default risk in intensity models," *Working paper*. (http://papers.ssrn.com/sol3/papers.cfm?abstract_id=301968)

Zheng, H. and L. Jiang (2009), "Basket CDS pricing with interacting intensities," *Finance and Stochastics*, **13**, 445-469.

（一橋大学大学院国際企業戦略研究科）

特 集 論 文

1 多目的遺伝的アルゴリズムを用いた スコアリングモデルのチューニング*

山 内 浩 嗣

概要 本研究では，銀行の審査実務などにおいて従来から用いられてきたスコアリングモデルに対するチューニング方法として，遺伝的アルゴリズム（genetic algorithm, GA）を応用した方法を提案する．GA による解探索においては，多目的最適化問題に対する GA の拡張である多目的 GA を用いた．複数の目的関数を同時に最大化する多目的 GA を用いることで，信用リスクモデルの用途に応じた複数の評価尺度に関する目的関数を設定し，それらを同時に高める解探索を行うことができるようになった．これを行う際には，できるだけ頑健性が高い解（モデル）を生成するためにブートストラップを世代交代ごとに実施し，モデル評価値のブートストラップ分布に関する統計量を用いて解の適応度を評価した．さらに実証分析を行い，一般的に用いられている線形構造のモデルとスコアリングモデルとを比較した．その結果，スコアリングモデルの優位性が示された．

Keywords：信用リスクモデル，スコアリングモデル，遺伝的アルゴリズム，多目的最適化問題，ブートストラップ．

1 はじめに

スコアリングモデルとは，個別企業の信用リスクを計量するモデルの一種である．このモデルでは，スコアリングテーブル（表 1-1 にあるような，指標の区切り値とスコア値を対応づけた「配点表」のこと）と呼ばれる非線形の変換

---

* 本論文を執筆するにあたっては，多くの研究者および実務家，そして匿名のレフェリーから有益なアドバイスを多数頂いた．この場を借りて深く御礼申し上げたい．もちろん本研究に含まれるすべての誤りは著者の責任である．なお，本研究の内容は筆者個人に属するものであり，筆者の属する組織の公式見解を表すものではない．また，筆者は本研究に含まれる内容を利用したことで生じたいかなる損害等について何ら責を負わない．

1　多目的遺伝的アルゴリズムを用いたスコアリングモデルのチューニング　*25*

表1-1　スコアリングテーブルの例

区分	～-10%未満	-10%～0%未満	0%～20%未満	20%～40%未満	40%以上
スコア値	-30点	-12点	0点	5点	20点

テーブルによって財務指標をスコア化し，複数の財務指標に対するスコア値の合計で信用リスク量を評価する[1]．この手法は，金融機関等による法人向け融資における個別企業の信用リスク評価や個人向けローンの評価，あるいは有価証券投資における投資対象企業の信用力評価などの用途で，従来から広く用いられてきた[2]．

スコアリングモデルでは，複数の財務指標をスコア化して信用リスク量を評価する．このようなモデル構造の特徴は，分析者，特に実務家には審査実務において従来から用いられてきた評価手法と類似しているため馴染みやすく，他のモデルに比べて直感的に理解しやすいという大きなメリットにつながっている．

表1-1に，財務分析において最も重要な指標の1つである自己資本比率に対するスコアリングテーブルの例を挙げた．この例のように，スコアリングテーブルとは，n個の区切り値によって指標値を区分し，n+1個の各区分に対してスコア値を割り振った表のことである．この例では，正の範囲で低い自己資本比率（0%以上～20%未満）ならば0点，中程度（20%以上～40%未満）であれば5点，40%以上の場合は高い評価として20点を与えている．一方，債務超過（自己資本比率が負）の場合には-10%までが-12点，-10%未満の場合には-30点と大きく減点している．

この例のように，スコアリングモデルでは，スコアリングテーブルによって財務指標の分布を非線形変換している．このような非線形変換は，良い企業と悪い企業の評価にメリハリをつけることに役立つ．具体的には，区切り値とスコア値の間隔を不等長のピッチで設定することによって，財務指標の分布を信

---

[1] 「スコアリングモデル」という用語を「財務指標等を用いた個別企業の信用リスク計量モデルの総称」という広義の意味で用いている文献も見られるが，本研究では「スコアリングテーブルに従って財務指標等を点数化し，その合計値で信用リスク量を評価するモデル」という狭義の意味で用いている．

[2] メイズ（1998）などを参照されたい．

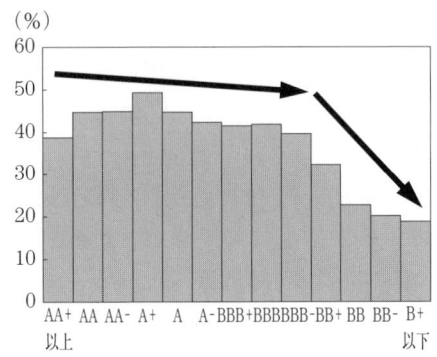

図 1-1 インサンプルでの自己資本比率の格付別平均値

用リスク評価に適した分布形へと近づけることができる．

　実際の財務指標の分布は，パラメトリックな統計モデルにおいて扱いやすいような分布形ではないものも多く，多峰形であることも珍しくない．図 1-1 に実際の財務指標の例として，本研究でのインサンプルにおける自己資本比率の格付別平均値を示した．この図を見ると，自己資本比率は，投資適格の範囲では格付の低下とともに緩やかに悪化している一方で，投機的の範囲になると急激に悪化していた．すなわち，信用力と指標値の関係は非線形の構造になっていたことが分かる．このような構造に対してスコアリングモデルでは，先述したとおり区切り値とスコア値の間隔を不等長のピッチで設定することによって，信用力と指標値の非線形構造を表現することができる．他方，このような非線形構造を一般的に用いられている線形モデルで捉えようとしても，各指標に対してただ 1 つの重み付け係数を調整することしかできないため，信用力が高い企業から低い企業まで偏りなく評価できるような係数を決めることは難しいと考えられる[3]．

　なお，スコアリングモデルは，統計モデルと異なり，財務指標の分布に対する仮定を必要としない．また，実際の与信判断においては財務的困窮に陥った

---

[3] すなわち，図 1-1 の例において高信用力の企業に合わせるように係数を決めた場合，指標値の僅かな悪化によって信用力は大きく悪化することになるため，低信用力の企業を実態よりも悪く評価することになるだろう．反対に，低信用力の企業に合わせるように係数を決めた場合には，指標値が大きく改善しても信用力はあまり改善しないことになるため，高信用力の企業に対する評価が実態よりも厳しくなりすぎることになるだろう．

企業を評価する場面も多いが，このような企業の財務指標値が外れ値になるケースはしばしば見られる．この場合，一般に用いられている多くの信用リスクモデルでは，異常値の丸め処理などを行わない限り，外れ値の影響を免れることはできない．他方，スコアリングモデルではスコアリングテーブルにおいてスコア値に上下限を設定するため，このような外れ値の影響を一切受けないという利点もある．

これまで述べてきたように，スコアリングモデルには多くのメリットがある．しかし著者が知りうる限りにおいて，これまでは定量的かつ客観性の高いチューニング方法が提案されてこなかったため，経験豊かな実務家による定性的かつ主観的なチューニング方法（expert judgment）に頼らざるをえなかったものと思われる．定量的かつ客観性の高い方法としては，何らかの仮定の下で最尤推定などの枠組みを設け，それを用いてスコアリングテーブル内の数100個のパラメーターを統計的に推定したり，あるいは，（特に本研究で取り扱った非線形目的関数の多目的最適化問題に対して）数理計画法を用いて最適解を得たりすることが考えられる．ただし，理論的に方法論を提案することはできても，実際にパラメーターを安定して推定したり，実用的な計算時間内で解を求めたりすることは困難であると考えられる．

他方，本研究で提案するようにスコアリングテーブルのパラメーターを整数に限定するような工夫を施すと，チューニング問題は組み合わせ最適化問題になる．ただし，組み合わせの数が膨大になるため（探索空間が非常に広いため），総当たり法やランダム探索法などでは実用的な計算時間内で良い解を得ることは難しいと考えられる[4]．そこで本研究では，その有限だが膨大な組み合わせの中から，モデルの評価尺度（目的関数）を最大にする組み合わせ（解）を効率よく探索する方法として，大域的に良質な解を効率よく探索することに適していると言われているGA，特に整数型GAを用いた方法を提案していく[5]．

本節の最後に，本論文の構成について説明する．次節では，本研究で取り扱

---

[4] 総当たり法を選択した場合，本研究の設定にならった8指標モデルのすべての組み合わせ数は，おおよそ 7.7×10^{165} パターンもある．これは変数選択を一切行わない場合の組み合わせ数であり，変数選択も同時に行う場合には，組み合わせ数は爆発的に増加する．
[5] ただし，大域的最適解が得られる保証は必ずしもない．

うスコアリングモデルのチューニング問題について述べるとともに，GA という解探索手法について説明する．第3節ではGAを用いたスコアリングモデルのチューニング手法を提案する．第4節では分析に用いたデータとスコアリングモデルに組み入れる財務指標について述べる．第5節では多目的GAを用いてスコアリングモデルの探索を行い，解探索の状況や得られた解の性質について議論する．さらに，一般的に用いられている2つの線形モデルとの比較も行う．最後の第6節はまとめである．

2　スコアリングモデルのチューニング問題とGA

本節では，まず本研究で取り扱うスコアリングモデルのチューニング問題について述べ，その後でGAという解探索手法について説明する．

まず，以下に一般的な信用リスクモデルの構築プロセスを示し，本論文で取り扱う問題の範囲について述べる．

《信用リスクモデルの一般的な構築プロセス》
手順1　モデル構造の選択
手順2　選択したモデルに適した分析用データの準備
手順3　入力情報の選択
手順4　モデル・パラメターの決定
手順5　バックテスト等による頑健性の検証

特に，スコアリングモデルの構築における**手順4**とは，スコアリングテーブルのパラメターを決定することを意味しており，具体的には

手順4-A　各指標に対する配点の決定
手順4-B　スコアリングテーブルの区切り値とスコア値の決定

という手順になる．つまり，まず**手順4-A**で配点幅を決め，次に**手順4-B**でスコアリングテーブルの調整を行う．もちろん**手順4-B**においてモデル精度が思わしく高まらなかった場合には，**手順4-A**に戻って配点幅を見直すことになる．従来のスコアリングモデルの構築プロセスにおける**手順4-A**と**手順4-B**は，審査担当者やクレジットアナリストなど経験豊かな実務家の長年の経験と勘に頼った，ある種の職人芸（expert judgment）によって主観的に行わ

れてきたと思われる[6]．一方，本研究で提案するスコアリングモデルのチューニング手法は，**手順4-A**と**手順4-B**を定量的に同時に実施するものである．また，本研究での実証分析は**手順4**と**手順5**をカバーしている．

なお，**手順3**での入力情報の選択（財務指標選択）は，モデル精度を大きく左右する重要なポイントであるため，可能であれば**手順3**もGAによるチューニングプロセスに含めるべきであろう．しかし，変数選択とスコアリングテーブルのチューニングを同時に実行すると探索空間が広くなりすぎるため，現段階ではコンピューターの計算速度上の制約により，実用的な計算時間内で良い解を得るのは困難であると判断した．そこで本研究では，まず定性判断と簡単な定量分析によって財務指標ユニバースを与えた後，一般に広く用いられている線形判別モデルを用いて変数選択を行い，モデルに組み入れる財務指標を決定した[7]．

以下では，本研究で用いる遺伝的アルゴリズム（genetic algorithm, GA）について述べる．

GAは，生物の遺伝と生存選択による適応プロセスを模倣した解探索アルゴリズムであり，Hollandらによって1970年代から研究が始まった．特にGoldberg (1989) 以降は多方面で応用されるようになった．GAは大規模問題において大域的に良質な解を効率よく探索することに適したアルゴリズムの1つと言われており，多様な解候補を世代として集団で取り扱い，それらを世代交

---

6) ただし，このような主観的チューニングに依っていたとしても，チューニング中あるいはチューニング後に，いくつかの評価尺度の下でモデルの精度をチェックしている場合もあるはずである．

7) 本研究の目的は，スコアリングモデルのチューニング問題を多目的GAによって解く方法を提案することにある．そして，本提案に従って構築したスコアリングモデルの精度を実証的に検証するため，2種類の線形モデルとの比較分析を行っている．ここでの実証分析の目的は，モデル構造の違いによる精度差を検証することにあり，そこでは2種類のデフォルト定義の下で，線形モデルを用いて財務指標の組み合わせをそれぞれ選択しており，それらをスコアリングモデルと2つの線形モデルで共通に用いて分析している．なお，いずれの指標の組み合わせも実務的に妥当なバランスと考えられるものになっている．従って，財務指標の選び方によってスコアリングモデルが有利になるようなバイアスは生じていないものと考えられる．なお，より高度な取り組みとして，山内 (2006) で提案している多目的GAによる財務指標選択手法を用いることも考えられるが，これを用いた分析については今後の課題としたい．

代によって進化させる（解の適応度を高めていく）という解探索のプロセスをとる．このため，大域的に分布させた探索点を初期解集合として与えれば，多峰性のある最適化問題であっても，十分な世代交代を経ることで最適解（あるいは準最適解）を含む解集合に進化させることできると考えられている．

　近年では，信用リスクモデルに関連した問題に GA を応用した研究事例も，僅かではあるが発表されてきている．Kingdon and Feldman (1995) は，金融に関する問題に GA を応用する方法をいくつか提案した．その中には原始的なスコアリング手法も含まれていた．それは，各財務指標に区切り値とスコア値が1つずつ与えられたものであり，ある指標が区切り値を超える（下回る）とスコア値の分だけ合計スコアが加算（減算）されるというものである．言うなれば，この手法は二進木とスコアリングを合成したモデルと位置づけられるだろう．Yobas et al. (2000) は，Kingdon and Feldman (1995) とは異なるタイプのモデルを提案した．彼らのモデルでの GA の染色体は，各属性に対して1つないし2つの区切り値と1つのフラグをセットにしたものが連なった構造をしている．各セットは，属性値がある条件に該当した場合（あるいはある範囲に入った場合）に，フラグが1であれば良いローンと判別し（条件に該当しない，あるいはある範囲から外れた場合には良いローンではないと判別する），フラグが0であればその属性はそもそも判別の条件に用いないという状態を表すものとしていた．Desai et al. (1997) は，与えられたインサンプルデータの中から，誤判別が1件も存在しない線形構造の判別モデルを推定するために用いる最大の部分集合を GA に探索させた．Veretto (1998) は，一般的な線形判別モデルと GA でチューニングした2つの線形モデルに対して，デフォルト判別力に関する比較を行った．GA でチューニングした前者のモデルは実数型 GA でパラメターを探索した線形モデルであり，後者は Kingdon and Feldman (1995) で提案されたモデルと同様のものであった．

　山内 (2004) は，著者が知りうる限りにおいて，初めて一般的な財務スコアリングモデルを定量的にチューニングする方法を提案した研究である．ここでの目的関数は，二群判別精度に関する正判別率，GINI 係数，CAP 30[8]，そし

---

[8] 山内 (2004) では，これを L30DR (lower 30% cumulative default rate) と呼んでいた．

てモデル出力値と格付との序列整合性を評価する OCF[9] の 4 つであり，この多目的最適化問題を遺伝的局所探索を組み合わせた多目的 GA で解くことを試みていた．ただし，本研究で提案しているブートストラップ法を応用した GA 探索は行われていなかった．山内 (2006) は，多目的 GA を用いた信用リスクモデルの財務指標選択手法を提案した．ここでは，実務における信用リスクモデルの 2 つの重要な評価尺度である二群判別精度と序列整合性を両立させるため，それぞれの評価尺度に適した 2 種類の線形モデルの精度を同時に高めうる指標の組み合わせが得られるよう変数選択問題を定式化し，多目的 GA によって解探索を行っていた．

ただし，山内 (2004)，山内 (2006) を除くいずれの先行研究も単目的 GA を用いたものであり，かつ目的関数は判別効率に関するものだけであった．この点で一連の山内による研究および本研究での取り組みは大きく異なる．すなわち実務的に重要な 2 つの評価尺度として，二群判別精度を評価する AR だけでなく，モデル出力値と格付との序列整合性を計量する OCF も取り上げており，それらを同時に高めるべく多目的最適化問題としての定式化を行い，多目的 GA によって解探索しているのである．

なお多目的 GA (multi-objective genetic algorithm, MOGA) とは，多目的最適化問題 (multi-objective optimization problem, MOP) に対する GA の拡張である．本研究では，信用リスクモデルの精度を評価する 2 つの評価尺度，すなわち AR と OCF に関する目的関数を最大化する問題に対して，この多目的 GA を用いて最適化を試みている．さらに，スコアリングモデルがオーバーフィットしてしまうことをできるだけ避けるため，インサンプルを世代交代ごとにブートストラップし，AR と OCF のブートストラップ分布に関する統計量（本研究ではブートストラップ平均）を目的関数に設定している．こうすることにより，特定のデータに対してオーバーフィットしている解が生き残りにくくなるとともに，解集合の縮退も起きにくくなると考えられる．なお，モデルチューニングにおいては複数の目的関数値がすべて高いモデルを探索することが理想ではあるが，これらの間にはトレードオフの関係，すなわち

---

9) OCF の定義については 3.1 項を参照されたい．

ある目的関数値を改善するためには，他の目的関数値の改悪を受け入れなければならない状況が存在するのが一般的である．そのため，本研究ではパレートランクという概念を用いて解の適応度を評価している．

3 スコアリングモデルのチューニング手法

本節では，GA を用いてスコアリングモデルをチューニングする方法を提案する．具体的には，まずチューニング手法を多目的最適化問題として定式化し，次にその最適化問題に対して多目的 GA で解探索する手順について説明していく．

3.1 多目的最適化問題としての定式化

信用リスクモデルには，これまでにも多くのモデル評価尺度が考案されてきた[10]．具体的には，誤判別率，ダイバージェンス，GINI 曲線[11] およびその集約指標としての GINI 係数や AR（accuracy ratio）[12]，K-S 統計量，モデル評価値の下位 α ％にデフォルト企業サンプルの何割が含まれているかを表す指標 CAPα などである．これらはモデルの利用目的に応じて選択されるべきであるが，本研究では二群判別精度を評価する **AR** と，モデル出力値と格付との序列整合性を評価する **OCF**（order consistency function）の 2 つを取り上げた．なお，序列整合性 OCF は山内（2004）で提案された評価尺度であり，線形判別分析におけるダイバージェンス

---

10) 山下・川口・敦賀（2003）に詳しい．
11) GINI 曲線とは，横軸方向にモデル出力値を信用力の低い順に並べ，縦軸方向に横軸に対応した累積デフォルト率をプロットした曲線のことである（図1-12 と図1-14 参照）．GINI 係数は GINI 曲線と 45 度線で囲まれる面積を 2 倍したものとして定義される．なお異なる GINI 曲線であっても，GINI 係数が同じ値になることがありうるため，GINI 係数だけでは高評価企業群から多くのデフォルトが発生してしまうような悪い状況を適切に捉えることは必ずしもできないことを注意しておく．また，GINI 係数はモデル出力値の順序に基づいて評価する尺度であり，信用力の高い先と低い先がどれだけ隔たっているかを評価することはできないことにも注意されたい．
12) 構築モデルの GINI 係数を，デフォルト銘柄がスコア下位にすべて集まっている「完璧なモデル」の GINI 係数で基準化したもの（(2) 式を参照されたい）．

1 多目的遺伝的アルゴリズムを用いたスコアリングモデルのチューニング

$$G \equiv \frac{\left(\begin{array}{c}\text{正常企業の判別関数値の平均}\\-\text{デフォルト企業の判別関数値の平均}\end{array}\right)^2}{\text{判別関数値とグループ内平均との偏差の2乗和の合計}} \to Max$$

を，2グループ以上の評価が行えるようにするとともに，格付ごと平均スコアの序列整合性を考慮する形に拡張したものである[13]。なお，OCFとARの定義は以下のとおりである．

$$OCF(\mathbf{s}, k) \equiv \frac{\sum_{j=1}^{RMAX-1}(N_j + N_{j+1}) \cdot f(\bar{x}_j(\mathbf{s}, k) - \bar{x}_{j+1}(\mathbf{s}, k))}{\sum_{j=1}^{RMAX}\sum_{i \in \text{格付}j\text{の企業}}|x_i(\mathbf{s}, k) - \bar{x}_j(\mathbf{s}, k)|} \quad \text{for dataset } k \tag{1}$$

$$AR(\mathbf{s}, k) \equiv \frac{\text{評価対象モデルの } GINI(\mathbf{s}, k)}{\text{完全に予測したモデルでの } GINI \text{ 係数}} \quad \text{for dataset } k \tag{2}$$

ただし，

$$GINI(\mathbf{s}, k) \equiv 1 - \frac{\sum_{i=0}^{N}(1 - D_i(\mathbf{s}, k)) + (1 - D_{i+1}(\mathbf{s}, k))}{N} \quad \text{for dataset } k$$

$v_i^k(p) = $ dataset k における企業 i の財務指標 p の値

スコアリング関数：
$$S(\mathbf{s}, v_i^k(p)) = s_1^s(p) \cdot I\{v_i^k(p) < s_1^b(p)\}$$
$$+ \sum_{k=1}^{nb-1} s_k^s(p) \cdot I\{s_k^b(p) \leq v_i^k(p) < s_{k+1}^b(p)\}$$
$$+ s_{nb+1}^s(p) \cdot I\{s_{nb}^b(p) \leq v_i^k(p)\}$$

企業 i の合計スコア：$x_i(\mathbf{s}, k) = \sum_{p=1}^{nv} S(\mathbf{s}, v_i^k(p))$

---

[13] G は2次のオーダーでの評価尺度だが，OCFは1次のオーダーでの評価尺度になっている．2次のオーダーの場合には，全体の序列が乱れていても，1カ所以上で $\bar{x}_j(\mathbf{s}) \gg \bar{x}_{j+1}(\mathbf{s})$ となっていると，全体の序列の乱れを適切に評価できなくなることがある．そのため，OCFは1次のオーダーとした．また，OCFではスコア平均の序列が逆転した際に評価関数 f によってペナルティを与えるが，ペナルティ定数 P はサンプルによって適切な水準が異なるため，試行錯誤的に決定する必要がある．小さい P を用いると，序列が逆転した解が多数生き残ってしまうことがありうる．反対に P が大きすぎると，僅かに序列が逆転した解でも大きなペナルティを受けてしまうため，GAを用いた解探索においては，特に初期段階において解集合が順調に進化できなくなることがありうる．このような試行錯誤を重ねた結果，本研究では $P=5$ と設定した．

格付内平均スコア　：$\bar{x}_j(\mathbf{s},k) = \dfrac{1}{N_j} \sum_{i \in 格付 j の企業} x_i(\mathbf{s},k)$

合計スコア $x_i(\mathbf{s},k)$ が下位 m 番目までの累積デフォルト率

$$:D_m(\mathbf{s},k) = \begin{cases} \dfrac{\sum\limits_{i \in x_i(\mathbf{s},k) \text{が下位 } m \text{番目までの企業}} I\{R_i^k > RLB\}}{N} & \cdots \text{ for } 1 \leq m \leq N \\ 0 & \cdots \text{ for } m=0 \end{cases}$$

$$I(z) = \begin{cases} 1 & \cdots z \text{が真のとき} \\ 0 & \cdots z \text{が偽のとき} \end{cases}$$

$$f(z) = \begin{cases} z & \cdots z \geq 0 \\ P \cdot z & \cdots z < 0 \end{cases}$$

$N_j = $ 格付 j に属する企業数

$N = $ 全企業数 $= \sum_{j=1}^{RMAX} N_j$

$nv = $ 財務指標の数

$nb = $ 各スコアリングテーブルに含まれる区切り値の数

$R_i^k = $ dataset k における企業 i の格付数値

$RLB = $ 正常企業の格付数値の最大値

$RMAX = $ サンプル内の格付数値の最大値

$P = $ 格付平均スコアの序列が逆転していたときのペナルティ (>0)

なお格付数値とは格付記号（AAA, AA+, …など）を1, 2, …という自然数に置き換えたものであり，$\mathbf{s}$ はスコアリングテーブルを表す以下のベクトルである．

$$\mathbf{s} \equiv [\underbrace{\underbrace{s_1^b(1), \cdots, s_{nb}^b(1)}_{\text{指標 1 の区切り値}}, \underbrace{s_1^s(1), \cdots, s_{nb+1}^s(1)}_{\text{指標 1 のスコア値}}}_{\text{財務指標 1 のスコアリングテーブル}}, \cdots$$

$$\underbrace{\underbrace{s_1^b(nv), \cdots, s_{nb}^b(nv)}_{\text{指標 } nv \text{ の区切り値}}, \underbrace{s_1^s(nv), \cdots, s_{nb+1}^s(nv)}_{\text{指標 } nv \text{ のスコア値}}}_{\text{財務指標 } nv \text{ のスコアリングテーブル}}]^T$$

これらの定義を用いて，多目的最適化問題を以下のとおり定式化する．

＜多目的最適化問題としての，スコアリングモデルのチューニング問題＞

$$\text{Maximize}_{\mathbf{s}} \quad \begin{aligned} & \frac{1}{T}\sum_{k=1}^{T} OCF(\mathbf{s},k) \\ & \frac{1}{T}\sum_{k=1}^{T} AR(\mathbf{s},k) \end{aligned} \tag{3}$$

Subject to 区切り値の下限値 $\leq s_k^b(p) \leq$ 区切り値の上限値

$$\text{for} \quad k=1,2,\cdots,nb \quad p=1,2,\cdots,nv \tag{4}$$

スコア値の下限値 $\leq s_j^s(p) \leq$ スコア値の上限値

$$\text{for} \quad j=1,2,\cdots,nb+1 \quad p=1,2,\cdots,nv \tag{5}$$

$$s_{m(i)}^i(p) < s_{m(i)+1}^i(p)$$

$$\text{for} \quad i=b,s \quad p=1,2,\cdots,nv \tag{6}$$

$$m(b)=1,2,\cdots,nb-1 \quad m(s)=1,2,\cdots,nb$$

$$s_{m(i)}^i(p) \in \mathbb{Z}$$

$$\text{for} \quad i=b,s \quad p=1,2,\cdots,nv \tag{7}$$

$$m(b)=1,2,\cdots,nb \quad m(s)=1,2,\cdots,nb+1$$

ただし，T は本研究の GA 探索における各世代で用いるブートストラップ標本のセット数であり[14]，目的関数は OCF と AR のブートストラップ平均になっている．各定数については，$nb=10$，区切り値の下限$=5$，上限$=95$，スコアの下限$=\pm 0$，上限$=+30$ と設定した．なお，区切り値については，各財務指標のパーセント点を各区分の代表値に割り当てた[15]．

3.2 GA を適用するための準備

以下では多目的最適化問題の解探索に多目的 GA を応用するための準備として，多目的最適化問題における解の概念を定義しておく．

多目的最適化問題とは，決定変数 x についての d 個の目的関数 $f_k(k=1,2,\cdots,d)$ を $x \in F$（F は可能解の集合）の範囲で，できるだけ大きくする問題と定義される．ここで問題となるのは，d 個の目的関数を同時に改善する

[14) 本研究では，3.3項の Step 2-1 の脚注17) にあるように，各世代で $T=2$ としている．なお世代交代は 1,000 回行うため，一連の進化過程を通じて合計 2,000 セットのブートストラップ標本を用いた解探索を行うことになる．

15) 例えば，区切り値$=50$ ならば，50%点の値を対応させる．

ことができないというトレードオフがある場合に，そのトレードオフを勘案しながら解の改善を図るようにしなければならないことである．そこでまず**優越**という概念を定義しておく．

定義1

ある $x^1, x^2 \in F$ に対して，すべての $k=1,2,\cdots,d$ で $f_k(x^1) \geq f_k(x^2)$ が成立しており，かつ $f_k(x^1) > f_k(x^2)$ なる $k=1,2,\cdots,d$ が少なくとも1つは存在する時，x^1 は x^2 に**優越**しているという．

次にこの優越の概念を用いて，**最適解**を以下のように定義する．

定義2

ある $x^0 \in F$ が他のすべての $x \in F$ に対して優越しているとき，x^0 は**最適解**であるという．

ただし，一般に多目的最適化問題において唯一の最適解を得ることは難しい．そこで，次の**パレート最適解**の定義を用いて，多目的最適化問題における選好解集合を考えることにする．

定義3

ある $x^0 \in F$ に優越する $x \in F$ が存在しないとき，x^0 は**パレート最適解**（非劣解）であるという．

つまりパレート最適解とは「ある目的関数値を改善するためには，他の目的関数値を少なくとも1つは改悪せざるをえないような解」ということになる．

最後に，優越の概念を用いて**パレートランク**を定義する．パレートランクとは，ある個体が複数の目的関数の下でどの程度他の個体に比べて優位にあるのかを表すものである．本研究では，Fonsecaらによるパレートランクの定義に倣った．

定義4

ある個体 $x \in F$ が p 個の個体に優越されているとき，個体 x の**パレートランク** r_x を以下のように定める．

$$r_x \equiv 1 + p \tag{8}$$

従って，パレート最適解のパレートランクは1である．

3.3 多目的最適化問題に多目的 GA を適用する手順

以下では，(3)～(7) 式で定式化された多目的最適化問題に対して，多目的 GA で解探索を行う手順について説明する．

解の定義 GA では最適化問題の解（決定変数ベクトル）を染色体と見なして解探索を行うが，本研究では先述のスコアリングテーブルを表すベクトル s を染色体として定義する[16]．

適応度の定義 GA では適応度という指標で解に対するフィットの良さを評価する．本研究では，多目的最適化問題における適応度としてパレートランクを用いた以下の定義を採用する．

$$個体 x の適応度 \equiv 個体数 - パレートランク r_x \qquad (9)$$

Step 1 初期解の生成 解 s の集合をランダムに多数生成する．解の多様性ができるだけ保たれるよう，世代内で管理する個体数は 500 とした．

Step 2 世代交代 まず世代交代ごとに，インサンプルから複数のブートストラップ標本（復元抽出）を生成し，それらを各世代での入力データとする．解集合の更新においては現世代の遺伝子（親）を交叉して新たな解（子）を生成する．しかる後に，親の解集合の一部または全部と入れ替え，次世代の解集合を生成する．

Step 2-1 リサンプリング 本研究で取り上げたスコアリングモデルのような非線形モデルは，線形モデルに比べて自由度が高いため，解（モデル）のオーバーフィットを回避するためのチェックや工夫が，線形モデルを構築する場合よりも重要になると考えられる．そこで，できるだけモデル評価値の頑健性が高い解が生成されるよう，インサンプルの格付構成比を保ちつつ復元抽出するリサンプリング（ブートストラップ）を複数回行い[17]，各ブートストラップ標本を入力データにして得られたモデル評価値のブートストラップ平均で解の適応度を評価した（(3) 式参照）．こうすることにより，学習サンプルを固定して解探索した場合と比べて，モデル評価値の頑健性が高い解が生成できる可能性が高くなるとともに，解集合の縮退

---

16) 制約条件 (7) により，すべての遺伝子の取りうる値は整数に限定されるため，整数型 GA となる．

17) 今回は世代交代ごとに 2 回ずつ行った．

も起こりにくくなると考えられる．なお，本研究では1,000回の世代交代を行うため，その過程を通じて合計2,000セットのブートストラップ標本を用いながら解探索を行うことになる．

Step 2-2　複製選択　交叉のための準備として，親の中から良い解を選択していく．選択においてはエリート保存戦略を用い，残りの個体についてはルーレット戦略で複製する個体を選択した．

Step 2-3　交叉　本研究では一様交叉オペレーターを用いた．なお交叉確率は1とした．

Step 2-4　突然変異　交叉によって生成した子に対して突然変異オペレーターを適用する．本研究では各遺伝子座に対して「突然変異確率＝1÷遺伝子座数」で突然変異を発生させた．

Step 3　生存選択　次世代に残す個体をパレートランクに応じて選択する．本研究では親と子から次世代に残す個体を選択している．選択においてはエリート保存戦略を用い，残りはルーレット戦略により選択している．パレートランク1の個体数が500を超えた場合には，シェアリングを行った．

Step 4　終了判定　多目的最適化問題の場合には，解の多様性について考慮した終了条件を考えなければならない．そのため，「合成目的関数値が一定世代数以上改善しなくなった」というような単純な条件では解の収束状況を適切に評価することはできないと考え，今回は特に収束条件を設定せず，必ず1,000回の世代交代を行った．

Step 5　頑健性の検証　モデル評価値の水準が高く，かつ頑健性が高い解（モデル）を選択するために，最後の世代交代が終わった後で1,000回のブートストラップを行い，最終世代の解それぞれに対して目的関数値のブートストラップ平均・標準偏差・偏りを計算している．なおサンプリング方法は**Step 2-1**と同じである．

4　データの概要と財務指標

本節では，まず分析に用いたデータの概要とデフォルトの定義について述べる．次にスコアリングモデルをチューニングする際に用いた財務指標の組み合

わせについて説明する．

4.1 データの概要

財務指標データは銀行業・証券業・保険業を除く上場企業のものを，格付データは決算日から1年後のR&I格付を用いた．格付にはAAA（1格）からB-(16格)までが含まれていたが，AAAとB+以下は非常に件数が少なかった．そこで，AAAについてはAA+とまとめ，B+以下はすべてB+として扱った．

モデル構築のためのインサンプルには，2003年4月～2006年3月決算までの3年分のデータを用いた（以下「IN」と略記する）．アウトオブサンプルはインサンプルの前後1年間，すなわち，2002年4月～2003年3月決算（「OUT①」）と，2006年4月～2007年3月決算（「OUT②」）の2つの期間のデータとした．

一般論として，デフォルトの定義は信用リスクモデルの用途を勘案して定めるべきである．そこで本研究では債券投資に用いる信用リスクモデルを想定し，債券インデックスの社債組み入れ基準に準じた2種類のデフォルト定義を与えた．1つ目の定義では，**正常企業群**を「投資適格（AAA（1格）～BBB-(10格)）」，**デフォルト企業群**を「投機的（BB+（11格）～）」とした．つまり，デフォルトポイント（以下，DPと略記する）はBB+である（以下ではこれを「BB+基準」と呼ぶ）．2つ目の定義では，**正常企業群**を「AAA（1格）～A-(7格)」，**デフォルト企業群**は「BBB+（8格）～」とした．よって，DPはBBB+である（以下「BBB+基準」と呼ぶ）．これ以降，2種類のデフォルト定義に基づいて，別々にモデルを構築していく．

表1-2 BB+基準でのデータ件数

サンプル区分	決算年月	正常企業群	デフォルト企業群	合計
OUT ①	2002/4～2003/3	480	63	543
IN	2003/4～2006/3	1,465	154	1,619
OUT ②	2006/4～2007/3	513	43	556
総計		2,458	260	2,718

表 1-3 BBB+基準でのデータ件数

サンプル区分	決算年月	正常企業群	デフォルト企業群	合計
OUT ①	2002/4～2003/3	256	287	543
IN	2003/4～2006/3	825	794	1,619
OUT ②	2006/4～2007/3	308	248	556
総計		1,389	1,329	2,718

分析に用いたサンプルに含まれる件数は表1-2，1-3のとおりである．

4.2 スコアリングモデル構築に用いる財務指標

本研究では，スコアリングモデルの比較対象として，実務において広く一般に用いられている線形モデルのうち，線形判別モデルと格付推定重回帰モデルを選んだ[18]．指標選択のために，まず定性判断に基づいて数10種類の指標選択ユニバースを用意した．次に，線形モデルに入力することを勘案して，規模指標については対数変換を，その他の指標については異常値の丸め処理と基準化処理を施した．なお，欠損値は各指標の中央値で補完した[19]．さらに，インサンプルでの指標間の相関係数を求め，絶対値が0.7を超える組み合わせについては格付数値との相関が低い方の指標を除外した．最後に，2つのデフォルト定義それぞれに対して，線形判別モデルを用いてステップワイズ法（変数増減法）で指標選択を行った．表1-4，1-5がその結果である．

---

18) 線形判別モデルは正常/デフォルトという二群判別に基礎をおくモデルである．格付推定重回帰モデルとは，被説明変数を格付数値，説明変数を財務指標等とした線形重回帰モデルのことである．従って，パラメーターは格付数値に対する2乗誤差を最小化するよう推定される．ただし，格付は信用力に対して等間隔に設定されているとは限らない．この場合の格付数値は，間隔尺度ではなく順序尺度であるため，厳密には正しい重回帰分析にはならない．順序尺度に対する多変量解析手法には，多群判別や順序ロジットなどがある．しかし，10数段階という多段階の格付に対しては，いずれもモデル構造が複雑になりすぎたり，推定すべきパラメーター数が多くなりすぎたりする問題がある．そのため，今回はモデル構造がシンプルな重回帰モデルで分析することにした．なお，心理学や社会学などの実証研究においては，便宜上隣接する値が等間隔であることを仮定し，順序尺度データを間隔尺度データと見なして分析する場合が少なくないようである．

19) アウトオブサンプルにおいても，インサンプルでの欠損補完値を用いた．

1 多目的遺伝的アルゴリズムを用いたスコアリングモデルのチューニング　41

表1-4 BB+基準で選択された財務指標

資本合計	総資産成長率	自己資本比率	短期借入金回転期間
CF有利子負債倍率	買入債務回転期間	売上高営業活動CF比率	

表1-5 BBB+基準で選択された財務指標

資本合計	売上高	売上高営業利益率	自己資本比率
インタレストカバレッジレシオ	使用総資本回転率	運転資本回転期間	売上高営業活動CF比率

これらの指標の組み合わせは，規模，収益性，安全性など複数の指標カテゴリーにわたってバランス良く選ばれており，実務的にもデフォルト判別や格付推定に役立ちそうな指標の組み合わせになっていると考えられる．そこで，2つの線形モデルとスコアリングモデルでこれらの組み合わせを共通に用いることにした．従って，多目的GAによるスコアリングモデルの解探索の設定は，$nv=7$（BB+基準の場合），$nv=8$（BBB+基準の場合）となる[20]．

なお先述のとおり，スコアリングモデルはスコアリングテーブルでの非線形変換によって，各指標値の分布を信用リスク評価に適した形に近づけることができる．また，指標ごとにスコア値の上下限が設定されるため，外れ値の影響も受けない．従って，線形モデルに入力する際にはモデル精度の向上を図るために財務指標を加工したが，スコアリングモデルではこのような加工処理は一切必要ない．そこで，スコアリングモデルの分析には指標値そのものを用い，欠損値の補完処理だけを行った．ただし，本研究で提案している方法においては，制約条件 (6) により，区切り値もスコア値も昇順に並んでいなければな

---

[20] 今回のように，スコアリングモデル以外のモデルを用いて変数選択を行ったことについて，以下の点を指摘しておく．信用リスクモデルにはそれぞれの特徴（特性）があるため，どのモデルでも共通の財務指標が有効であるとは限らない．ただし，多くの理論家・実務家による財務分析の知識と経験の蓄積を鑑みれば，重要な指標として様々な文献にリストアップされている財務指標には何らかの有益な情報が含まれており，かつそれらの指標の組み合わせには企業財務の多面性を表現するような補完関係が働いていると考えるのが自然であろう．従って，異なる信用リスクモデルであっても，核となる財務指標の組み合わせは大きく変わるものではないと考えられる．また，本研究で選択した組み合わせは様々な指標カテゴリーにわたってバランス良く選ばれており，かつ実務的にも意味のある組み合わせになっている．つまり，実務的現実性があり，かつ企業財務を多面的に捉えうる組み合わせになっていると考えられる．

らない．すなわち指標値と信用力は単調増加の関係にあることが前提になっている．そこで，短期借入金回転期間と運転資本回転期間については符号を反転させた．

5 多目的GAによるスコアリングモデルのチューニング結果

本節では，2つの目的関数 (3) を同時に最大化する2変量多目的GAによるスコアリングモデルのチューニング結果について述べる．

分析手順は以下のとおりである．まず第2節で説明した方法に従って多目的GAで解探索を行う．次に最終世代の解集合に対しては，**Step 5** に従ってインサンプルに対する1,000回のブートストラップを行い，目的関数値のブートストラップ分布を求めた．

図1-2～1-5に，解集合の進化の様子を目的関数ごとに例示した．さらに，各指標のスコアリングテーブルが安定的に収束していく状況にあったかどうかを確認するため，パレートランク1の解集合における，指標ごとスコアの平均と標準偏差についての散布図を図1-6～1-9に例示した[21]．ここではBBB+基準の場合を取り上げており，散布図には1回目の世代交代が終了した時点と，以降50回目，100回目，500回目，750回目，および1,000回目の世代交代終了後のスナップショットを重ね合わせてプロットしている．まず図1-2～1-5より，500世代前後で目的関数値の改善が停滞していたことが読み取れる．また，図1-6～1-9からは，世代交代の前半ではスコアテーブルの形状が変化し

---

21) 図1-6～1-9でプロットしたスコアの平均と標準偏差とは，パレートランク1の解それぞれに対して，インサンプルでの指標ごとスコアの平均と標準偏差を求めたものである．スコアリングテーブルの形状には，指標値が小さい領域で急激に上昇するものや，逆S字を描くものなど様々なものがある．しかし，本研究でのスコアリングテーブルは制約条件 (6) によって単調増加であることが保証されているため，スコアの平均と標準偏差を併せて観察すれば，おおまかな特徴は把握できると考えた．なお，以下の図1-10～1-11では最終世代の解集合のARとOCFの分布状況を示しているが，世代交代の各段階での解においてもARとOCFはある程度の幅をもって分布していた．もちろんこれらの解は異なったスコアリングテーブルを持っているため，スコアの平均と標準偏差は一定値に収束するものではない．加えて，ブートストラップによってインサンプルをリサンプリングしながら世代交代を重ねていくため，世代ごとにパレートランク1の解集合の構成は異なりうることにも注意されたい．

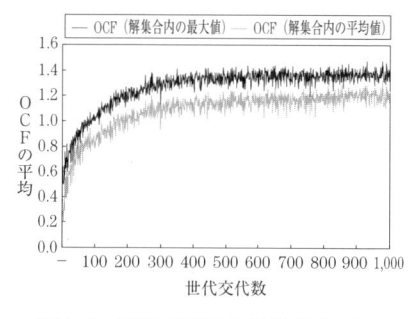

図 1-2　平均 OCF の解集合内での統計量（BB＋基準）

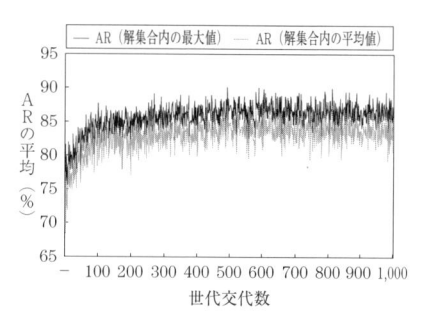

図 1-3　平均 AR の解集合内での統計量（BB＋基準）

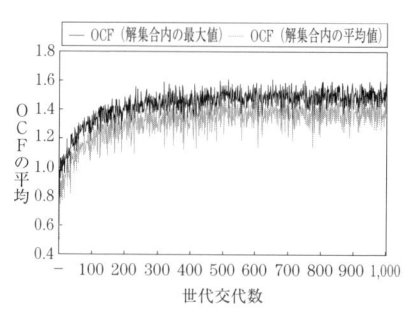

図 1-4　平均 OCF の解集合内での統計量（BBB＋基準）

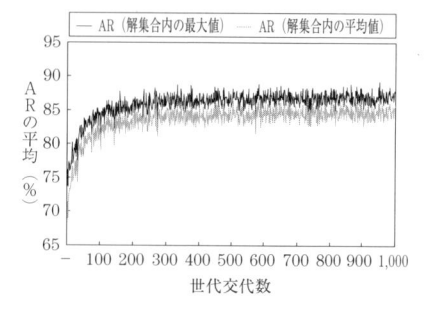

図 1-5　平均 AR の解集合内での統計量（BBB＋基準）

ていたが，500回目以降は安定していたことなどが分かる．これらの結果より，本研究において1,000回と設定した世代交代数は十分であったと言えるだろう．なお，図1-2〜1-5のグラフが世代交代ごとに上下に振動しているのは，世代交代ごとに異なるブートストラップ標本を用いて解の評価を行っているためである[22]．

---

22) GA では乱数で生成する初期解の性質やランダムに発生する突然変異といった偶然性に依存して解集合が進化していくため，計算セッションごとに得られる解集合が同一にはならない点を注意しておく．これを改善する方法として，世代交代数をさらに増やして解探索を続けていくことも考えられるが，本研究で行った分析結果を観察する限りにおいては，計算時間に見合う効果を得ることは難しいと考えられる．むしろ，計算セッション自体を繰り返した方が効率的であろう．

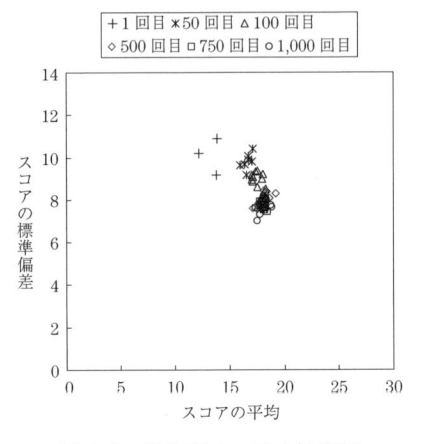

図 1-6 売上高スコアの散布図（BBB＋基準）

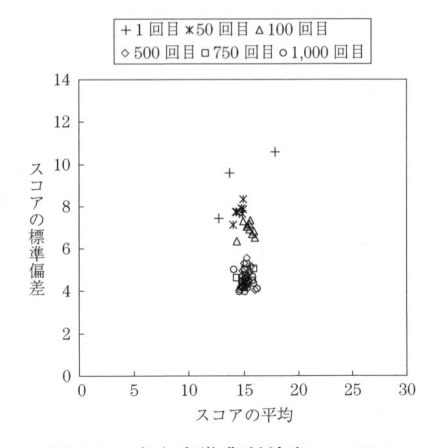

図 1-7 売上高営業利益率スコアの散布図（BBB＋基準）

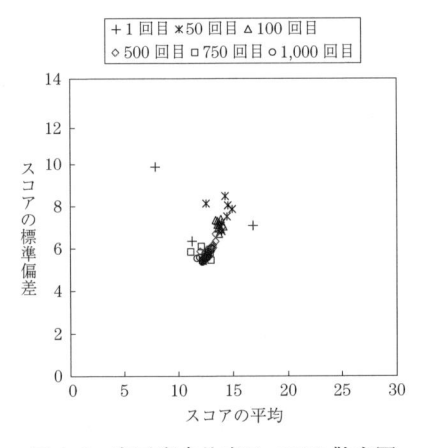

図 1-8 自己資本比率スコアの散布図（BBB＋基準）

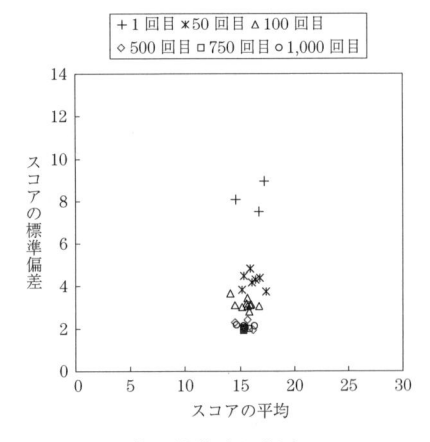

図 1-9 使用総資本回転率スコアの散布図（BBB＋基準）

次に，各目的関数値のブートストラップ平均を利用して，10セッション分の解集合をすべて合わせたもの（500個体×10セッション＝5,000個体）の中でのパレートランクを数え直し，パレートランク1の個体群だけを抽出した[23]．これらパレートランク1の個体群を示したものが図1-10と図1-11である．なお，比較対象となる線形モデルについては，インサンプルデータから係

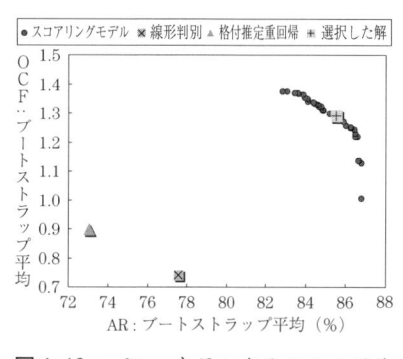

1 多目的遺伝的アルゴリズムを用いたスコアリングモデルのチューニング

図 1-10 パレートランク1のスコアリングモデルに対するブートストラップ平均（「BB＋基準」）

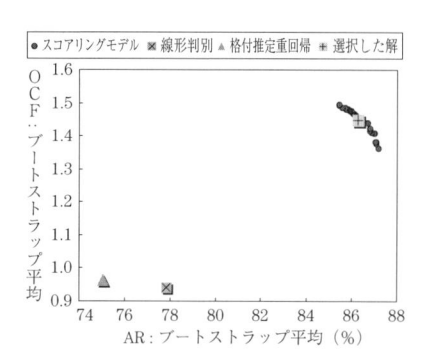

図 1-11 パレートランク1のスコアリングモデルに対するブートストラップ平均（「BBB＋基準」）

数を推定したモデルを用いて，ARとOCFの1,000回のブートストラップ分布を求めた．

　これらの図より，ARとOCFのいずれのブートストラップ平均においても，スコアリングモデルは2つの線形モデルよりも明らかに優れていたことが分かる．つまり，スコアリングモデルは，二群判別においてはそれに特化した線形判別モデルの精度を上回り，序列整合性に関してはそれに長じた格付推定回帰モデルの精度を上回っていた．

　次に，パレート最適解の集合から，最終的に選択する解を絞り込む方法について述べる．結論から言えば，解の選択基準はモデルの用途に応じて適宜設定することになる．例えば，融資実務の信用リスク評価にモデルを用いるならば，正常/デフォルトをできるだけ正確に判別する能力がまず求められるだろう．さらに内部格付手法における定量モデルとしても用いるならば，モデル出力値をベースに格付を付与することになるため，モデル出力値と格付との序列整合性の高さも求められる．これらのニーズを兼ね備えたモデルとして，ARとOCFがすべて高水準であり，かつそれらのバランスも良いモデルが求められるだろう．他方，モデルの用途が株式運用における投資ユニバース選択だっ

---

23)　「BB＋基準」では38個体，「BBB＋基準」では35個体がこれに該当した．

たならば，格付付与を特に意識しなくても良いため，二群判別精度に特化したモデルが求められるだろう．このように，用途の違いによってモデルに要求される性質は異なると考えられる．なお，本研究で用いた多目的GAの場合には，図1-10や図1-11で示したように，パレート最適解を含む解の集合が得られるため，これらの中からモデル利用者のニーズにあった解を選択することができる．

本研究では，パレートランク1の解集合に対して簡単な抽出ルールを適用し，2種類のデフォルト定義ごとに，検証のためのサンプルとなる解（スコアリングモデル）を1つずつ選んだ[24]．これらのうち，BBB+基準のスコアリングテーブルを例示したものが表1-6である．このテーブルを見ると，外部格付と相関が高いと言われている規模指標の配点幅は広く設定されており，またメリハリもついていること，自己資本比率では20%台前半と40%台中盤の2カ所で大きなスコア値の変化が見られること[25]，インタレストカバレッジレシオでは10倍以下の領域で急激にスコア値が低下しており，メリハリがついた評価になっていることなど，実務的にも納得感があるテーブルになっていたことが分かる．このようにスコアリングモデルでは，指標値と信用力の非線形構造がスコアリングテーブルによって表現されるのである．

次に，スコアリングモデルと比較対象の2つの線形モデルに対する，インサンプルとアウトオブサンプルでのモデル精度値，およびそれぞれのサンプルに対する1,000回のブートストラップ分布に関する統計量を表1-7と表1-8に示す．これらを見ると，スコアリングモデルはインサンプルだけでなくアウトオブサンプルにおいても2つの線形モデルより優れていたことが分かる．ここで，スコアリングモデルのブートストラップ標準偏差が線形モデルと比べて大きかったならば，スコアリングモデルがオーバーフィットを起こしていた可能性を疑わねばならないだろう．しかし，インサンプル・アウトオブサンプルともに結果は逆であった．一般に非線形モデルはオーバーフィットしやすいと言

---

24) 今回用いた解の絞り込み条件は，「OCFの平均」がパレートランク1の解集合全体での平均以上の解のうち，「ARの平均」が最も高い解，というものである．
25) 自己資本比率の格付ごと平均値を示した図1-1において，この2カ所の近辺で格付ごと平均値の傾向に大きな変化が見られることに注目されたい．

表 1-6 スコアリングテーブルの例（BBB＋基準）

項目	区分／スコア値											
資本合計	最小値	0	47,383	49,218	50,971	59,808	87,908	128,504	153,875	331,442	376,900	474,519
	スコア値	0	2	6	9	11	15	18	19	22	28	30
売上高	最小値	0	33,676	48,464	56,249	108,556	186,829	246,050	308,172	846,705	1,192,649	2,799,949
	スコア値	0	1	12	13	16	18	19	22	23	26	30
売上高営業利益率	最小値	1.2%	1.4%	2.4%	2.7%	4.0%	4.9%	9.2%	10.3%	10.5%	18.3%	
	スコア値	9	11	13	15	16	18	19	20	21	24	26
自己資本比率	最小値	21.0%	21.9%	22.9%	41.8%	43.1%	45.6%	46.7%	56.9%	69.1%	74.4%	
	スコア値	4	5	9	10	13	14	16	17	19	22	23
インタレストカバレッジレシオ	最小値	4.6	5.9	7.6	8.7	9.0	11.4	11.8	179.1	230.4	376.7	
	スコア値	0	3	11	14	17	20	21	22	23	25	30
使用総資本回転率	最小値	0.29	0.34	0.37	0.39	1.36	1.53	1.56	1.60	1.71	1.96	
	スコア値	10	11	12	13	14	15	16	17	18	19	20
−1×運転資金回転期間	最小値	−4.87	−4.66	−4.08	−1.87	−1.40	−1.37	−1.33	−1.13	0.31	0.51	
	スコア値	10	11	12	13	14	15	16	17	18	19	20
売上高営業活動 CF 比率	最小値	2.7%	2.8%	6.0%	7.5%	12.6%	13.0%	13.5%	14.0%	18.3%	20.1%	
	スコア値	3	4	5	6	7	9	10	14	15	19	30

表1-7 スコアリングモデルと線形モデルのARとOCF（BB＋基準）

モデル	サンプル	サンプル全体	AR ブートストラップ 平均	AR ブートストラップ 標準偏差	AR ブートストラップ 偏り	サンプル全体	OCF ブートストラップ 平均	OCF ブートストラップ 標準偏差	OCF ブートストラップ 偏り
線形判別	IN	77.57%	77.61%	2.32%	0.04%	0.741	0.709	0.132	−0.032
格付推定	IN	73.03%	73.02%	2.90%	−0.01%	0.896	0.877	0.131	−0.019
スコアリング	IN	85.47%	85.51%	1.95%	0.04%	1.309	1.288	0.065	−0.021
線形判別	OUT ①	75.89%	75.94%	3.57%	0.05%	0.586	0.454	0.262	−0.132
格付推定	OUT ①	64.29%	64.39%	5.23%	0.10%	0.708	0.490	0.319	−0.217
スコアリング	OUT ①	78.78%	78.83%	3.69%	0.05%	1.024	0.971	0.161	−0.053
線形判別	OUT ②	81.33%	81.39%	3.90%	0.06%	0.934	0.783	0.216	−0.151
格付推定	OUT ②	79.70%	79.76%	4.39%	0.06%	1.084	1.003	0.188	−0.081
スコアリング	OUT ②	84.63%	84.70%	2.98%	0.07%	1.122	1.065	0.163	−0.057

表1-8 スコアリングモデルと線形モデルのARとOCF（BBB＋基準）

モデル	サンプル	サンプル全体	AR ブートストラップ 平均	AR ブートストラップ 標準偏差	AR ブートストラップ 偏り	サンプル全体	OCF ブートストラップ 平均	OCF ブートストラップ 標準偏差	OCF ブートストラップ 偏り
線形判別	IN	77.83%	77.84%	1.48%	0.01%	0.940	0.907	0.139	−0.033
格付推定	IN	75.04%	75.04%	1.55%	0.00%	0.962	0.937	0.128	−0.026
スコアリング	IN	86.24%	86.26%	1.18%	0.02%	1.488	1.451	0.085	−0.038
線形判別	OUT ①	80.90%	80.99%	2.36%	0.09%	0.648	0.513	0.324	−0.134
格付推定	OUT ①	78.30%	78.42%	2.48%	0.12%	0.706	0.552	0.301	−0.154
スコアリング	OUT ①	82.76%	82.65%	2.33%	−0.11%	1.135	0.994	0.227	−0.141
線形判別	OUT ②	75.06%	75.03%	2.70%	−0.03%	1.123	1.023	0.226	−0.100
格付推定	OUT ②	72.20%	72.16%	2.83%	−0.04%	1.122	1.014	0.227	−0.108
スコアリング	OUT ②	81.85%	81.72%	2.29%	−0.13%	1.422	1.354	0.173	−0.068

われているが，本研究で構築したスコアリングモデルは，線形モデルよりもむしろ精度値のバラつきが小さかった．

これらのモデルについてさらに掘り下げた分析を行ってみる．線形判別モデルでは，モデル構築時に定めたDP（以下「モデル構築時DP」と略記する）に基づいてパラメータは推定される．他方，格付推定重回帰モデルは，格付数

値に対する誤差2乗和の最小化を図ることでパラメーターが推定される．そしてスコアリングモデルは，AR（二群判別精度）とOCF（モデル出力値と格付との序列整合性）を同時に高めるようチューニングされていた．ここで，モデル構築後に，モデル構築時DPと異なるDPにおいてARを計測した場合，どのような結果になるだろうか．それらを以下の表1-9と表1-10に示す．この表より，インサンプル・アウトオブサンプルを問わず，ほとんどすべてのケースにおいて，スコアリングモデルは2つの線形モデルより優れていたことが分かる[26]．ARについて比較してみると，線形判別モデルはモデル構築時DP（BB+ないしBBB+）から隔たったDPにおいて明らかに劣っていた．この点に

表1-9 異なるDPでのスコアリングモデルと線形モデルのAR（BB+基準）

モデル	サンプル	DP=A-	DP=BBB+	DP=BBB	DP=BBB-	DP=BB+	DP=BB	DP=BB-
線形判別	IN	70.89%	69.56%	71.99%	76.85%	77.57%	84.70%	84.77%
格付推定	IN	79.17%	73.52%	73.43%	74.23%	73.03%	78.40%	82.34%
スコアリング	IN	82.14%	78.41%	79.27%	82.00%	85.47%	89.90%	91.19%
線形判別	OUT①	70.07%	70.56%	70.61%	73.58%	75.89%	82.04%	84.30%
格付推定	OUT①	78.34%	75.38%	72.51%	69.52%	64.29%	68.25%	75.95%
スコアリング	OUT①	79.86%	78.12%	76.87%	74.94%	78.78%	84.92%	87.93%
線形判別	OUT②	75.64%	69.10%	69.43%	76.71%	81.33%	86.59%	83.00%
格付推定	OUT②	79.29%	71.00%	72.50%	75.43%	79.70%	82.52%	77.11%
スコアリング	OUT②	81.06%	74.06%	73.78%	78.20%	84.63%	84.61%	84.22%

表1-10 異なるDPでのスコアリングモデルと線形モデルのAR（BBB+基準）

モデル	サンプル	DP=A-	DP=BBB+	DP=BBB	DP=BBB-	DP=BB+	DP=BB	DP=BB-
線形判別	IN	80.14%	77.83%	78.71%	77.50%	71.16%	76.01%	79.10%
格付推定	IN	78.49%	75.04%	76.46%	75.92%	71.55%	77.27%	80.68%
スコアリング	IN	86.64%	86.24%	85.50%	83.26%	79.17%	83.61%	86.77%
線形判別	OUT①	82.03%	80.90%	78.47%	74.22%	63.33%	69.93%	75.85%
格付推定	OUT①	79.39%	78.30%	76.38%	72.50%	64.42%	70.39%	76.56%
スコアリング	OUT①	80.01%	82.76%	83.37%	79.17%	73.12%	75.67%	78.56%
線形判別	OUT②	81.84%	75.06%	78.59%	81.40%	80.35%	81.98%	78.55%
格付推定	OUT②	80.53%	72.20%	75.40%	77.21%	79.68%	82.46%	77.39%
スコアリング	OUT②	87.09%	81.85%	83.60%	84.84%	82.54%	83.60%	82.15%

ついて，格付推定重回帰モデルは，モデル構築時DP近辺では線形判別モデルに劣後していたものの，そこから隔たったDPでは線形判別モデルよりも優れていた．

以下ではこの理由について考察してみる．線形判別モデルは，モデル構築時DPに基づく二群判別精度を最も高めるようチューニングされている．ただし，そこでは判別関数値と格付数値の序列整合性はまったく考慮されていない．そのため，極端に言えば，正常群とデフォルト群それぞれの中で格付がばらばらに並んでいたとしても，二群判別精度さえ高ければ線形判別モデルとしては精度が高いという評価になる[27]．一方で格付推定重回帰モデルは，格付数値とその推定値の誤差2乗和が最小になるようパラメータが推定される．つまり，パラメータ推定において二群判別精度は明示的に高められてはいない．それゆえ，モデル構築時DPでのARは線形判別モデルに比べて劣りやすいと考えられる．しかし，線形判別モデルよりもインサンプルの格付数値に沿った出力値が得られやすいため，正常群とデフォルト群それぞれの中では相対的に序列が整っていると考えられる．そのため，モデル構築時DPから隔たったDPでのARは，線形判別モデルよりも高かったと考えられる．ここで，本研究でのスコアリングモデルは，ARとOCFの双方を明示的にモデル評価尺度として取り上げ，これらのブートストラップ平均を同時に高めるようチューニングされている．このため，いずれのDPにおいてもARが大きく落ち込んだところがなく，アウトオブサンプルにおいてもオーバーフィットの兆候が見られなかったのだろう．加えて，スコアリングテーブルによる非線形変換のメリットを活かしたメリハリのついた評価がなされていたため，結果として2つの線形モデルよりもモデル精度が高くなったと考えられる．

最後に，ARを求めるための基礎となるGINI曲線，および格付別スコアを

---

26) BB+基準のスコアリングモデルについて，OUT②のDP=BBでのARは線形判別モデルよりもわずかに劣っていた．ただし，OUT②のDP=BBでのデフォルト企業群は20件しかなかったため，ここではAR自体の信頼性が低いと考えられる．

27) 線形判別モデルのパラメータ推定においては，二群判別精度を表すダイバージェンスを目的関数にしている．ただし，ダイバージェンスが高ければARも高くなるとは限らないことに注意されたい．同様に，格付推定重回帰モデルにおいても，OCFを直接的に目的関数にしているわけではない点を付記しておく．

図1-12～1-15に示す．GINI曲線（図1-12と図1-14）のグラフには，参考として比較対象の線形モデルのものも加えた．これらを見ると，スコアリングモデルの二群判別精度はモデル出力値の全域において比較対象モデルを上回っていたことが分かる．線形モデル同士の比較においては，二群判別に特化している線形判別モデルが格付推定重回帰モデルを上回っており，特にBB＋基準においては，モデル出力値の下位30%以上の領域で判別精度に明確な差がついていた．他方，スコアリングモデルの格付別スコア（図1-13と図1-15）のグ

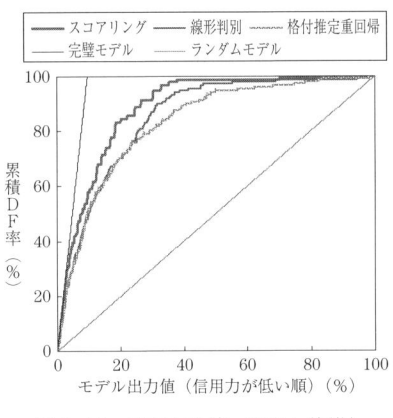

図 1-12 GINI曲線（BB＋基準）

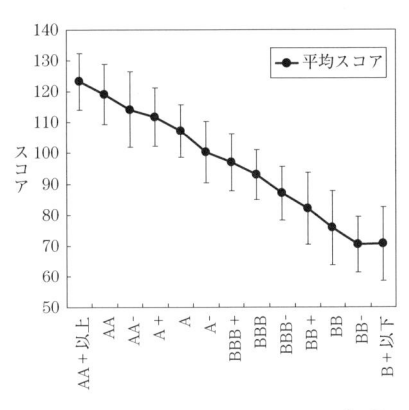

図 1-13 スコアリングモデルの格付別スコア（BB＋基準）

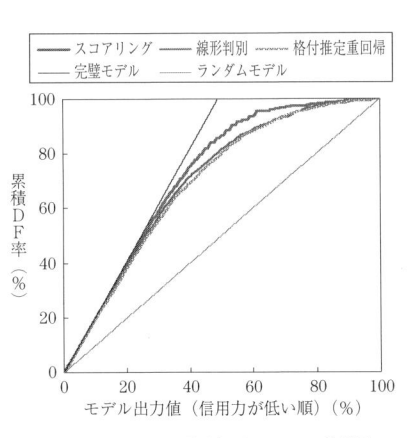

図 1-14 GINI曲線（BBB＋基準）

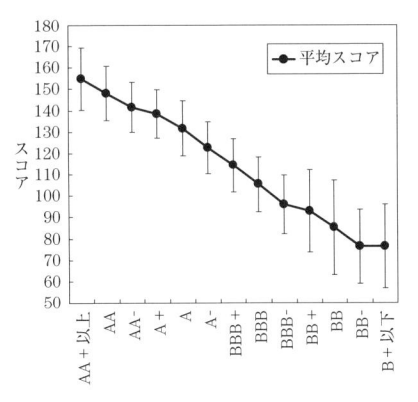

図 1-15 スコアリングモデルの格付別スコア（BBB＋基準）

ラフには，格付別平均スコア（折れ線グラフ）と±1標準偏差の範囲（縦のヒゲ）を示した．これらを見ると，BB−とB+以下の平均スコアの序列がごく僅かに逆転していたことを除いて，平均スコアは格付ごとに序列が正しく整っていたこと，格付ごとの±1標準偏差の範囲もさほど大きくなかったことなどが分かる．

6 ま と め

本研究の最も大きな成果は，スコアリングモデルに対する定量的かつ客観性の高いチューニング手法として，GAによる方法を提案したことである．GAによる解探索においては，複数の目的関数を同時に最大化する多目的GAを用いて，信用リスクモデルに求められる複数の評価尺度（二群判別精度ARと序列整合性OCF）を同時に高めるよう解を探索した．さらに，モデルのオーバーフィットをできるだけ回避するとともに，解集合の縮退をできるだけ起こりにくくするため，ブートストラップを応用し，世代交代ごとにインサンプルをリサンプリングしながら解探索を行った．

実証分析においては，一般に広く用いられている2つの線形モデルを比較対象として選び，これらよりもスコアリングモデルの方が優れていたことを示した．線形モデルの精度との間に大きな差が生じた理由は，スコアリングテーブルによる財務指標の非線形変換の効果と，多目的GAによって二群判別精度と序列整合性の両者を同時に高めるチューニングができていたことにあると考えられる．なお，非線形構造のモデルは線形構造モデルに比べて自由度が高いため，一般にオーバーフィットしやすいと言われている．しかし，本研究で提案したチューニング手法においては，インサンプルをリサンプリングしながら解探索するよう工夫しているため，スコアリングモデルにオーバーフィットの兆候は見受けられなかった．

なお，多目的最適化問題に対する解探索手法としての多目的GAには，様々な応用可能性が考えられる．用途を信用リスクモデルの構築に限定するならば，スコアリングモデルだけに限らず，一般に**単目的**最適化問題を解く形でパラメーターを推定している他の信用リスクモデルについても，実務で求められ

るモデル用途に応じた複数の目的関数に対する**多目的**最適化問題としてパラメーターを探索することができるだろう[28]．

今後の課題としては，多目的GAを用いた変数選択手法の提案，およびそこでの選択結果をスコアリングモデルへ適用する実証分析，非線形変換というメリットを活かしたスコアリングモデルの構造の拡張，および多目的GAによるこの拡張モデルのチューニングなどが考えられる．

〔参考文献〕

伊庭斉志（2002）『遺伝的アルゴリズム』医学出版．
奥野忠一・久米 均・芳賀敏郎・吉澤 正（1981）『多変量解析法』日科技連出版社．
白田佳子（1999）『企業倒産予知情報の形成―会計理論と統計技術の応用』中央経済社．
白田佳子（2003）『企業倒産予知モデル』中央経済社．
三宮信夫・喜多 一・玉置 久・岩本貴司（1998）『遺伝アルゴリズムと最適化』（システム制御情報ライブラリー），朝倉書店．
前園宜彦（2001）『統計的推測の漸近理論』九州大学出版会．
メイズ，エリザベス編（1998）『クレジット・スコアリング』シグマベイスキャピタル．
柳浦睦憲・茨木俊秀（2001）『組合せ最適化―メタ戦略を中心として』（経営科学のニューフロンティア2），朝倉書店．
山内浩嗣（2004）「遺伝的アルゴリズムを用いたスコアリングモデルのチューニング」『MTECジャーナル』，**16**，51-73．
山内浩嗣（2006）「多目的GAを用いた信用リスクモデルの財務指標選択」『MTECジャーナル』，**18**，43-62．
山下智志・川口 昇・敦賀智裕（2003）「信用リスクモデルの評価方法に関する考察と比較」『金融庁金融研究研修センター・ディスカッションペーパー，2003』．
Altman, E. I. (1984), *Corporate Financial Distress*, John Wiley & Sons.

---

28) 本研究で取り上げた比較対象モデルを例にとれば，線形判別モデルのパラメーター推定はダイバージェンスの最大化問題，格付推定重回帰モデルはデータとして与えられた実際の格付と推定格付の誤差2乗和の最小化問題であり，いずれも単目的の最適化問題になっている．

Desai, V. S., D. G. Conway, J. N. Crook and G. A. Overstreet Jr. (1997), "Credit-scoring models in the credit-union environment using neural networks and genetic algorithms," *IMA Journal of Mathematics Applied in Business and Industry*, 8, 323-346.

Goldberg, D. E. (1989), *Genetic Algorithms in Search, Optimization, and Machine Learning*, Addison-Wesley.

Kingdon, J. and K. Feldman (1995), "Genetic algorithms and applications to finance," *Applied Mathematical Finance*, 2, 89-116.

Veretto, F. (1998), "Genetic algorithms applications in the analysis of insolvency risk," *Journal of Banking and Finance*, 22, 1421-1439.

Wall, M. (1999), *GAlib* (C++ *Library of Genetic Algorithm Components*), Massachusetts Institute of Technology. 〈http://lancet.mit.edu/ga/〉

Yobas, M. B., J. N. Crook and P. Ross (2000). "Credit scoring using neural and evolutionary techniques," *IMA Journal of Mathematics Applied in Business and Industry*, 11, 111-125.

(三菱 UFJ トラスト投資工学研究所 (MTEC))

2 AUCを用いた格付け予測評価指標と重み付き最適化

三浦　翔・山下智志・江口真透

概要 デフォルト確率予測モデルについては，ロジットモデルを仮定し最尤推定法によりパラメータを推定することにより得られたモデルを AUC で評価することが一般的となっている．一方，格付けのような順序付きのカテゴリカルデータに対する統計モデルとしては，順序ロジットモデルが広く用いられているが，このモデルに対する一般的な指標は存在していない．そこで，本研究では従来のデフォルト確率予測モデルの評価指標としての AUC を拡張し，順序付きカテゴリカルデータに対する予測モデルの精度指標として RAUC（rating AUC）を提案する．また，シグモイド近似を用いて，RAUC を最適化するモデルを作成する．

このとき，格付けの判別においては，各カテゴリ間の重要性は同一ではないと考えられるため，各カテゴリ間の判別における AUC の重みを調整した RAUC を定義し最大化する．これによって，投資適格・投資不適格などの各カテゴリカル間の重要性を考慮した，より実務的な格付け判別モデルが得られる．

Keywords：格付け，順序ロジットモデル，ROC 曲線，AUC，シグモイド関数．

1 はじめに

実務において，デフォルト確率予測モデルはロジットモデルを仮定しパラメータは最尤推定法を用いて作成する手法が標準的となっている．また，このモデルの評価方法は，ROC（receiver operating characteristic）曲線やその下側面積である AUC（area under the curve）の値をもって評価を行う手法が広く用いられている．新 BIS 規制に伴うバーゼル委員会のレポート（Basel Committee on Banking Supervison (2005)）において，銀行の内部格付けモデルにおけるモデル作成方法やモデルの評価方法が提案されているが，ROC

曲線やAUCもその1つであり，広く知られるきっかけとなった．デフォルト確率予測の文脈におけるROC曲線は，各企業をスコアによってソートし，その並び順とデフォルト・非デフォルトの情報から計算され，AUCはその下側面積で定義されている（詳しくは，Hanley and McNeil (1982) を参照のこと）．AUCは，スコアの水準には依存せず，企業のスコアの序列（とデフォルト・非デフォルトの情報）により得られる値である．そのため，AUCは作成されたモデルの序列性に対する評価指標である[1]．また，ROC曲線はデフォルト・非デフォルトの判別における真陽性と偽陽性の値から求められるため，AUCの値は判別の的中率と誤判別率の重みをともに考慮した値である．実務において，よりAUCを大きくするモデルの作成を目的として，ロジットモデルを仮定したもとで，説明変数を入れ替えたり，企業の業種や企業規模を考慮するといったことが試みられている．しかし，ロジットモデルを仮定し最尤推定量を求めることにより得られるモデルは，尤度に関して最適化しているのであって，AUCにおける最適性を有しているのではない．三浦・山下・江口 (2009) においては，AUCを直接目的関数として用いる手法が提案されている．AUCをロジットモデルと同様に線形スコアリングの関数として定義できることを述べ，その後，近似AUCを最大化するようなパラメータの値を求め，従来用いられてきたロジットモデル・最尤推定法とAUCの比較を行っている．その結果，AUCの最大化が達成されるだけでなく，従来の手法に比して，外れ値に対してロバストなパラメータの推定方法であると結論づけている．

一方，順序付きカテゴリカルデータである社債格付けに対して，財務諸表データから判別を行う際には，Kaplan and Urwitz (1979) にみられるような順序ロジットモデルや順序プロビットモデルが広く用いられている．国内においても，中山・森平 (1998) をはじめとして，実務的に広く用いられている．小林 (2001) では，社債格付けデータに対して順序ロジットモデルを用いること

---

1) 本研究ではAUCに関してのみ議論を行うが，AUCとAR (accuracy ratio) 値は正比例の関係にあり，AUCとAR値は定性的には全く同一の指標である．具体的には，AR＝2 AUC－1の関係にある．詳しくは，山下・川口・敦賀 (2003) やEngelmann and Rauhmeire (2006) を参照のこと．

の妥当性を考慮する方法として，順序プロビットモデルを多項プロビットモデルに対して検定する手法を提案し，社債格付けへの応用を行っている．その結果として，社債格付けを単一の尺度ですべての格付けを行う順序プロビットモデルの使用は，格付け会社の基準と整合的でないと結論づけている．また，安川 (2002) では，順序ロジットモデルや順序プロビットモデルを用いる際の仮定である，回帰係数がカテゴリには依存せず複数の順序カテゴリで一定であると仮定する平行性に対する議論を行っている．各カテゴリ間における平行性は満たされないとの結果を述べている．いずれの研究においても，モデルの格付け予測の評価指標としては，正しく格付けを判別した的中率や誤判別率を用いているが，的中率と誤判別率の重み（特に誤判別の損失関数）に関しては言及しておらず，格付け予測モデルの評価指標としての一般的な指標が存在していない状況である．そこで，ロジットモデルのモデル評価指標として一般的になりつつある AUC を拡張することにより，格付け予測の的中率や誤判別率を考慮した指標を提案する

また，格付け予測を行う際に，ある格付け以上（または以下）の判別精度は，他の格付け判別よりも重要であることが考えられる．社債格付けの文脈においては投資適格と投資不適格の判別が，銀行の内部格付けモデルにおいては要注意以上と要管理以下がそれにあたるであろう．そこで，各カテゴリ間における格付け判別の重要性を考慮した判別指標を提案し，この指標を最適化する．

以下，第 2 節ではデフォルト確率予測モデル，格付け予測モデルにおける既存の推定手法を述べる．第 3 節ではデフォルト確率予測モデルの評価指標として AUC を説明し，その後に AUC を拡張して格付け予測モデルの評価指標を提案する．また，格付けにおける各カテゴリ間の重要性を考慮した指標も定義する．第 4 節では，第 3 節で提案した指標の最適化手法を述べる．続いて，第 5 節ではシミュレーションデータを用いて，第 6 節においては実際の社債格付けデータを用いて，それぞれ従来の手法と提案する手法の比較を行う．

2 従来からの手法

本節では,従来からデフォルト確率を推計する際に用いられてきたロジットモデルについて述べ,引き続き,格付け予測モデルとして用いられる順序ロジットモデルについて述べる.

2.1 ロジットモデル

Martin (1979) にみられるような,従来の一般的なロジットモデルの作成方法を述べる.モデル作成においては,以下のように一般化線形モデルが用いられる.m 個の説明変量(財務指標)があるものとし,企業 i のそれを表す確率ベクトルを X_i とし,切片項,各説明変量の係数ベクトルをそれぞれ α, β とすると,$\beta, X_i \in R^m$ である[2].財務指標から得られる企業 i のデフォルト確率を $p(X_i)$ とすると,

$$\log\left(\frac{p(X_i)}{1-p(X_i)}\right) = \alpha + \beta^T X_i$$

$$\iff p(X_i) = \frac{1}{1+\exp(-\alpha-\beta^T X_i)} \qquad (1)$$

となる.このときのパラメータ (α, β) の推定法として,最尤推定法が用いられる.各企業のデフォルト・非デフォルトは独立に生じる事象であるとする.また,企業数は総計 n 社あるものとし,Y_i は,企業 i がデフォルトであるときに 1,非デフォルトであるときに 0 の値をとる指示関数であるとすると,尤度関数 $l_L(\beta)$ は以下のように表される.

$$l_L(\alpha, \beta) = \prod_{i=1}^{n} p(X_i)^{Y_i} \{1-p(X_i)\}^{1-Y_i}$$

この尤度関数を最大化することによって最尤推定量が得られる.すなわち,α, β の最尤推定量をそれぞれ $\hat{\alpha}_L, \hat{\beta}_L$ と表すと,

$$(\hat{\alpha}_L, \hat{\beta}_L) = \arg\max_{\alpha,\beta} l_L(\alpha, \beta)$$

として最尤推定量は得られる.実際には,$l_L(\alpha, \beta)$ の対数をとった対数尤度

---

[2] 本論文中においては,ベクトルは縦(列)ベクトルを意味する.また,ベクトルまたは行列を表す文字上部の添え字 T は,ベクトルまたは行列の転置を表すものとする.

関数を最大化することにより最尤推定量を得ることが多い．最尤推定量 $\hat{\alpha}_L$，$\hat{\beta}_L$ を用いて作成されるモデル

$$\hat{p}_L(X) = 1/\{1 + \exp(-\hat{\alpha}_L - \hat{\beta}_L^T X)\} \tag{2}$$

を，以下ではロジット・最尤推定法によるモデルとよぶ．

このようにして推定されたモデルの判別力を測る指標として，ROC 曲線とその下側面積で定義される AUC が提案されている（Basel Committee on Banking Supervision (2005)）．

2.2 順序ロジットモデル

順序ロジットモデルは，順序付きカテゴリカルデータに対して，McCullagh (1980) により一般化線形モデルの枠組みにおいて提案されている．詳しくは，McCullagh and Nelder (1989) や Agresti (1990) を参照のこと．

いま，格付けのノッチが $1, 2, \cdots, K$ の K 個であるとし，数字が大きいほど下位の格付け（デフォルトに近い）であるとする．企業 i の格付けを Y_i とし，$\Pr(Y_i \leq j | X_i)$ を，財務指標 X_i をもつ企業 i が格付け j 以下である確率とする．β を各説明変量の係数パラメータとして，$\beta, X_i \in R^m$ とする．このとき，順序ロジットモデルは，$j = 1, 2, \cdots, K$ に対して，

$$\log \frac{\Pr(Y_i \leq j | X_i)}{1 - \Pr(Y_i \leq j | X_i)} = \alpha_j + \beta^T X_i$$

となることを仮定する．ここに，α_j は格付け j と $j+1$ のしきい値であり，$-\infty = \alpha_0 < \alpha_1 < \alpha_2 < \cdots < \alpha_{K-1} < \alpha_K = +\infty$ を満たす．以後，ベクトル表記をして，$\alpha = (\alpha_1, \alpha_2, \cdots, \alpha_{K-1}) \in R^{K-1}$ と表す．上式から，

$$\Pr(Y_i = j | X_i) = \Pr(Y_i \leq j | X_i) - \Pr(Y_i \leq j-1 | X_i)$$
$$= \frac{1}{1 + \exp(-\alpha_j - \beta^T X_i)} - \frac{1}{1 + \exp(-\alpha_{j-1} - \beta^T X_i)}$$

を得る．順序ロジットモデルにおいて，パラメータ (α, β) の推定法としてはロジットモデルと同様に最尤推定法が用いられる．順序ロジットモデルにおける尤度関数 $l_{OL}(\alpha, \beta)$ は以下のように表される．Y_{ij} は，企業 i が格付け j に属す（$Y_i = j$）ときのみ 1 の値をとり，それ以外は 0 の値をとる指示関数とすると，

$$l_{\text{OL}}(\boldsymbol{\alpha},\boldsymbol{\beta}) = \prod_{i=1}^{n}\prod_{j=1}^{K} \Pr(Y_i = j | \boldsymbol{X}_i)^{Y_{ij}}$$

$$= \prod_{i=1}^{n}\prod_{j=1}^{K} \left\{ \frac{1}{1+\exp(-\alpha_j - \boldsymbol{\beta}^T \boldsymbol{X}_i)} - \frac{1}{1+\exp(-\alpha_{j-1} - \boldsymbol{\beta}^T \boldsymbol{X}_i)} \right\}^{Y_{ij}}$$

この尤度関数を最大化することによって最尤推定量が得られる．順序ロジットモデルにおける $\boldsymbol{\beta}$ の最尤推定量を $(\hat{\boldsymbol{\alpha}}_{\text{OL}}, \hat{\boldsymbol{\beta}}_{\text{OL}})$ と表すと，

$$(\hat{\boldsymbol{\alpha}}_{\text{OL}}, \hat{\boldsymbol{\beta}}_{\text{OL}}) = \arg\max_{\boldsymbol{\alpha},\boldsymbol{\beta}} l_{\text{OL}}(\boldsymbol{\alpha},\boldsymbol{\beta})$$

として最尤推定量は得られる．最尤推定量 $(\hat{\boldsymbol{\alpha}}_{\text{OL}}, \hat{\boldsymbol{\beta}}_{\text{OL}})$ を用いて作成されるモデルを，以下では順序ロジット・最尤推定法によるモデルとよぶ．

このようにして各企業の格付けが推定される．この格付け予測モデルの評価指標として，格付け予測の的中率を用いることが多い（小林 (2001)，安川 (2002) など）．しかし，予測精度の評価としては，的中率だけでなく誤判別率も考慮すべきである．特に，格付けの誤判別には1ノッチのずれと2ノッチ以上のずれの誤判別に対する損失をどのように考えるべきかという問題が存在しており，的中率のみを勘案した指標を用いるのは，格付け予測モデルの精度指標としては十分でない．そこで，以下では，デフォルト確率予測モデルの評価指標として一般的になりつつある AUC を拡張することによって得られる，新たな格付け予測モデルの評価指標を提案する．

3 AUC を用いた格付け予測モデルの評価指標

本節では，デフォルト確率予測モデルの評価指標としての AUC を述べ，AUC を拡張した格付け予測モデルの評価指標 RAUC (rating AUC) を示す．さらに，各カテゴリ間の重みが異なる場合に適用可能な指標 wRAUC (weighted RAUC) を提案する．

3.1 デフォルト確率予測モデルの評価指標としての AUC

まず，2クラスであるデフォルト・非デフォルトを推定するモデルの評価指標としての AUC を示す．ここでは，デフォルト確率 (probability of default, PD) を推計するモデルとして，ロジットモデルを仮定し最尤推定量 $\hat{\boldsymbol{\beta}}_{\text{L}}$ が得ら

れたモデル $\hat{p}_L$ が手元にあるときに，モデル評価に AUC を用いることを考える．

デフォルト，非デフォルトを表す確率変数を Y として，それぞれの状態を $Y=1$, $Y=0$ とする．判別問題において，偽陽性率（false positive rate, FPR），真陽性率（true positive rate, TPR）が存在する．FPR とは，非デフォルト（陰性）である企業を誤ってデフォルト（陽性）と判別する確率であり，TPR とは，デフォルト企業を正しくデフォルトと判別する確率である．この判別問題において，財務指標を用いて各企業のスコアリングを求め，このスコアリングがある値（カットオフポイント）よりも大きいときはこの企業をデフォルトと判別し，小さいときは非デフォルトと判別するものとする．

財務指標から得られる企業のスコアリングを $Z(\boldsymbol{X})$ とし，カットオフポイントを c とする．このとき，FPR, TPR は以下のように定義される．

$$\begin{aligned}\text{FPR}(c) &= \Pr(Z(\boldsymbol{X}) > c | Y = 0) \\ \text{TPR}(c) &= \Pr(Z(\boldsymbol{X}) > c | Y = 1)\end{aligned} \quad (3)$$

ROC 曲線は点（FPR(c), TPR(c)）をカットオフポイント c を $(-\infty, \infty)$ の区間で動かすことにより得られる $[0,1] \times [0,1]$ の平面上の曲線である．$c = -\infty$ のときに $(1,1)$, $c = \infty$ のときに $(0,0)$ を通る上に凸な曲線となる．ROC 曲線は，Hanley and McNeil (1982) に詳しい．また，この ROC 曲線の下側面積として得られる期待 AUC を AUC と表すと，以下のように定義される．

$$\text{AUC} = \int_{c=+\infty}^{c=-\infty} \text{TPR}(c) \, d\text{FPR}(c)$$

すべての企業にランダムにスコアリングがつけられているとき，AUC$=1/2$ となり，デフォルト，非デフォルト企業が完全に判別できているときには，AUC$=1$ となる．値が 1 に近いほど判別がうまくできているといえる．デフォルト企業群を D，非デフォルト企業群を ND と表し，それぞれの群に属する企業のスコアリングを表す確率変数を $Z(\boldsymbol{X}^\text{D})$, $Z(\boldsymbol{X}^\text{ND})$ とすると，

$$\text{AUC} = P(Z(\boldsymbol{X}^\text{D}) - Z(\boldsymbol{X}^\text{ND}) > 0)$$

となる (Bamber (1975))．したがって，それぞれの企業群の個数を n_D, n_ND とし，スコアリング Z の推定量を $\hat{Z}$ とすると，データから得られる AUC は以下のように表される．

$$\mathrm{AUC} = \frac{1}{n_\mathrm{D} n_\mathrm{ND}} \sum_{i=1}^{n_\mathrm{D}} \sum_{i=1}^{n_\mathrm{ND}} \mathrm{I}(\hat{Z}(\boldsymbol{X}_i^\mathrm{D}) - \hat{Z}(\boldsymbol{X}_j^\mathrm{ND})) \tag{4}$$

ここで，I はヘビサイド関数である．ヘビサイド関数は，変数 x に対して，以下のように $x=0$ で非連続な値をとる階段関数である．

$$\mathrm{I}(x) = \begin{cases} 1 & x \geq 0 \\ 0 & \text{otherwise} \end{cases} \tag{5}$$

ここから，ロジット・最尤推定法によるモデルの評価方法として AUC を用いることを考える．最尤推定量 $\hat{\boldsymbol{\beta}}_\mathrm{L}$ が得られたとき，モデルとして

$$\hat{p}_\mathrm{L}(\boldsymbol{X}) = 1/\{1 + \exp(-\hat{\boldsymbol{\beta}}_\mathrm{L}^T \boldsymbol{X})\}$$

が作成される．(4) 式で表された AUC のスコアリングに推定値として $\hat{Z}(\boldsymbol{X}) = \hat{p}_\mathrm{L}(\boldsymbol{X})$ を代入して AUC の値を得ることにより，このモデルの判別力を評価するこのとき，(4) 式の AUC のスコアリング $\hat{Z}(\boldsymbol{X})$ に線形スコアリング $\hat{\boldsymbol{\beta}}_\mathrm{L}^T \boldsymbol{X}$ を代入しても同じ AUC の値が得られる．これは，(1) 式からわかるように，$p(\boldsymbol{X})$ は線形スコアリングの単調変換なので，スコアリングの順位性に関して不変であること，及び，AUC はスコアリングの順位にのみ依存することから，AUC の値が不変となるからである．

線形スコアリングを用いたときの AUC を AUC$(\boldsymbol{\beta})$ とすると，(4) 式より，

$$\mathrm{AUC}(\boldsymbol{\beta}) = \frac{1}{n_\mathrm{D} n_\mathrm{ND}} \sum_{i=1}^{n_\mathrm{D}} \sum_{i=1}^{n_\mathrm{ND}} \mathrm{I}(\boldsymbol{\beta}^T (\boldsymbol{X}_i^\mathrm{D} - \boldsymbol{X}_j^\mathrm{ND})) \tag{6}$$

と表される．モデル $\hat{p}_\mathrm{L}$ の評価として，以下の AUC$(\hat{\boldsymbol{\beta}}_\mathrm{L})$ を計算する．

$$\mathrm{AUC}(\hat{\boldsymbol{\beta}}_\mathrm{L}) = \frac{1}{n_\mathrm{D} n_\mathrm{ND}} \sum_{i=1}^{n_\mathrm{D}} \sum_{i=1}^{n_\mathrm{ND}} \mathrm{I}(\hat{\boldsymbol{\beta}}_\mathrm{L}^T (\boldsymbol{X}_i^\mathrm{D} - \boldsymbol{X}_j^\mathrm{ND}))$$

3.2 AUC を用いた格付け予測モデルの評価指標 RAUC

本節では，3.1 項で示した AUC を拡張し，格付け予測モデルの評価指標として RAUC を提案する．

デフォルト・非デフォルトの 2 クラスにおける FPR および TPR は，(3) 式の判別ルールによって定義されていたが，格付けデータにおける FPR，TPR は以下のように定義する．各格付け j（$j=1,2,\cdots,K-1$）における FPR，TPR をそれぞれ FPR$_j$，TPR$_j$ と表記すると，

$$\text{FPR}_j(c) = \Pr(\boldsymbol{\beta}^T \boldsymbol{X} > c | Y \leq j)$$
$$\text{TPR}_j(c) = \Pr(\boldsymbol{\beta}^T \boldsymbol{X} > c | Y > j) \tag{7}$$

(3) 式においては，デフォルトを表す $Y=1$ を陽性 (positive) としたが，(7) 式で定義される判別ルールは，ある格付け j よりも大きい (下位である) 企業をデフォルトとみなす．このように定義することにより，格付けのノッチ数から1つ少ない個数 ($K-1$) 個の ROC 曲線，及び，AUC が得られる．これらの AUC の平均を求めることにより，格付け予測モデルの評価指標として RAUC を以下のように定義する．

$$\text{RAUC}(\boldsymbol{\beta}) = \frac{1}{K-1} \sum_{j=1}^{K-1} \text{AUC}_j(\boldsymbol{\beta}) \tag{8}$$

ここに，$\text{AUC}_j(\boldsymbol{\beta})$ は，格付け j 以下の企業の総計を $n_{\text{D}(j)}$，格付け $j+1$ 以上の企業の総計を $n_{\text{ND}(j)}$ とし，それぞれに属する企業の説明変数を $\boldsymbol{X}_l^{\text{D}(j)}$, $\boldsymbol{X}_m^{\text{ND}(j)}$ ($l=1,2,\cdots,n_{\text{D}(j)}, m=1,2,\cdots,n_{\text{ND}(j)}$) とすると，

$$\text{AUC}_j(\boldsymbol{\beta}) = \frac{1}{n_{\text{D}(j)} n_{\text{ND}(j)}} \sum_{l=1}^{n_{\text{D}(j)}} \sum_{m=1}^{n_{\text{ND}(j)}} \text{I}(\boldsymbol{\beta}^T(\boldsymbol{X}_l^{\text{D}(j)} - \boldsymbol{X}_m^{\text{ND}(j)})) \tag{9}$$

で定義され，格付けが j 以下の企業を非デフォルト，$j+1$ 以上の企業をデフォルトとみなしたときの2クラス判別における $\text{AUC}(\boldsymbol{\beta})$ である．この RAUC の性質として，格付けがランダムに付与されているときに 0.5 の値をとり，格付け判別が完全にできているときには 1 の値をとる．AUC と同様，値が 1 に近いほど格付け判別精度が高いと評価する．たとえば，2.2項で述べた順序ロジットモデルの格付け判別精度は，$\text{RAUC}(\boldsymbol{\beta})$ に $\hat{\boldsymbol{\beta}}_{\text{OL}}$ を代入し，

$$\text{RAUC}(\hat{\boldsymbol{\beta}}_{\text{OL}}) = \frac{1}{K-1} \sum_{j=1}^{K-1} \text{AUC}_j(\hat{\boldsymbol{\beta}}_{\text{OL}})$$

の値を求めることによって評価できる．

3.3 RAUC を拡張した weighted RAUC

(8) 式で定義される RAUC は，各格付けにおける判別を平均的に同じ重み付けによって評価している．しかし，実際には，いずれの格付けにおける判別も同程度の重要性を有しているわけではない．たとえば実際の格付けにおいては，ある企業の格付けが AAA か AA+ 以下のいずれであるかの判別問題の重みと，ある企業の格付けが投資適格と投資不適格のいずれであるかの判別問題

の重みでは,明らかに後者の判別問題における重要性が大きく,判別精度を高くしたいという実務的ニーズがある.そこで,(8)式の RAUC を拡張した,weighted RAUC を考えることによって,各格付けの判別における重みを調整することができる.wRAUC は,以下の式で定義する.

$$\text{wRAUC}(\boldsymbol{\beta}) = \sum_{j=1}^{K-1} w_j \text{AUC}_j(\boldsymbol{\beta}) \qquad (10)$$

ここに,$\text{AUC}_j(\boldsymbol{\beta})$ は,先と同様に判別ルール(7)によって各格付けごとに得られる $\text{AUC}(\boldsymbol{\beta})$ であり,w_j は,

$$\sum_{j=1}^{K-1} w_j = 1 \quad \text{かつ} \quad 0 \leq w_j \leq 1 \quad (j=1,2,\cdots,K-1)$$

の条件を満たす各 $\text{AUC}_j(\boldsymbol{\beta})$ の重みである.この wRAUC は,重み w_j を恣意的に与えることにより,以下の特徴をもつ.

I. 各重み w_j を等しく(各 j ($j=1,2,\cdots,K-1$) に対して,$w_j=1/(K-1)$)することにより,RAUC と同様の評価関数となる.

II. ある j においてのみ $w_j=1$ の値をもち,$i \neq j$ において $w_i=0$ ($i=1,2,\cdots,j-1,j+1,\cdots,K-1$) とすることによって,格付け $j+1$ 以上と j 以下の 2 群判別の通常の AUC が得られる.

III. ある j において w_j を $1/(K-1)$ よりも大きくとることにより,$j+1$ 以上と j 以下との判別に重みをおいたパラメータ推計が可能になる.これは,実際の格付けにおいては投資適格と投資不適格を,銀行の内部格付けモデルにおいては要注意と要管理を判別する際の判別が重要であることをパラメータの推計に反映できることを意味する[3].

4 RAUC 最適化によるモデリング

本節では,$\text{RAUC}(\boldsymbol{\beta})$ を目的関数として用い,$\text{RAUC}(\boldsymbol{\beta})$ 最適化モデルの作成手法を述べる.なお,前節では各カテゴリ間の判別の重みを考慮した wRAUC について述べたが,本節では簡単のために,重みが各カテゴリ間で共通である RAUC を用いて説明する.

---

[3] 重み w_i の決め方は評価者によって異なると考えられる.w_j の決め方としては,ミニマックス法(各カテゴリ間で最小の $\text{AUC}_j(\boldsymbol{\beta})$ を最大化する方法)などが考えられる.

4.1 近似 RAUC 最適化手法

RAUC($\boldsymbol{\beta}$) は (8), (9) 式で示されているように, 階段関数であるヘビサイド関数の和で定義される. そのため, ニュートン法などの微分法などを用いて最大化することが困難である. そこで, チューニングパラメータ σ を用いて

$$s_\sigma(x) = \frac{1}{1+\exp(-x/\sigma)}$$

と定義されるシグモイド関数 $s_\sigma(x)$ でヘビサイド関数を近似し, 微分可能な関数とする. (9) 式で定義された AUC$_j$($\boldsymbol{\beta}$) 中のヘビサイド関数をシグモイド関数 $s_\sigma(x)$ で近似した AUC$_j$($\boldsymbol{\beta}$) を以下では sAUC$_j$($\boldsymbol{\beta}$) とよび, 以下のように定義する.

$$\text{sAUC}_j(\boldsymbol{\beta}) = \frac{1}{n_{\text{D}(j)} n_{\text{ND}(j)}} \sum_{l=1}^{n_{\text{D}(j)}} \sum_{m=1}^{n_{\text{ND}(j)}} s_\sigma(\boldsymbol{\beta}^T(\boldsymbol{X}_l^{\text{D}(j)} - \boldsymbol{X}_m^{\text{ND}(j)})) \tag{11}$$

シグモイド関数を用いて近似した AUC($\boldsymbol{\beta}$) 最大化に関しては, Ma and Huang (2005) や三浦・山下・江口 (2009) に詳しいが, ここで簡単にふれることにする. シグモイド関数を用いた近似 AUC($\boldsymbol{\beta}$) 最大化は, (11) 式を最大化するようなパラメータ $\boldsymbol{\beta}$ の推定値を求めることによって達成される. このとき, 留意すべき点が 2 点ある[4]. それは, $\boldsymbol{\beta}$ に関して近似 AUC($\boldsymbol{\beta}$) を最大化する際に,

(i) $\boldsymbol{\beta}$ の自由度が次元数よりも 1 つ多いこと

(ii) チューニングパラメータ σ の値の決め方

である. (i) については, (5) 式にあるヘビサイド関数の性質から, AUC($\boldsymbol{\beta}$) の値は, $\boldsymbol{\beta}$ の正の定数倍に対して不変であることが理由である. 近似 AUC($\boldsymbol{\beta}$) においてもこの性質はほとんど同様に存在するため, $\boldsymbol{\beta}$ の自由度を 1 つ減らす必要がある. Ma and Huang (2005) では, アンカーパラメータという考え方を導入し, $\boldsymbol{\beta}$ のある 1 つの値の絶対値が 1 であると固定したもとで, AUC($\boldsymbol{\beta}$) を最大化している. また, 三浦・山下・江口 (2009) では, $\boldsymbol{\beta}$ の L2 ノルム ($\boldsymbol{\beta}$ の各要素の 2 乗和) を固定したもとで AUC($\boldsymbol{\beta}$) を最大化している. 本研究では, $\boldsymbol{\beta}$ の L2 ノルムを固定した方法を用いている.

(ii) については, 近似誤差を小さくする方法として, Gammerman (1996)

---

[4] 詳細は, 三浦・山下・江口 (2009) を参照のこと.

では経験則（rule of thumb）が提案されている．これは，任意の x に対して $|x/\sigma|>5$ となるように σ を設定することにより，絶対値が 0 付近の値をとらないようにするというものである．これにより，ヘビサイド関数とシグモイド関数の近似精度のよくない，x の絶対値が 0 に近いような x の定義域にデータが存在しないようにすることができる．また，Ma and Huang（2005）において，クロスバリデーションによって最適な σ の値を求めている．ここでいう最適とは，得られる AUC($\boldsymbol{\beta}$) の値を最大にする σ のことであるが，σ の値によって得られる近似 AUC($\boldsymbol{\beta}$) の最大化の値にほとんど差がみられないことを報告している．これは，σ の値を変化させたとき，推計値 $\hat{\boldsymbol{\beta}}$ の値が σ の変化分だけ定数倍することが理由である．したがって，本研究においては，σ の値を 0.01 に固定したもとで近似 RAUC($\boldsymbol{\beta}$) の最大化を行った．

(11) 式のように定義した sAUC$_j$($\boldsymbol{\beta}$) を (8) 式中の AUC$_j$($\boldsymbol{\beta}$) に代入することによって，近似 RAUC($\boldsymbol{\beta}$) として sRAUC($\boldsymbol{\beta}$) を以下のように定義する．

$$\text{sRAUC}(\boldsymbol{\beta}) = \frac{1}{K-1}\sum_{j=1}^{K-1}\text{sAUC}_j(\boldsymbol{\beta})$$

したがって，RAUC($\boldsymbol{\beta}$) を最大化するパラメータ $\boldsymbol{\beta}$ の推定量 $\hat{\boldsymbol{\beta}}_R$ を，

$$\hat{\boldsymbol{\beta}}_R = \arg\max_{\boldsymbol{\beta}} \text{sRAUC}(\boldsymbol{\beta}) \tag{12}$$

と定義する．この $\hat{\boldsymbol{\beta}}_R$ を得ることによって，各データの信用リスクスコアリング $\hat{\boldsymbol{\beta}}_R^T \boldsymbol{X}$ が求められる．

4.2 しきい値の設定方法

順序ロジットモデルでは，しきい値 α_j $(j=1,2,\cdots,K-1)$ の最尤推定量を得られるのに対し，(12) 式で定義される $\boldsymbol{\beta}$ の推定量 $\hat{\boldsymbol{\beta}}_R$ には定数項が含まれず，sRAUC($\boldsymbol{\beta}$) の最適化からは，しきい値の推計値は得られない．これは，AUC($\boldsymbol{\beta}$) の値は，$\boldsymbol{\beta}$ の正のアフィン変換[5]に対して不変であることが理由である．このことから，各データの信用リスクスコアリング $\hat{\boldsymbol{\beta}}_R^T \boldsymbol{X}$ の値から格付けを予測する際には，$\hat{\boldsymbol{\beta}}_R$ とは別に，しきい値としての定数項の推計値が，格

---

[5] ここでは，正のアフィン変換とは，変数 X に対して，任意の $a>0, b$ を用いて $aX+b$ と変換することを意味する．

付けのノッチ数から1つ少ない (K−1) 個だけ必要になる．信用リスクスコアリング $\hat{\beta}_R^T X$ が得られている状況は，各データの序列性に関しての最適性を有しているといえる．序列は固定したまま，しきい値によって各データに格付けを付与することは，各データの水準を推計することである．以下に，その方法をいくつか述べる．

Ⅰ. 的中率を最大にする方法：信用リスクスコアリング $\hat{\beta}_R^T X$ は得られているので，各企業の序列性は最適化している．そこで，パラメータ $\hat{\beta}_R$ の推計に用いたデータを用いて，格付けの的中率を最大化するようにしきい値を求める．

Ⅱ. 統計モデルによる方法：信用リスクスコアリング $\hat{\beta}_R^T X$ は得られているので，この値を説明変量としたシングル・ファクターの順序ロジットモデルを用いる．これにより，信用リスクスコアリングの係数としきい値の最尤推定量が得られる．このとき，信用リスクスコアリング $\hat{\beta}_R^T X$ の係数の推計値が正である限り，RAUC($\hat{\beta}_R$) の値は不変であり最適性は保たれる．

Ⅲ. 銀行の内部格付けモデルにおける PIT (point-in-time)，TTC (through-the-cycle) を考慮した方法：$\hat{\beta}_R$ によって得られる序列を固定したうえで，各データの格付けを付与する際には，PIT と TTC の考え方を用いる方法が存在する（詳細は，Engelmann and Rauhmeire (2006) や Bogie and Peter (2008) などを参照のこと）．これらの方法は，景気循環と格付けの関係に対する考え方が異なるアプローチである．前者は，景気循環を考慮せず最近期の状況から格付けを付与し，後者は景気循環を考慮し，景気後退期を含む一循環の中で最悪期から格付けを付与する．この考え方は，形式的には，PIT は景気後退期を各債務者の格付けの変化で表し，TTC は各格付けのデフォルト率が変化するという差となる．具体的には，PIT は景気状況を示すマクロ経済指標などを用いて，経済状況を考慮し，$\hat{\beta}_R$ を推計したデータとアウトサンプルデータ，それぞれに対応する時点のマクロ経済指標の比較によって格付けの水準を求めることによりしきい値を設定する．TTC は各ノッチのデータ数が固定されるようにして，しきい値を求めればよい．し

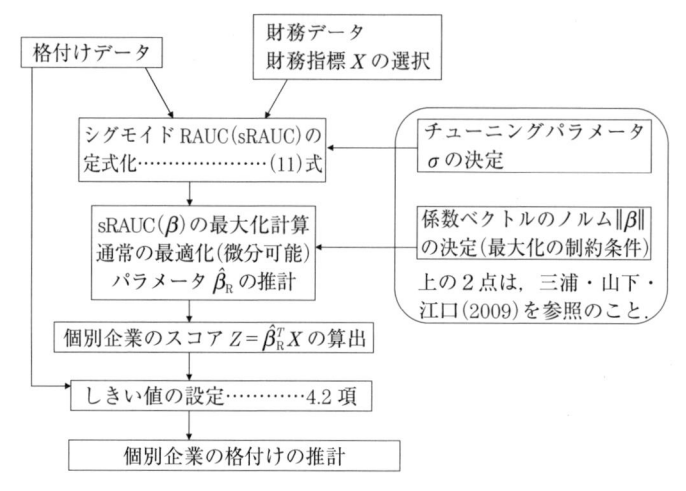

```
┌─────────────┐    ┌──────────────────┐
│ 格付けデータ │    │ 財務データ       │
└──────┬──────┘    │ 財務指標Xの選択  │
       │           └────────┬─────────┘
       │                    │
       ▼                    ▼
  ┌──────────────────────────┐    ┌──────────────────────┐
  │ シグモイドRAUC(sRAUC)の │    │ チューニングパラメータ│
  │ 定式化………………(11)式    │◀───│ σの決定              │
  └────────────┬─────────────┘    └──────────────────────┘
               ▼                  ┌──────────────────────┐
  ┌──────────────────────────┐    │ 係数ベクトルのノルム‖β‖│
  │ sRAUC(β)の最大化計算    │    │ の決定(最大化の制約条件)│
  │ 通常の最適化(微分可能)  │◀───└──────────────────────┘
  │ パラメータ β̂_Rの推定    │    上の2点は,三浦・山下・
  └────────────┬─────────────┘    江口(2009)を参照のこと.
               ▼
  ┌──────────────────────────┐
  │ 個別企業のスコア Z = β̂_R^T X の算出│
  └────────────┬─────────────┘
               ▼
  ┌──────────────────────────┐
  │ しきい値の設定…………4.2項│
  └────────────┬─────────────┘
               ▼
  ┌──────────────────────────┐
  │ 個別企業の格付けの推計  │
  └──────────────────────────┘
```

図 2-1 近似 RAUC を用いた格付け推計の計算ステップ

たがって，RAUC 最適化によって $\hat{\beta}_R$ を得ることによる本論文の提案する手法は，序列性に関して最適化を行っているモデルなので，PIT,TTC ともに対応できるパラメータの推計手法であるといえる.

以上の近似 RAUC の計算ステップを図 2-1 にまとめた.

5 シミュレーションデータを用いた分析結果

この節では，シミュレーションデータを用いて，従来からの手法である順序ロジットモデルと，本稿で提案する RAUC により作成されたモデルの比較を行う[6]．シミュレーションデータは，まず各説明変数の各成分が正規分布から発生されるデータを考える．次に，異常値を含むデータの一例として，正規分布よりも裾の厚い（外れ値を多く含む）t 分布から説明変数の各成分を発生させ，正規分布のデータと比較することにより，外れ値の存在するデータに対しての両手法のロバスト性を確認する[7]．

[6) 本研究では，統計ソフトとして R を用いている．特に，RAUC の最適化においては，非線形関数の最適化が可能な関数として，optim を用いた.

5.1 正規性を有するデータに対する分析

本節では，データを正規分布から発生させたうえで，順序ロジットモデルとRAUCによるモデルを比較する．

格付けは，$\{1,2,3,4,5\}$ であり，それぞれのデータ数は，100，200，200，200，100 の計 800 である．説明変量は 3 つあり，格付け j の企業の各説明変量はそれぞれ以下のような平均 μ_j をもち，共通の共分散 Σ をもつ正規分布から発生するものとする．

$\mu_1=(3,3,3), \mu_2=(5/2,5/2,5/2), \mu_3=(2,2,2),$
$\mu_4=(3/2,3/2,3/2), \mu_5=(1,1,1)$
$\Sigma=I_3$

ただし，I_3 は 3×3 の単位行列を表す．

5.1.1 順序ロジットモデルを用いた分析

順序ロジットモデルを適用した分析結果を以下に示す．

$\hat{\beta}_{OL}=(-0.767,-0.657,-0.823)$
$\text{RAUC}(\hat{\beta}_{OL})=0.872$

どのカテゴリ間においても，平均的に大きな AUC の値をとる．正規性を有するデータに対して，順序ロジットモデルは十分な判別能力を有する．

5.1.2 RAUC を用いた分析

RAUC を適用した分析結果を以下に示す．

$\hat{\beta}_R=(-0.583,-0.644,-0.496)$
$\text{RAUC}(\hat{\beta}_R)=0.872$

得られる RAUC の値は，順序ロジットモデルのそれとほとんど差はない．以下の図 2-2 に，順序ロジットモデルと RAUC 最適化モデルにより得られるROC 曲線及び AUC の値を併記する．

5.1.3 両手法の結果の比較

上記の乱数発生を 1000 回繰り返したときの RAUC の値の結果を表 2-1 に

---

7) 外れ値のような異常値を含むデータに対する AUC を用いたパラメータ推計の安定性は，三浦・山下・江口 (2009) に詳しい．三浦・山下・江口 (2009) では，異常値として，デフォルト・非デフォルトのラベルを張り替えることによって異常値を発生させ，その際の AUC を目的関数として用いたときのパラメータの安定性を検証している．

(a) 順序ロジットモデル　　　　　(b) RAUC 最適化モデル

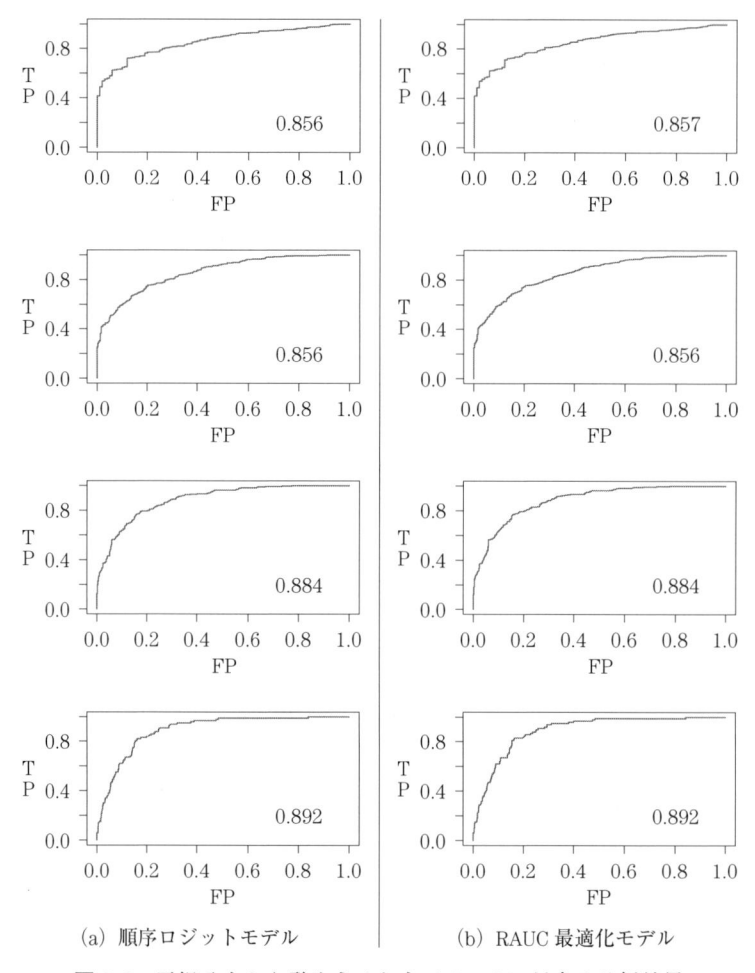

図 2-2 正規分布から発生させた人工データに対する分析結果
上から，それぞれ格付け {1} と {2,3,4,5}，{1,2} と {3,4,5}，{1,2,3} と {4,5}，{1,2,3,4} と {5} の ROC 曲線，及び，AUC の値を記してある．

表 2-1 シミュレーションデータを 1000 回発生させたときの RAUC の結果

	平均	標準偏差
順序ロジットモデル	0.878	7.72×10^{-3}
RAUC 最適化モデル	0.879	7.71×10^{-3}

示す．

両モデルの結果から得られる RAUC の値にはほとんど差はみられない．このことから，正規分布から発生させたデータにおいては，RAUC の点から両手法ともに高い判別力を有することを示している．

5.2 裾の厚い分布から発生させたデータに対する分析

裾の厚い分布として，t 分布を用いる．具体的には，格付けが 5 の説明変量の分布だけが自由度 2 の t 分布から発生させ，他のデータは 5.1 項のデータと同様のものを用いた．格付け 5 のデータの平均は μ_5 と一致するように調整した．

5.2.1 順序ロジットモデルを用いた分析

順序ロジットモデルを適用した分析結果を以下に示す．

$$\hat{\beta}_{\mathrm{OL}} = (-0.153, -0.118, -0.275)$$

正規分布によってのみ乱数を発生させることにより得られた 5.1.1 の $\hat{\beta}_{\mathrm{OL}}$ と大きく異なった推計値が得られた．このことから，t 分布から発生させた格付け 5 のデータが，結果に大きな影響を与えていることが考えられる．また，

$$\mathrm{RAUC}(\hat{\beta}_{\mathrm{OL}}) = 0.819$$

となり，先の $\mathrm{RAUC}(\hat{\beta}_{\mathrm{OL}})$ よりも小さくなっている．

5.2.2 RAUC を用いた分析

RAUC を適用した分析結果を以下に示す．

$$\hat{\beta}_{\mathrm{R}} = (-0.595, -0.621, -0.510)$$

正規分布によりのみ乱数を発生させることにより得られた 5.1.2 の $\hat{\beta}_{\mathrm{R}}$ とやや異なる推計値ではあるが，順序ロジットモデルの結果に比べると，その変化は小さい．また，得られた RAUC の値を以下に示す．

$$\mathrm{RAUC}(\hat{\beta}_{\mathrm{R}}) = 0.839$$

やはり，順序ロジットモデルの結果に比べると，RAUC の変化は小さい．よって，RAUC 最適化モデルを用いた手法が，順序ロジットモデルよりも外れ値に対してロバストであることがわかる．以下の図 2-3 に，順序ロジットモデルと RAUC 最適化モデルにより得られる ROC 曲線の図を併記する．

t 分布から発生させたデータである格付け 5 とそれ以外の判別（最下図）における AUC の値が最も小さくなっている．外れ値が存在することによる影響

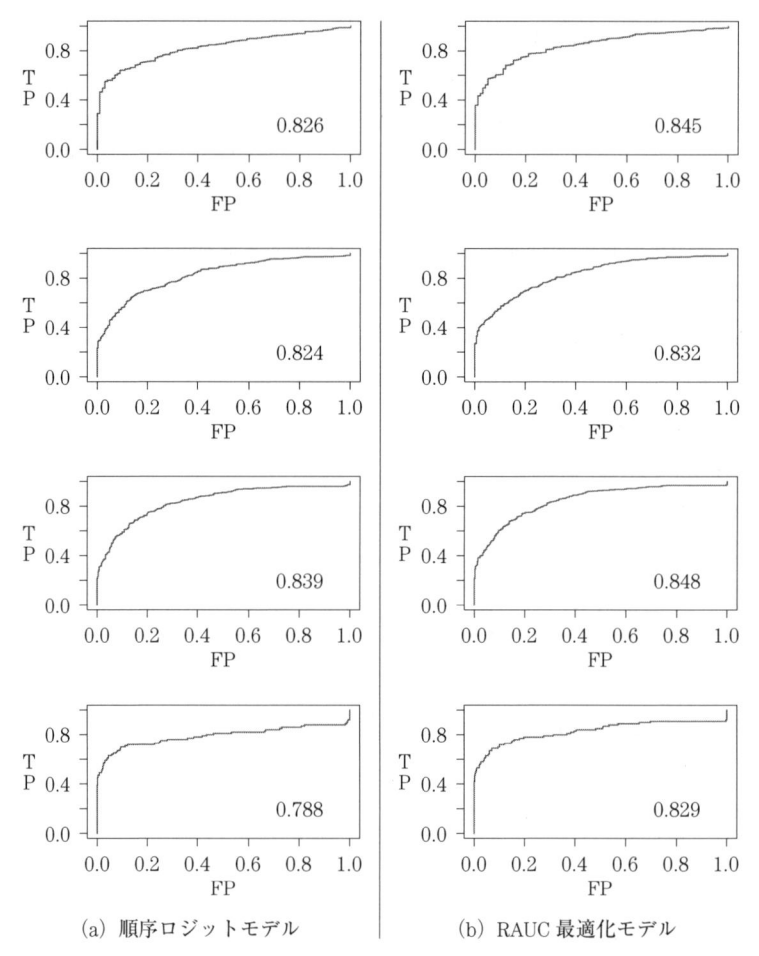

図 2-3 t 分布から発生させた人工データに対する分析結果
上から，それぞれ格付け {1} と {2,3,4,5}，{1,2} と {3,4,5}，{1,2,3} と {4,5}，{1,2,3,4} と {5} の ROC 曲線，及び，AUC の値を記してある．

(a) 順序ロジットモデル: 0.826, 0.824, 0.839, 0.788
(b) RAUC 最適化モデル: 0.845, 0.832, 0.848, 0.829

が最下図の FPR（横軸）の値が 1 のときの TPR（縦軸）のせり上がりに顕著にみられる．これらのせり上がりに含まれるデータは，格付け 5 のラベルを有するにも関わらず，説明変数としては（外れ値とみなせるほどに）非常に良い値をとっている．これが，AUC の減少の理由である．RAUC 最適化モデルにおいても，外れ値の影響から格付け 5 とそれ以外の判別における AUC の値の

表 2-2 シミュレーションデータを 1000 回発生させたときの RAUC の結果

	平均	標準偏差
順序ロジットモデル	0.806	1.62×10^{-2}
RAUC 最適化モデル	0.814	1.43×10^{-2}

減少率が最も大きいが，その AUC の減少率は順序ロジットモデルの減少率よりも小さく，パラメータの推計値に対する影響も小さい．このことから，RAUC を用いた手法は順序ロジットモデル・最尤推定法よりも外れ値に対してロバストな手法であるといえる．実際の格付けデータにおいても，財務指標などに外れ値が含まれるデータであることが多く，その際にも提案する RAUC を用いた手法が有効であると考えられる．

5.2.3 両手法の結果の比較

上記の乱数発生を 1000 回繰り返したときの RAUC の値の結果を表 2-2 に示す．

この結果からも，外れ値に対してロバストな手法であることがわかる．

6 実データを用いた分析結果

本節では，実際の格付けデータを用いて，順序ロジットモデルと RAUC 最適モデルを比較する．

格付けは，株式会社格付投資情報センター（R&I）社の公表している企業の中で，銀行，証券，損害保険，生命保険，その他金融を除く業種・分野の 2009 年 3 月 31 日現在のデータを用いた．格付けは R&I のホームページから入手し，総計 400 社の企業を分析した．本研究では，発表されているノッチを統合することにより，5 ノッチに集約したうえで分析を行った．各ノッチのデータの集約の状況や企業数は以下の表 2-3 にまとめた．説明の都合上，集約した格付けをラベルとして 1 から 5 の数字を割り振っている（表 2-3 参照）．また，説明変数としては該当企業の財務指標を日経 NEEDS のデータベースから入手した．説明変数としては，自己資本比率，営業利益率，総資産の 3 つをそれぞれ基準化したものを用いた[8]．それぞれ，企業の安全性，収益性，規模

表 2-3 使用したデータの概要

格付け	企業数	格付けごとの企業数	ラベル
AAA	2		
AA+	22	75	1
AA	18		
AA−	33		
A+	36		
A	77	183	2
A−	70		
BBB+	58	110	3
BBB	52		
BBB−	25	25	4
BB+	3		
BB	3	7	5
D	1		

を表す指標である．なお，総資産は資産合計の対数をとったものを用いた．これらの指標は，R&I のホームページに格付けを行う際に企業の信用力を評価するうえで重視する指標の例として挙げられているものを参考にしている．なお，各説明変量の基準化後の相関行列，及び，各格付けごとの財務指標の基準化後の平均値を以下の表2-4, 2-5 に記す．

6.1 順序ロジットモデルを用いた分析

順序ロジットモデルを用いて，実データの分析を行った．分析結果を以下に示す．

$$\hat{\beta}_{\mathrm{OL}} = (-1.62, -0.440, -2.52)$$

$\hat{\beta}_{\mathrm{OL}}$ の結果から，規模を示す資産合計や，安全性を示す自己資本比率が格付け判別に大きな影響を与えていることがわかる．

また，得られた RAUC の値を以下に示す．

$$\mathrm{RAUC}(\hat{\beta}_{\mathrm{OL}}) = 0.867$$

---

8) 本研究の目的はモデルの評価指標，及び，その最大化手法の提案であるため，財務指標の選択については深く議論しない．提案する最適化の手法の実務化にむけては，より詳細な財務指標の取捨選択が必要であると考える．

表 2-4　各説明変量の基準化後の相関行列

説明変数	自己資本比率	営業利益率	総資産
自己資本比率	1.00	0.312	−0.340
営業利益率	0.312	1.00	0.0765
総資産	−0.340	0.0765	1.00

表 2-5　各格付けにおける財務指標の平均値

格付けラベル	自己資本比率	営業利益率	総資産
1	0.179	0.531	1.10
2	0.195	0.00706	0.0351
3	−0.221	−0.188	−0.571
4	−0.629	−0.538	−1.02
5	−1.31	−0.986	−0.0837

6.2　RAUC を用いた分析

RAUC を最適化するモデルを求め，先の 6.1 項で得られた順序ロジットモデルとの比較を行う．

得られる RAUC を最適化するパラメータの推定値は，

$$\hat{\beta}_R = (-0.637, -0.224, -0.738)$$

となる．順序ロジットモデルの結果と同様に，資産合計や自己資本比率が強い説明力を有する結果となった．以下の図 2-4 に，順序ロジットモデルと RAUC 最適化モデルにより得られる ROC 曲線と AUC の値を併記する．

$$\text{RAUC}(\hat{\beta}_R) = 0.880$$

最下図にあるように，ラベル {5} とそれ以外の判別における AUC の値が小さくなっている．$\hat{\beta}_{OL}$ の値からわかるように，ラベル {5} の企業とその他の企業を判別するときの判別に有効な説明変量として規模を表す指標があるが，三菱自動車工業や日本航空などの規模の大きい企業の格付けがラベル {5} に含まれていることが理由である．また，ラベル {5} の企業は説明変量に共通の特徴があるのでなく，各企業固有の理由でラベル {5} に属し，説明変量の値にばらつきがあることが理由と考えられる．また，順序ロジットモデルの結果と RAUC 最適化モデルの結果を比較すると，最上部の図にみられるよう

(a) 順序ロジットモデル (b) RAUC 最適化モデル

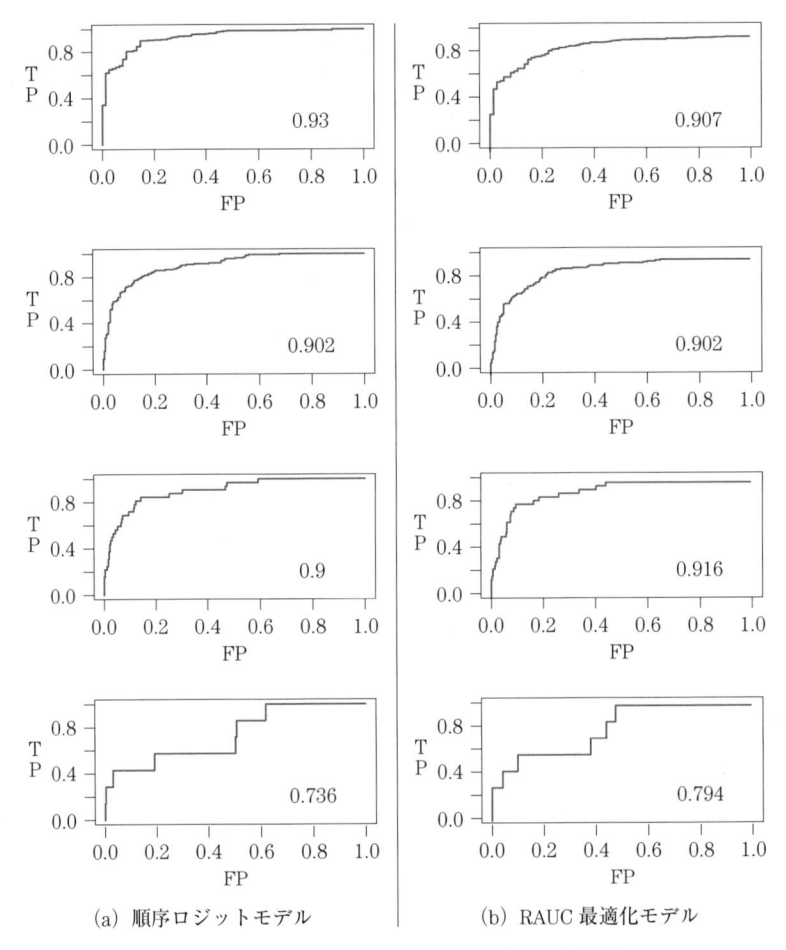

図 2-4 実際の格付けデータに対する分析結果

上から，それぞれラベル {1} と {2,3,4,5}，{1,2} と {3,4,5}，{1,2,3} と {4,5}，{1,2,3,4} と {5} の ROC 曲線，及び，AUC の値を記してある．

に，ラベル {1} とそれ以外の判別における AUC の値は小さくなっているものの，RAUC の値はより大きくなっていることが確認できた．また，低格付け間の判別，特に，最下図のラベル {5} とその他の判別における AUC の値に大きな差がみられる．これは，5.2 項の t 分布によるシミュレーションでも確認されたように，ラベル {5} の企業に外れ値のデータが存在することが理

由である．このことから，外れ値の存在する実データに対して，順序ロジット・最尤推定法によるモデルの推定よりも，RAUCを用いた手法はロバストな推計手法である[9]．

6.2.1 wRAUCを用いた分析

次に，3.3項IIIで述べたように，(10)式で定義されるwRAUCにおける各AUCの重みを変えることにより，パラメータの推計値や各格付け間におけるAUCにどのような変化がみられるのかをみていく．具体的には，各ラベルにおける重みを1とし，そのほかの重みを0として考える．これは，3.3項IIで述べたように，各ラベルにおける2群判別を考えることと同値である．いま，5つのラベルを考えているので，4つの重みの組み合わせがある．高格付けのラベルの判別順に重みを変えたとき，得られるパラメータの推定値$\hat{\beta}_R$を表2-6に記す．

低格付けにおける判別であるほど，自己資本比率と営業利益率の絶対値が大きくなり，それとは逆に資産合計のそれが小さくなる．この結果から，低格付けの判別における説明変量として自己資本比率，営業利益率が有効であることがわかる．また，この結果は，カテゴリ間で各説明変量の係数パラメータの平行性（各カテゴリ間に共通の係数パラメータの値を仮定すること）が満たされないという，安川（2002）の結果と整合的である．図2-5に，重みを表2-6の例1～4のように決めたときに得られたROC曲線の図を記す．

実務的に妥当な重みとして，例5：$w_1=1/10$，$w_2=1/10$，$w_3=3/10$，$w_4=5/10$としてwRAUC最適化を考える．得られた結果は以下の通りである．

表2-6 重みを変えたときに得られる$\hat{\beta}_R$の値

	重みベクトル	自己資本比率	営業利益率	総資産
例1	(1,0,0,0)	−0.387	−0.236	−0.891
例2	(0,1,0,0)	−0.603	−0.143	−0.785
例3	(0,0,1,0)	−0.685	−0.294	−0.667
例4	(0,0,0,1)	−0.787	−0.589	−0.183

---

[9] 1000回のブートストラップの結果から，順序ロジットモデル，RAUC最適化の両手法から得られるRAUCの値の平均値は，それぞれ0.867，0.880であり，標準偏差は2.83×10^{-2}，2.22×10^{-2}であった．

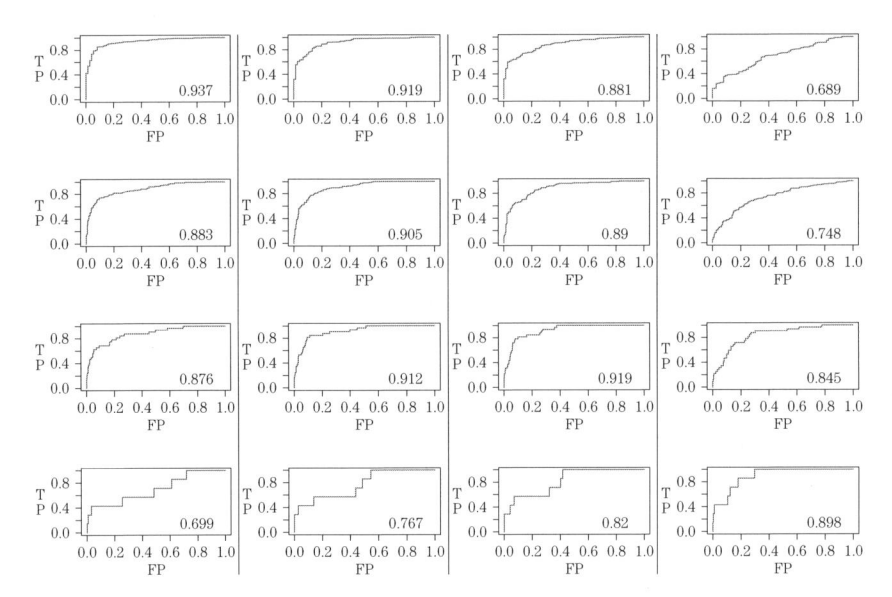

図 2-5 実際の格付けデータに対して，重みを例1～例4のように変えたときの wRAUC最適化モデルを用いた分析結果
それぞれ，左から例1～例4のRAUCの図.

$$\hat{\beta}_R = (-0.608, -0.574, -0.548)$$

このとき，得られるパラメータの推計値は，例3と例4の間の値となっている．重みを例5のように設定したときは，ラベル$\{1,2,3\}$と$\{4,5\}$，及び$\{1,2,3,4\}$と$\{5\}$における判別を重点的に学習しているためこのような結果となる．図2-6には，各カテゴリ間の重みを平均的に考えたRAUC最適化モデルの結果（図2-4 (b) と同一のもの）と，重みを例5のように各カテゴリ間で異なると考えたときの結果を併記する．

この重みの設定では，ラベル$\{4,5\}$とそれ以外における判別の重要性を重んじてパラメータの推計値を求めている．そのため，得られた結果は，下2つの図のAUCの値は高くなり，上2つのAUCの値は逆に小さくなっている．

以上のように，重みを設定することによって，評価者の目的に合ったパラメータの推計値を得ることが可能である．このことは，社債格付けにおいては投資適格と投資不適格の境界における判別を，銀行の内部格付けモデルにおいては要注意と要管理の境界における判別をより重要視した判別関数が得られるこ

(a) 平均的な重みを用いた RAUC 最適化モデル（図 2-4 (b) と同じ）

(b) 重みを例 5 のように設定した wRAUC 最適化モデル

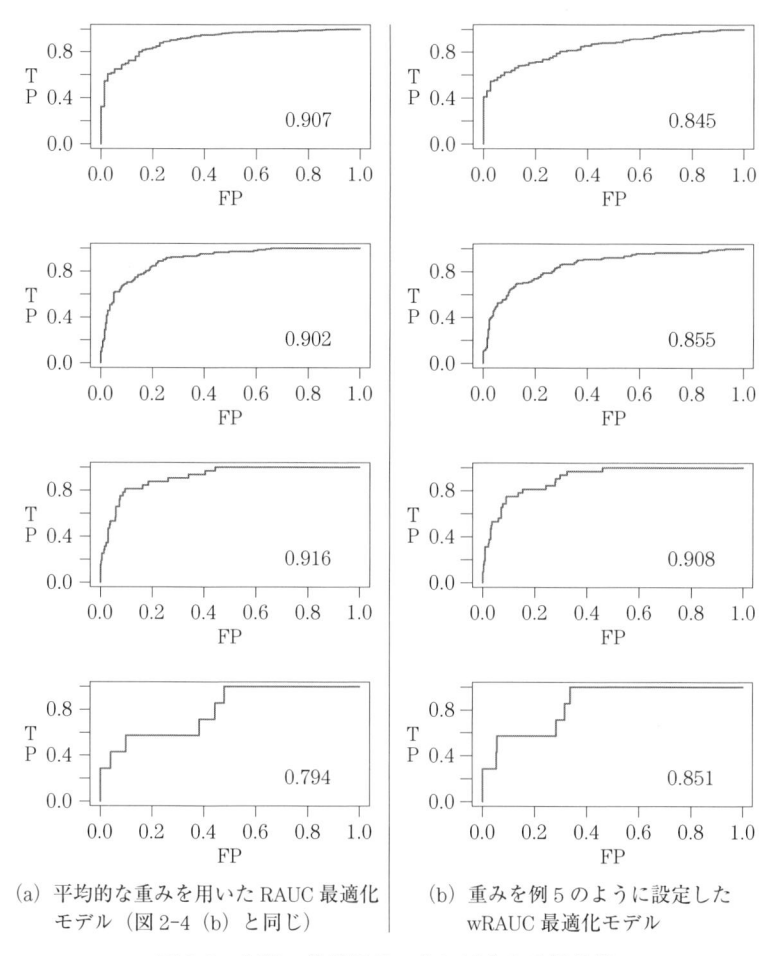

図 2-6 実際の格付けデータに対する分析結果

上から，それぞれ格付け $\{1\}$ と $\{2,3,4,5\}$, $\{1,2\}$ と $\{3,4,5\}$, $\{1,2,3\}$ と $\{4,5\}$, $\{1,2,3,4\}$ と $\{5\}$ の ROC 曲線，及び，AUC の値を記してある．

とを意味し，wRAUC 最適化モデルは非常に実用的な手法であると考えられる．

7 まとめ

　順序ロジットモデルのような，順序付きカテゴリカルデータの予測モデルの評価指標を提案した．ここで定義した指標は，デフォルト確率予測モデルにおける評価指標である AUC を，順序付きのカテゴリカルデータの予測モデルに適用できるように拡張したものである（RAUC）．デフォルト確率予測モデルの評価指標としての AUC が序列性の指標であると同様に，RAUC は格付け予測モデルの結果の序列性を評価する指標である．また，RAUC は各カテゴリ間で判別の重要性が同一であるとみなした指標であるが，各カテゴリ間で重要性の異なる状況を評価関数に反映できるように各カテゴリ間の判別における AUC の重みを調整した wRAUC を定義した．

　また，RAUC を最適化する手法として，AUC に含まれるヘビサイド関数をシグモイド関数で近似した RAUC を最大化するパラメータの推計値を求めた．第5節では，シミュレーションデータを用いて，正規分布と t 分布からそれぞれデータを発生させ，RAUC を用いた手法が t 分布のような裾の厚い分布において，従来の順序ロジットモデルよりもロバストな推定手法であることが結果として得られた．また，第6節では，R&I 社の実際の格付けを用いて順序ロジットモデル・最尤推定法によるモデルと RAUC 最適化モデルの比較を行った．また，社債格付けにおいて重要である BBB 以上と BB 以下のカテゴリ間の判別の重要性を考慮した wRAUC を最大化することにより，より実務的なパラメータの推定値が得られた．

　従来，格付け予測モデルの評価において，一般的に用いられる指標は存在していなかった．格付け予測モデルの評価指標として満たすべき条件として，的中率と誤判別率の評価，特に誤判別のノッチの大きさ（何ノッチの誤判別か）の評価や，各カテゴリ間の判別の重要性を相対的にどのように扱うのか，といった点がある．本研究で提案された指標 RAUC，wRAUC は，序列性の評価指標として広く用いられている AUC を拡張することによって，上の2点が考慮された指標となっている．また，その指標の最適化手法も提案することによって，格付け予測の重要な性質を有するモデルの作成が可能となった．

〔参考文献〕

小林正人 (2001)「順序プロビットモデルのテストと社債格付けデータへの応用」『金融研究』, **20**（別冊1), 日本銀行金融研究所.

中山めぐみ・森平爽一郎 (1998)「格付け選択確率の推定と信用リスク量」『JAFEE夏季大会予稿集』, 210-225.

三浦 翔・山下智志・江口真透 (2009)「信用リスクスコアリングにおけるAUC, AR値の最大化とモデル安定化」『FSAリサーチ・レビュー』, 2009年3月号, 129-148.

安川武彦 (2002)「平行性の仮定と格付けデータ：順序ロジット・モデルと逐次ロジット・モデルによる分析」『統計数理』, **50**, 201-216.

山下智志・川口 昇・敦賀智裕 (2003)「信用リスクモデルの評価方法に関する考察と比較」『金融庁金融研究研修センター・ディスカッションペーパー, 2003』.

Agresti, A. (1990), *Categorical Data Analysis*, Wiley.

Basel Committee on Banking Supervision (2005), "Studies on the validation of internal rating systems revised version," *Working Paper*, No.14, May.

Bender, R. and U. Grouven (1998), "Using binary logistic regression models for ordinal data with non-proportional odds," *Journal of Clinical Epidemiology*, **51**, 809-816.

Bogie, O. and M. Peter (2008), *Basel II Implementation：A Guide to Developing and Validating a Compliant, Internal Risk Rating System*, McGraw-Hill.

Engelmann, B. and R. Rauhmeier (2006), *The Basel II Risk Parameters：Estimation, Validation, and Stress Testing*, Springer.

Gammerman, A. (1996), *Computational Learning and Probabilistic Reasoning*, Wiley.

Hanley, J. A. and B. J. McNeil, (1982), "The meaning and use of the area under a receiver operating characteristics (ROC) curve," *Diagnostic Radiology*, **143** (1), 29-36.

Kaplan, R. S. and G. Urwitz, (1979), "Statistical models of bond ratings：A methodological inquiry," *Journal of Business*, **52**, 231-261.

Ma, S. and J. Huang, (2005), "Regularlized ROC estimation：With applications to disease classification using microarray data," *The University of Iowa Department of Statistics and Actuarial Science Technial Report*, No.345.

Martin (1979), "Early warning of bank failure：A logit regression aproach," *Journal of Banking and Finance*, **5**(1), 249-276.

McCullagh, P. (1980), "Regression models for ordinal data," *Journal of the Royal Statistical Society* B, **42**, 109-142.

McCullagh, P. and J. A. Nelder, (1989), *Generalized Linear Models*, 2nd ed., Chapman and Hall.

(三浦　翔：総合研究大学院大学)
(山下智志：統計数理研究所)
(江口真透：統計数理研究所)

3 小企業向けスコアリングモデルにおける業歴の有効性*

枇々木規雄・尾木研三・戸城正浩

概要 信用スコアリングモデル（倒産確率モデル）は，主に財務指標とデフォルトとの相関関係を利用して個別企業の信用リスクを評価する統計モデルである．大企業や比較的規模の大きな中小企業に比べて，本研究で対象とする小企業は財務指標とデフォルトとの相関が低く，モデルの説明力（パフォーマンス）が低くなる．財務指標を入れ替えるだけでは説明力を向上させるのは難しく，説明力向上のために業歴を変数に追加することを検討した．ただ，説明変数に業歴を用いたモデルや業歴とデフォルト率との関係に関する先行研究は少ない．そこで本論文では，日本政策金融公庫国民生活事業本部が開発した小企業向けスコアリングモデルと約48万件のデータを用いた実証分析を行う．分析の結果，小企業のデフォルトと業歴との間に一定の関連性を見出すことができ，さらに業歴をモデルに取り込むことによってスコアリングモデルの説明力が向上することがわかった．具体的には，業歴とデフォルト率との関係には一定のパターンがあり，業歴15年ぐらいまで徐々に平均値に向かって低下した後，35年ぐらいまで安定的に推移する．35年を過ぎるとデフォルト率が上昇し始め，50年をピークに再度低下に転じる．こうしたパターンを業歴の3次式として定式化して，財務指標を説明変数とするモデルに追加すると，追加しないモデルに比べて，モデルの説明力を評価する指標として用いるAR値（accuracy ratio）を改善することができた．

1 はじめに

日本政策金融公庫国民生活事業本部（以下，公庫と呼ぶ）は，主に従業者数20人未満の小企業に対して事業資金を融資している．融資先の企業数は2007

---

* 本稿で示されている内容は，筆者たちに属し，日本政策金融公庫としての見解をいかなる意味でも表さない．

年度末現在で約119万社と，全国の信用金庫の合計約123万社に匹敵する規模である．預金等を受け入れておらず，トレーディングも行っていないため，公庫のリスクの大部分は信用リスクである．信用リスクを把握するには，個別企業の信用リスクを定量的・効率的に評価する仕組みが必要である．一般的には信用スコアリングモデルを活用する．本研究では，小企業向けの信用スコアリングモデルを研究対象とする．

スコアリングモデルは，主に財務指標とデフォルトとの相関関係を利用して，個別企業の信用リスクを推計する統計モデルである[1]．スコアリングモデルを用いた研究はさまざま行われている．蓮見・平田（2008）は東京商工リサーチ（TSR）のデータベースから2,000社をサンプル抽出し，第1世代の中小企業信用リスク計測モデルであるMoody's KMVのRiskCalcを使った貸出シミュレーションを行い，貸出金利水準の検証やスコアリング貸出の事後的な評価を行っている．柳澤他（2007）は，2000年度から2006年度までの7年間でおおむね35,000件のRDB（Risk Data Bank）データベースを用いて，複数の信用リスクモデル（ロジスティック回帰モデル）を構築し，モデルの説明力を示すAR値（accuracy ratio）の推移について検証している．CRD協会（2006, 2008）はスコアリングモデルを構築し，検証を行っている．

一方，従業者数が20人を下回るような小企業に対してはスコアリングモデルを用いた研究はあまり行われていない．経営者個人の資産や技能など，財務指標には現れない要素が経営に与える影響が大きく，スコアリングモデルだけで個別企業の信用リスクを計測することが難しいからである．金融庁の「金融検査マニュアル別冊（中小企業融資編）」にも例示されているように「代表者の個人資産が会社の債務超過額を大きく上回る」ケースや「赤字を計上して，債務超過に陥っているが，代表者からの借入金によって負債の返済が行われている」ケースは珍しくない．さらに，借入金額も小さく，柔軟な対応が可能なので，財務指標の悪化が直接デフォルトに結びつくとは限らない．財務指標とデフォルトとの相関は，大企業や比較的規模の大きな中小企業ほど高くないと考えられるため，財務指標を用いて小企業向けのスコアリングモデルを構築し

---

[1] クレジット・スコアリングとそのモデリングの詳細は，ブルーム他（2007），益田・小野（2005），メイズ（2001）を参照されたい．

ても，満足のいくパフォーマンスが得られないのである．解決策として，上記に示したように経営者の個人資産や技能などの情報を活用する方法がある．ただし，経営者の個人資産を正確に把握するには時間やコストがかかり，モデルのパフォーマンス向上のためにコストをかけて情報を収集することは，モデル導入の目的の1つである審査コストの低減に逆行する．また，技能などの定性情報は評価者の恣意性が入りやすく，客観性の確保に課題を残す．結果的に，小企業を対象にしたモデルも財務指標を用いたモデルにならざるを得ない．

　公庫はこうした課題を十分に認識したうえで，2003年度から財務指標と属性情報の蓄積をはじめ，主に財務指標を用いて独自のスコアリングモデル（以降，現行（財務指標）モデル，もしくは現行モデルと呼ぶ）を開発し，2007年度に導入した．それから約2年が経過し，データの蓄積も進んだことから，新たなデータを用いてモデルの検証と見直しを行った．しかし，財務指標のみではモデルのパフォーマンスを向上させることができなかった[2]．

　そこで，財務指標以外の属性情報として，実務において多くの金融機関が人的審査を行う際に定性的な評価項目にしている「業歴」に注目する．業歴は小企業を含む中小企業向けローンにおいて貸出条件の1つとなっている場合がある．たとえば，三井住友銀行のビジネスセレクトローン（2009年1月13日現在）は業歴2年以上であることが条件[3]である．また，倒産企業の分析においても，中小企業庁（2002）は倒産企業の業歴別構成比を示し，老舗企業の倒産に占める割合が増加していることを示している[4]．これは業歴の相対的な影響が変化していることを認識する点で重要であるが，時系列推移を表しているだけに過ぎない．同時に行っているプロビット分析では業歴を表す変数は有意な説明変数にはならないことを示している[5]．このように，業歴とデフォルトとの関連性は多少認識されているものの，それを分析し，有意となった結果を用

---

2) 分析結果を3.3項に示す．
3) 他にも，東京都民銀行のスモールビジネスローン（2009年10月1日現在），横浜銀行のはまぎんスーパービジネスローン（2009年12月1日現在）は業歴2年以上，神奈川銀行のかなぎんビジネスサポートローン（2006年6月14日現在）は業歴3年以上が条件である．条件は2009年12月7日に各行ホームページで確認した結果である．
4) 友田（2008）も同様に業歴別倒産件数構成比の推移を示し，業歴30年以上の老舗企業の構成比が年々上昇し，業歴10年未満の新興企業の構成比が下がっていることを示している．

いて，明示的にスコアリングモデルの中に含めたモデルは，著者たちの知る限りにおいて存在しない．

本研究では，以下の点を明らかにするために，公庫の2003年度以降の貸付データを用いて分析を行う．

(1) 小企業における業歴とデフォルト率との関連性を明らかにする．業歴が頑健な指標であることを示すために，業種別，年商規模別においても，この関連性を明らかにする．

(2) 業歴をスコアリングモデルに加味することにより，AR値が大きく向上することを示す．

全国119万社の中小企業と取引している公庫が有する小企業向け融資のデータは膨大であり，業歴を1年刻みに取ったとしても十分なデータを確保できるため，詳細に業歴の有効性を検証でき，信頼ある結果を導き出せる可能性がある．また，公庫以外の多くの銀行は融資の条件が業歴2年以上であるのに対し，政策金融機関である公庫は業歴が浅い企業に対しても積極的に融資を行っているため，業歴の浅い企業のデータも豊富で業歴1年のデータに対しても分析することができる．

分析の結果，業歴とデフォルトとの間に一定の関連性を見出すことができ，さらに業歴をモデルに取り込むことによってスコアリングモデルの説明力を向上させることができた．具体的には，業歴5年未満の企業のデフォルト率が最も高く，5年を経過して15年ぐらいまで徐々に平均値に向かって低下した後，35年ぐらいまで安定的に推移する．35年を過ぎたころから再びデフォルト率が上昇し始め，50年を過ぎてから再度低下に転じるというパターンを確認し，業歴の3次式として定式化することができた．業歴を含めると，含めないモデルに比べて，モデルの説明力を評価する指標として用いるAR値を改善する

---

5) 他にも公庫融資はノンバンク融資とは全く異なるが，鶴田 (2005) は債務超過企業とインタレストカバレッジレシオが1未満の企業をデフォルト企業として，ノンバンクの融資を利用する企業の特徴をプロビットモデルを用いて分析している．業歴が長いほど経営は安定している（デフォルト率と業歴の間の関係を表す係数は負となる）と予想し分析を行った結果，債務超過ダミーを用いる場合には負（有意ではない）となるが，インカバダミーを用いる場合には有意に正となり，業歴とデフォルト率との関係を明らかにできていない．

ことができた．業歴の特徴の1つは，財務指標や他の属性情報に比べて，操作（粉飾）や恣意性の介入の余地が少ない指標であるということである．小企業の財務データはきちんと整備されていない場合もあり，その意味でも業歴はモデルの中に組み込む指標として信頼のおける指標の1つとなる．

本論文の構成は以下の通りである．第2節では，分析対象となっている公庫の融資先企業の概要を示す．第3節では，スコアリングモデルの概要と現行（財務指標）モデルのパフォーマンスを示す．第4節では，業歴の有効性を検証するために，業歴別のデフォルト率を計算して業歴を変数とするデフォルト率の定式化を行う．さらに，財務指標モデルと比較しながら業歴を含めたモデルのパフォーマンスを示すとともに，財務指標に対する業歴の相対的な説明力の変化についても調べる．第5節では結論と今後の課題を述べる．

2 融資先企業の概要

分析対象である公庫の融資先企業の概要について，「平成18年事業所・企業統計調査」（総務省統計局（2006））と比較しながら，その特徴をみていくことにする．ただし，2つの統計の間には，集計方法や定義の違いなどによって単純に比較できない点があることに注意が必要である．

2.1 企業規模

(1) 従業者規模

図3-1に2005年4月～2008年3月における個人法人別の貸付件数および金額構成比を示す．融資先の組織形態を件数ベースでみると，法人企業と個人企業の構成比はおおむね半々である．一方，融資金額ベースでは，法人企業の構

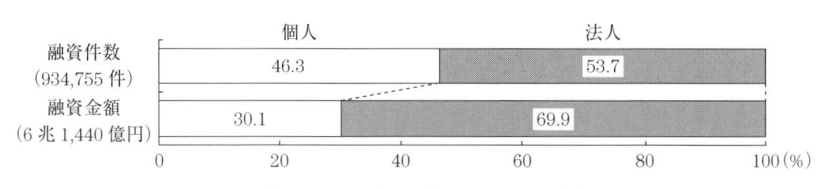

図3-1 個人法人別貸付件数および金額構成比

融資件数（934,755件）：個人 46.3　法人 53.7
融資金額（6兆1,440億円）：個人 30.1　法人 69.9

成比が約7割を占めており，公庫にとって法人企業の信用リスク管理が重要であることは論をまたない．本論文でも分析対象としているのは，法人企業向けのスコアリングモデルである．

法人企業といっても，公庫の融資先は従業者数20人未満の企業が92.2%を占めている[6]．10人未満でみても，全体の77.3%を占めており，小規模な企業が中心である．図3-2で従業者数20人未満の従業者規模別構成比を「平成18年事業所・企業統計調査」と比較すると，公庫の融資先は規模の大きな層の構成比がやや高くなっているが，これは公庫の統計には役員が含まれているという従業者の定義の違いが影響していると思われる[7]．

(2) 年商規模

年商規模別構成比を図3-3に示す．規模を年商でみると，1億円未満の企業が57.2%を占めている．5千万円未満の企業も34.0%存在しており，年商規

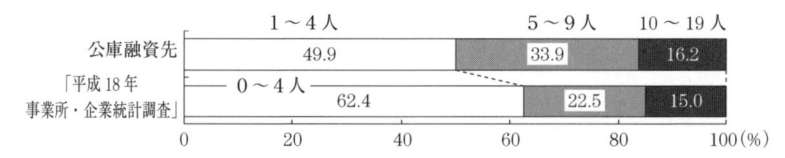

図 3-2 従業者規模別構成比：「平成18年事業所・企業統計調査」との比較

公庫融資先 1〜4人 49.9 / 5〜9人 33.9 / 10〜19人 16.2
「平成18年事業所・企業統計調査」 0〜4人 62.4 / 22.5 / 15.0

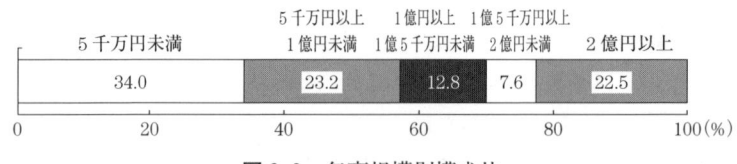

図 3-3 年商規模別構成比

5千万円未満 34.0 / 5千万円以上1億円未満 23.2 / 1億円以上1億5千万円未満 12.8 / 1億5千万円以上2億円未満 7.6 / 2億円以上 22.5

---

6) 第3節の分析では，法人企業約36万件のデータを使用している．そのうち，従業者数20人未満の企業が91%（約32万7千件）を占めている．「平成18年事業所・企業統計調査」によると，常用雇用者数20人未満の会社企業数は約129万社なので，わが国全体の約25%のデータを使用していることになる．

7) 公庫融資先とは，公庫が2005〜2007年度（平成17〜19年度）に実行した従業者数20人未満の法人企業向け融資（代理貸付を除く）463,017件である．図3-2〜3-5も同様である．一方，「平成18年事業所・企業統計調査」は，常用雇用者数20人未満の法人企業数（1,292,939社）を集計したものである．

模でみても小規模であることがわかる．

2.2 業種構成

従業者数 20 人未満の企業の業種構成を図 3-4 に示す．「平成 18 年事業所・企業統計調査」と比較して，製造業の構成比がやや低く，建設業とサービス業の構成比がやや高いものの，大きな違いはない[8]．

2.3 地域分布

図 3-5 に地域別構成比を示す[9]．地域分布は，「平成 18 年事業所・企業統計調査」と比較すると，民間金融機関の勢力の強い「関東」がやや低くなっているものの大きな偏りはないといえる．

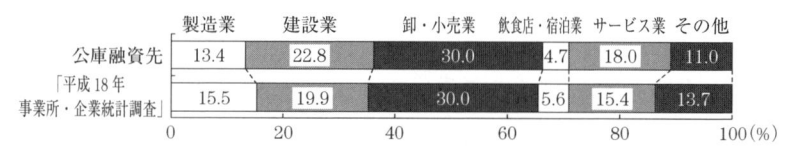

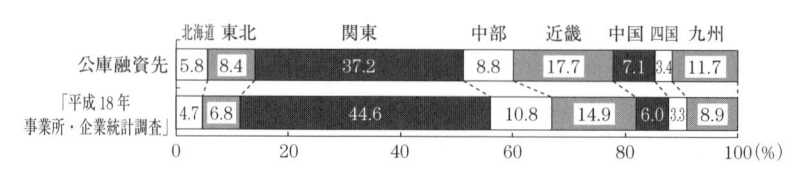

	製造業	建設業	卸・小売業	飲食店・宿泊業	サービス業	その他
公庫融資先	13.4	22.8	30.0	4.7	18.0	11.0
「平成18年事業所・企業統計調査」	15.5	19.9	30.0	5.6	15.4	13.7

図 3-4　業種別構成比：「平成 18 年事業所・企業統計調査」との比較

	北海道	東北	関東	中部	近畿	中国	四国	九州
公庫融資先	5.8	8.4	37.2	8.8	17.7	7.1	3.4	11.7
「平成18年事業所・企業統計調査」	4.7	6.8	44.6	10.8	14.9	6.0	3.3	8.9

図 3-5　地域別構成比：「平成 18 年事業所・企業統計調査」との比較

---

8) 業種は日本標準産業分類の大分類に準拠している．『サービス業』は，大分類「医療，福祉」「教育，学習支援業」「複合サービス事業」「サービス業（他に分類されないもの）」を合計したものである．『その他』は，大分類「農業」「林業」「漁業」「鉱業」「電気・ガス・熱供給・水道業」「情報通信業」「運輸業」「金融・保険業」「不動産業」を合計したものである．

9) 「平成 18 年事業所・企業統計調査」は，常用雇用者数 20 人未満の法人企業数（公庫の営業地域外である沖縄県を除く 1,284,090 社）を集計したものである．地域は中小企業庁経済産業局のブロックに準拠している．

3 現行(財務指標)モデルの概要とパフォーマンス

本研究では,業歴の有効性を検証し,業歴を財務指標に加味したモデルのパフォーマンスを評価する.具体的には,4.1~4.4項において業歴の有効性を検証するとともに,4.5項では2003年度貸付データをもとに開発した現行(財務指標)モデルで使用している財務指標(18変数)の回帰係数を,2004~2006年度貸付データで再推計し,有意となった15変数に業歴を加えて構築した新モデルを示し,パフォーマンスを評価する.ただし,その前に,本節において,財務指標のみから構築したモデルのパフォーマンスを検証する.まず,現行(財務指標)モデルの概要を説明した後,2004~2006年度に貸付した360,902件(欠損値を除く全件)のデータを用いてアウトオブサンプルテストを行い,AR値によるパフォーマンス評価を行う.さらに2003~2006年度貸付データをもとに財務指標を入れ替えて再構築した2007年度モデルと2008年度モデルのパフォーマンスについて説明し,財務指標のみで構築したモデルの頑健性と限界を明らかにする.

3.1 現行モデルの概要
(1) ロジスティック回帰モデル

スコアリングモデルにはさまざまな統計モデルがある.なかでもロジスティック回帰モデルは,最も一般的に用いられている.公庫もこのモデルで構築しており,主に財務指標を説明変数としてデフォルト確率を求め,それをスコア化している.ロジスティック回帰モデルのパラメータ推定には,SAS/STAT® のLOGISTICプロシジャを使用する.

他の手法として,決定木モデルも検討したが,財務指標を用いたモデリングにおいてはロジスティック回帰モデルと精度の差が小さいと考えられることや,CRD協会やRDB(日本リスク・データ・バンク(株))のモデルをはじめ,多数の金融機関の内部モデルでも採用されている手法であることなどから,このモデルを選択した.公庫のモデルは破綻懸念先以下へのランクダウンをクレジットイベントとして捉えるデフォルトモード方式を採用している.

(2) データおよび使用変数

公庫の 2003 年度貸付（融資期間：2003 年 4 月～2004 年 3 月）の計 202,427 件のうち比較的規模の大きい支店のみの貸出先のデータから 94,242 件をサンプル抽出し，財務データ 70 項目（100 財務比率），その他 2 項目（申告形態，業歴）を説明変数の候補として，ステップワイズ法で説明変数（18 変数）を選択した[10]．その結果，財務指標のみを利用したモデル（現行モデル）を構築した．

ところで，現行モデルを構築する際にも，上記に示したように利用可能な客観性のあるデータとして「業歴」を検討した．データ数が少なかったため，業歴変数として業歴 2 年以上，3 年以上，5 年以上，7 年以上，10 年以上のダミー変数を用いて分析を行った．構築当時は以下のような理由で業歴変数を採用しなかった．

① 94,242 件中，業歴欠損データが約 21％もあり，データの信憑性が低かった．
② 業歴のダミー変数に対する p 値は 1％未満であったが，業歴のダミー変数を財務変数に加えることによる AR 値の改善幅は 2％程度であり，財務指標の説明力に比べて相対的に業歴の説明力が低かった．

以上の点から，構築当時は財務指標に比べて業歴を積極的に採用する理由が乏しかった．今回の分析結果をみると，当時の分析が不十分であったことがわかるが，その当時はこれ以上の分析をすることはなかった．この点に関しては，再度，4.1 項で議論する．

(3) 信用スコアの算出方法

信用スコアは，ロジスティック回帰モデルによって算出されたデフォルト確率をおおむね 0～100 点までのスコアに変換して，企業の信用力を相対的に評価している．このスコアをもとに格付を行い，格付別にデフォルト率を集計して将来のデフォルト確率を推計している．具体的には以下の手順で信用スコアを算出している．

① 企業 i の決算書 1 期分の財務指標を用いた変数 z_{ij} ($i=1,\cdots,I$; $j=$

---

[10] 第 2 節では「平成 18 年事業所・企業統計調査」と比較のために，従業者数 20 人未満の法人企業を対象としている．しかし，第 3 節以降の分析では，公庫融資先を対象とするために，従業者数 20 人以上の法人も含めてモデルを構築し，分析を行っている．

$1,\cdots,n$) を使用して，ロジスティック回帰モデルを構築し，最尤法によってパラメータ $a_j(j=0,\cdots,n)$ を推定する[11]．ここで，p_i は倒産確率，I は企業数，n は財務指標数を表す．

$$p_i=\frac{1}{1+e^{z_i}}, \quad Z_i=\ln\left(\frac{1-p_i}{p_i}\right)=a_0+\sum_{j=1}^{n}a_j z_{ij}(i=1,\cdots,I)$$

Z_i が大きければ大きいほど，倒産確率は低くなる．変数には全業種共通変数と業種固有変数が含まれる．

② 推定されたパラメータを用いて計算された Z_i から企業 i の信用スコア CS_i

$$CS_i=\beta_0+\beta_1 Z_i$$

を計算する．ただし，

$$\beta_0=10-\frac{80Z(1\%)}{Z(99\%)-Z(1\%)}, \quad \beta_1=\frac{80}{Z(99\%)-Z(1\%)}$$

であり，$Z(1\%)$，$Z(99\%)$ はそれぞれ，モデル構築時のインサンプルデータにおける Z の1パーセント点，99パーセント点を表す．これは信用スコアが $Z_i=Z(99\%)$ ならば90点，$Z_i=Z(1\%)$ ならば10点となるように基準化したものであり，Z_i を直接用いても結果に影響を与えない．

3.2 現行モデルのパフォーマンス

現行モデルを用いて，2004～2006年度貸付データ（360,902件）に対するアウトオブサンプルテストを行った結果を示す．

3.2.1 AR値による評価

モデルを評価する指標はいくつかあるが，本論文では代表的な指標である AR値を用いることにする[12]．さらに，本来スコアリングモデルは正常先のデフォルト確率を推定するために設計されたものであるという考えから，正常先からのデフォルト数で AR値の計測を行う．具体的には，融資を実行した年度末にデフォルトしていない企業のその後の1年間におけるデフォルト状況をみることによって AR値を算出する[13]．この方法で現行モデルの AR値を計測すると，37.4%となった．

---

11) 外れ値の影響を小さくするために，5%以下および95%以上のデータを外れ値と定義し，それぞれ5%点，95%点の値に置き換えて分析を行う．
12) 信用リスクモデルの評価方法に関しては，山下他（2003）を参照されたい．

3.2.2 カテゴリー別 AR 値

業種などのカテゴリーが異なることによって，AR 値への影響は異なると考えられる．そこで，ここでは影響が異なりそうな年商規模別，従業者数別，資産規模別，業種別の結果を図 3-6 に示す．

(1) 年商規模

図 3-6 の左上図に年商規模別の AR 値を示す．年商規模の階層およびデータ件数は表 3-1 の通りである．年商 1 億円を下回ると AR 値が大きく下がり，現行（財務指標）モデルのパフォーマンスは低下する．年商 1 億円というと，

年商規模別

区分	AR値
5千万円未満	25.7%
5千万円以上1億円未満	34.4%
1億円以上1億5千万円未満	40.2%
1億5千万円以上2億円未満	43.6%
2億円以上	42.2%

従業者数別

区分	AR値
1～4人	30.9%
5～9人	40.4%
10～19人	45.6%
20人以上	36.7%

資産規模別

区分	AR値
2,500万円未満	21.3%
2,500万円以上5,000万円未満	33.2%
5,000万円以上7,500万円未満	41.7%
7,500万円以上1億円未満	43.5%
1億円以上	44.3%

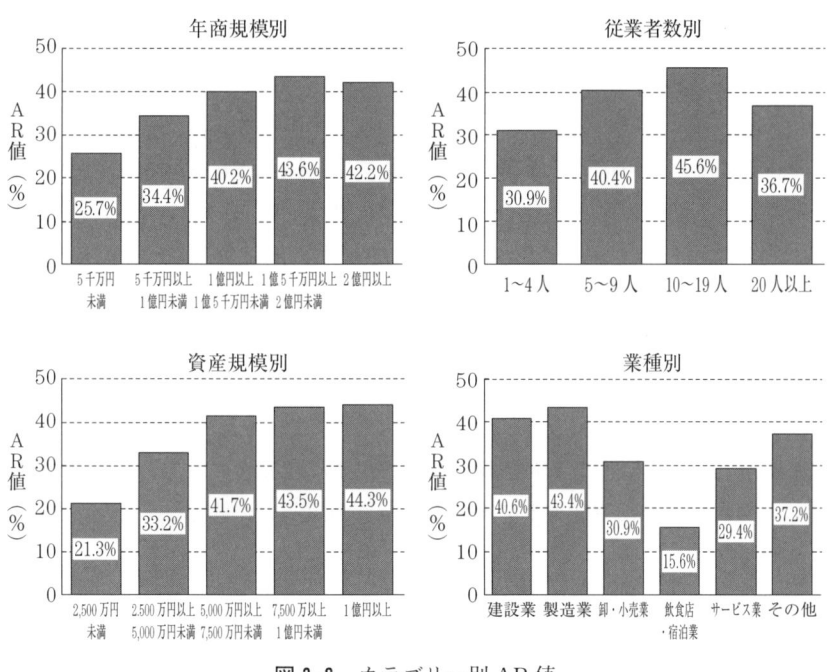

業種別

区分	AR値
建設業	40.6%
製造業	43.4%
卸・小売業	30.9%
飲食店・宿泊業	15.6%
サービス業	29.4%
その他	37.2%

図 3-6 カテゴリー別 AR 値

---

13) デフォルト率に統一的な定義はなく，金融機関やモデルによってデフォルトの定義や算出方法が異なるので，比較する場合には注意が必要である．たとえば，中小企業に関するデフォルトデータベースを有する日本リスク・データ・バンク（RDB）のデフォルト率は，過去 12 カ月以内に，3 カ月以上延滞先，もしくは破綻懸念先以下の債務者区分に初めて該当した債務者をデフォルトと定義して計算されている．また，CRD 協会のデータにおけるデフォルト先は，①3 カ月以上延滞先，②実質破綻先，③破綻先，④信用保証協会による代位弁済先と定義されている．

表 3-1 年商規模の階層およびデータ件数（単位：件）

年商規模	5千万円未満	5千万円以上 1億円未満	1億円以上 1億5千万円未満	1億5千万円以上 2億円未満	2億円以上	合計
データ件数	119,642	83,423	46,773	28,407	82,657	360,902
（構成比率）	(33.2%)	(23.1%)	(13.0%)	(7.9%)	(22.9%)	(100.0%)

月商800万円程度であり，金融庁が例示した「代表者の個人資産が会社の債務超過額を大きく上回る」ケースや「赤字を計上して，債務超過に陥っているが，代表者からの借入金によって負債の返済が行われる」ケースが増加して，財務指標の説明力が下がり始める水準なのかもしれない．

(2) 従業者数

図3-6の右上図に従業者数別のAR値を示す．従業者数の階層およびデータ件数は表3-2の通りである．従業者数が1～4人の小規模な企業に対するAR値が低く，財務指標の説明力は低いことを表している．従業者数が増えるにつれて，財務指標の説明力が高まり，AR値は上昇する傾向にある．20人以上の企業に対するAR値が下がっている理由は，公庫融資先の大部分は20人未満の企業であり，20人以上の企業の特性がうまくモデル化されていないためだと考えられる．

(3) 資産規模

図3-6の左下図に資産規模別のAR値を示す．資産規模の階層およびデータ件数は表3-3の通りである．資産規模が小さくなるにつれて，AR値は低くなり，年商規模や従業者数と同様に財務指標の説明力が低くなる．年商規模の

表 3-2 従業員数の階層およびデータ件数（単位：件）

従業者数	1～4人	5～9人	10～19人	20人以上	合計
データ件数	152,688	113,757	61,003	33,454	360,902
（構成比率）	(42.3%)	(31.5%)	(16.9%)	(9.3%)	(100.0%)

表 3-3 資産規模の階層およびデータ件数（単位：件）

資産規模	2,500万円未満	2,500万円以上 5,000万円未満	5,000万円以上 7,500万円未満	7,500万円以上 1億円未満	1億円以上	合計
データ件数	115,509	69,959	41,124	27,059	107,251	360,902
（構成比率）	(32.0%)	(19.4%)	(11.4%)	(7.5%)	(29.7%)	(100.0%)

表 3-4　業種およびデータ件数（単位：件）

業種	建設業	製造業	卸・小売業	飲食店・宿泊業	サービス業	その他	合計
データ件数	78,531	54,116	106,452	17,023	63,614	41,166	360,902
（構成比率）	(21.8%)	(15.0%)	(29.5%)	(4.7%)	(17.6%)	(11.4%)	(100.0%)

半分の金額階層で分けたが，ほぼ同様の結果が得られている．

(4) 業種

図 3-6 の右下図に業種別の AR 値を示す．業種およびデータ件数は表 3-4 の通りである．製造業と建設業の AR 値が 40% を超えている．一方，飲食店・宿泊業が 15.6%，サービス業が 29.4%，卸・小売業が 30.9% と低く，業種ごとに差がみられる．小売業や飲食店，サービス業は比較的規模の小さな企業が多いため，財務指標の説明力が低くなっていると考えられる．

3.3　現行モデルの頑健性と限界

現行モデルのパフォーマンスを上げるために，財務指標を入れ替えてモデルを再構築し，2003～2006 年度に融資した企業のデータを用いて各年度ごとに検証を行った結果を図 3-7 に示す．再構築したモデルをそれぞれ 2007 年度モデル，2008 年度モデルと呼ぶ[14]．しかし，精度の向上を確認することはできなかった．現行モデルの頑健性は確認できたものの[15]，これ以上の精度向上については財務指標だけでは限界があることがわかった．

4　業歴の有効性

4.1　業歴の分析：動機づけ

業歴は人的審査においても融資判断のポイントの 1 つになっており，「創業

---

14) 2007 年度モデルは公庫の 2003～2005 年度貸付（融資期間：2003 年 4 月～2006 年 3 月）の 341,138 件（2004 年度と 2005 年度の貸付については欠損値を除く全件），2008 年度モデルは公庫の 2003～2006 年度貸付（融資期間：2003 年 4 月～2007 年 3 月）の 455,159 件（2004～2006 年度の貸付については欠損値を除く全件）をインサンプルデータとして，それぞれ財務データ 70 項目（100 財務比率）を説明変数の候補として構築している．

15) AR 値が低下している主な要因は，2003 年度以降，景気が回復してきたため，企業の財務内容が改善傾向にあったためと考えられる．

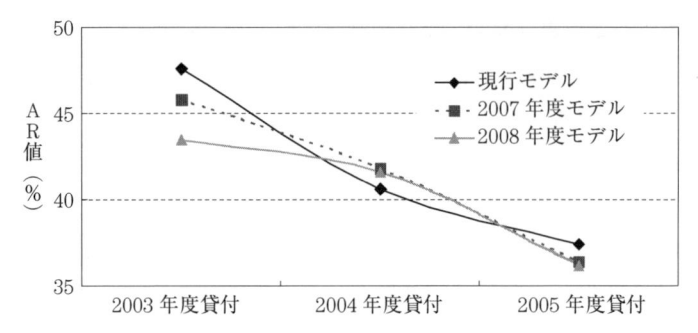

図 3-7 異なる財務指標を用いて構築した3種類のモデルに対するAR値の推移

して2年未満は不安定」「業歴が10年を超えれば経営基盤ができてくる」など，いくつかの経験則がある．それゆえ，スコアリングモデルの変数候補として業歴のデータを蓄積し，現行モデル構築時においても業歴をダミー変数として検討した．しかし，3.1項 (2) でも示したように，財務指標の説明力に比べて相対的に業歴の説明力が低く，採用されるまでには至らなかった．財務諸表が未整備な個人企業ならともかく，財務諸表が整備された法人企業においては，財務指標に比べて効く変数にはならないだろうという，当時の現場感覚から考えても整合的な結果であった．しかし，現行モデルの検証と見直しにあたり，3.3項にも示したように財務指標の組み合わせを変えたり，複数のモデルを組み合わせたりして精度の向上に取り組んだものの，満足のいく結果が得られなかった．そこで，データも蓄積されていたことから，再度業歴に注目し，分析を行った．

試行錯誤的にさまざまな切り口で分析してみると，「創業2年以内はデフォルト率が高い」「業歴10年を超えるとデフォルト率が平均値に近づく」など，経験則を裏づけるような結果が次々と得られた．そこで，業歴の有効性について本格的に分析することにしたのである．

以降では，業歴の有効性を示唆するの中小企業白書（中小企業庁（2002））の分析結果を示し，その後で，公庫のデータを用いて分析し，「業歴」変数の有効性について検証する．

4.2 中小企業白書（2002）の分析

中小企業白書（2002）では，東京商工リサーチのデータを用いてプロビット分析が行われている．その結果，業歴は有意な説明変数にはならないことを示している[16]．一方，白書の中に記載されている生存企業と倒産企業の業歴別構成比を用いて，その比率（＝倒産企業のうち業歴 a 年の企業の割合/生存企業のうち業歴 a 年の企業の割合）を計算し，図3-8 に示す．

図3-8 をみると，業歴とデフォルト率は関係があると予想できるが，この点は指摘されていない．構成比の比率は1であれば全体のデフォルト率と等しくなる相対的な大きさであり，大きい方がデフォルト率が高い可能性がある[17]．20年未満でデフォルト率が相対的に高くなり，2年未満ではデフォルト率は約3倍になる．

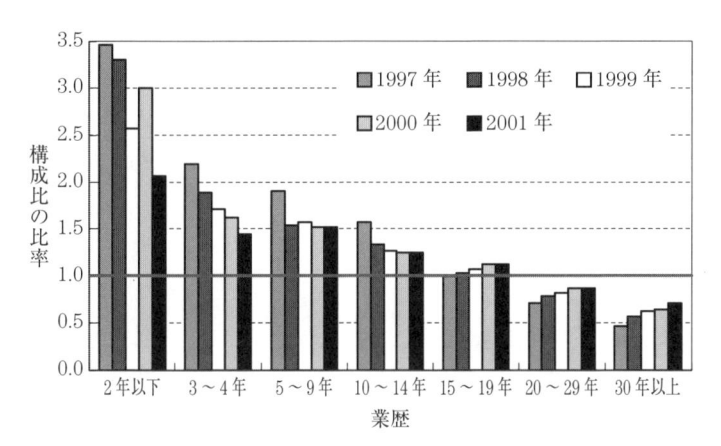

図3-8 生存企業と倒産企業の業歴別構成比の比率（倒産企業/生存企業）

---

16) 東京商工リサーチのデータは公庫の取引先よりも年商規模が大きい点には注意が必要である．
17) y 年の生存企業数，倒産企業数をそれぞれ N_y^L, N_y^D，生存企業と倒産企業の業歴 a の構成比をそれぞれ $w_{y,a}^L$, $w_{y,a}^D$ とすると，業歴 a のデフォルト率 $DR_{y,a}$ は

$$DR_{y,a} = \frac{w_{y,a}^D N_y^D}{w_{y,a}^L N_y^L} = \frac{w_{y,a}^D}{w_{y,a}^L} \cdot \frac{N_y^D}{N_y^L}$$

となり，業歴 a の構成比の比率 $\frac{w_{y,a}^D}{w_{y,a}^L}$ は全体のデフォルト率に対する相対的な大きさを表す．

ただし，上記の結果だけでは，業歴とデフォルトとの関連性を示すには不十分である．そこでこれらの関連性を公庫のデータを用いて詳細に検証する．

4.3 業歴によるデフォルト特性

公庫が2004～2006年度に融資した360,902件の業歴別のデータ数を図3-9に示す．本研究では，開業後経過年数 $n-1$ 年以上 n 年未満の企業の業歴を n 年と定義する．

業歴40年までは1年目を除いて各年おおむね5千～8千件程度のデータがある．40年を超えると徐々にデータ数は減るものの，それでも業歴60年までは3千件程度のデータがある（最小で2,591件）[18]．

業歴60年までの業歴別のデフォルト率を図3-10に示す．デフォルト率の傾向を示すために，前後2年を含む5年間（$-2, -1, 0, +1, +2$ 年）の加重平均デフォルト率（太線）[19] も示す．$\sigma(=0.44\%)$ はデフォルト率の標準偏差を表す．平均および標準偏差は業歴60年までの332,282件のデータから算出している．

業歴とデフォルトとの関係をみると，一定の関連性が見出せる．具体的に

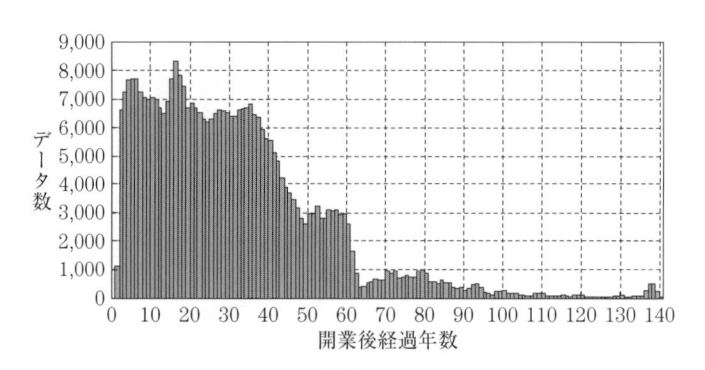

図 3-9 業歴別データ数

---

[18] データの制約から債権ベースの数値となっており，2004～2006年度の間に複数回の借入を行った場合は，名寄せは行われておらず，重複してカウントされている可能性はある．ただし，3年という短期間で複数回の借入を行う企業は1割に満たないであろう．
[19] データ数で加重平均しているので，5年間のデフォルト率と等しい．ただし，業歴1年は3年間（1～3年），業歴2年は4年間（1～4年）のデフォルト率を計算している．

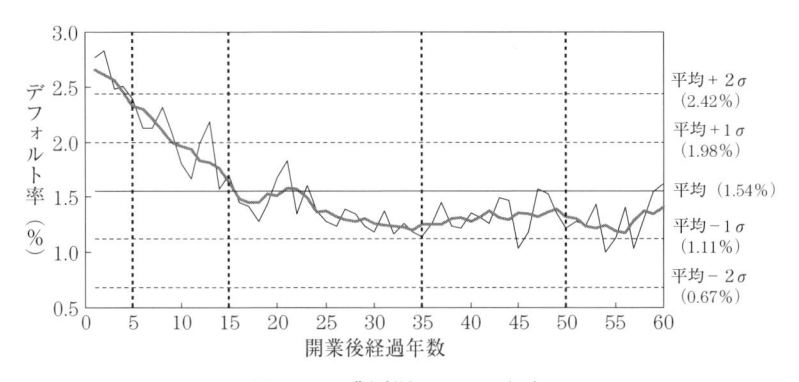

図 3-10 業歴別デフォルト率

は，業歴 5 年未満の企業のデフォルト率が最も高く，5 年を経過して 15 年ぐらいまで徐々に平均値まで低下し，35 年ぐらいまで安定的に推移する．35 年を過ぎると緩やかにデフォルト率が上昇し，50 年を過ぎるとまた低下する．このようなパターンは年度別にみても同様の傾向にある．このパターンが現場感覚や中小企業研究における指摘などと整合的かという観点を交えながら，業歴区間ごとの特性を詳しくみてみよう．

(1) 業歴 5 年未満

デフォルト率は平均から $+2\sigma$ 近辺の水準にある．とりわけ，2 年以内のデフォルト率が高い．財務データを用いたスコアリングモデルで企業の信用力を評価することが難しい業歴区間であることがわかる．民間金融機関がスコアリングモデルで融資を行うときの条件として，「業歴 2 年以上」としている金融機関は多いが，2 年を経過しても，依然としてデフォルト率が平均を 2σ 上回っており，信用リスクの高い時期がしばらく続くことがわかる．

(2) 業歴 5 年以上 15 年未満

徐々にデフォルト率が低下していく時期であるが，10 年未満ではデフォルト率が平均を 1σ 程度上回る．事業が軌道に乗る時期であると同時に，軌道に乗り切れずに脱落する企業も少なくない．10 年を過ぎると，デフォルト率が徐々に平均に近づいていく．中小企業白書（2002）では，誕生期の危機を乗り越えた開業者は，十数年で既存事業者との差がさほどみられなくなるという分析があり，こうした分析とも整合的な結果となっている．

(3) 業歴15年以上35年未満

デフォルト率が平均を下回り，低位で安定している．事業が軌道に乗り，安定する時期といえる．

(4) 業歴35年以上50年未満

デフォルト率が緩やかに上昇し始める．上昇の理由については2つの仮説が考えられる．1つは事業承継の失敗による廃業や倒産の増加である．国民生活金融公庫総合研究所（2007）（現・日本政策金融公庫総合研究所）によると，開業年齢のボリュームゾーンは30歳代の39.5%である．そのため，この業歴区間は経営者の年齢が70～80歳になる時期で，事業承継の時期と重なる．小企業は構造的に後継者難という問題を抱えており，後継者不足による廃業や倒産などによってデフォルト率が上昇している可能性がある．もう1つは経営革新の失敗による倒産の増加である．中小企業白書（2002）では，業歴が長くなると成長性が低くなり，企業の「老化」を防ぐための経営革新に積極的になる企業が増えるが，一方で，失敗する企業も少なくないと分析している．経営革新の失敗による倒産が増えてデフォルト率が上昇している可能性もある．

(5) 業歴50年以上

業歴50年ごろをピークに再びデフォルト率が低下に転じる．事業承継や経営革新に失敗した企業が市場から退出して淘汰が進むため，低下している可能性がある．5年間の加重平均デフォルト率をみると業歴57年以降に再度上昇しているが，現場感覚からは説明できない．業歴50～60年のデータ数は約3,000件と少なく，ばらつきの可能性もある．また，2009年で戦後64年となるため，図3-9でもわかるように業歴が60年を超えるとデータ数が激減する．残念ながら，その後のデフォルト率の動向は追跡が難しい．

4.4 業歴を利用したデフォルト率のモデル化

4.4.1 定式化

デフォルト率の形状（図3-10）と業歴区間ごとの特性から，多項式関数（n次関数）をデフォルト関数として定式化を試みる．ただし，業歴が長くなるにつれて，デフォルト率が下がる傾向があるという大きな特徴もあるので，多項式関数に加えて，指数関数についても検討する．

(1) 多項式関数

最小自乗法を用いて，(1) 式の1～8次関数のパラメータを推定する．

$$y = a_0 + \sum_{k=1}^{n} a_k x^k \quad (n=1,\cdots,8) \tag{1}$$

ここで，y はデフォルト率，x は業歴，a_k は業歴の k 乗に対する回帰係数，a_0 は定数項を表す．回帰係数（$a_0 \sim a_8$），p 値，自由度調整済み決定係数（調整 R^2）を表3-5に示す．

次数が上がるほど自由度調整済み決定係数は上昇するものの，4次関数以上では p 値が1%有意ではなくなるため，(2) 式の3次関数が最も適している．

$$\begin{array}{l} y = \underset{(<0.0001)}{0.0289} \underset{(<0.0001)}{-1.1623 \times 10^{-3}\, x} + \underset{(<0.0001)}{2.6738 \times 10^{-5}\, x^2} \\ \quad \underset{(0.0006)}{-0.1950 \times 10^{-6}\, x^3} \end{array} \tag{2}$$

ここでカッコ内は p 値を表す．業歴15年未満までのデフォルト率低下時期，

表3-5：デフォルト率のモデル化：回帰係数（カッコ内は p 値）

回帰係数	1次関数	2次関数	3次関数	4次関数	5次関数	6次関数	7次関数	8次関数
a_0	0.0210	0.0266	0.0289	0.0297	0.0286	0.0309	0.0286	0.0292
	(<0.0001)	(<0.0001)	(<0.0001)	(<0.0001)	(<0.0001)	(<0.0001)	(<0.0001)	(<0.0001)
a_1 $[\times 10^{-3}]$	−0.1807	−0.7234	−1.1623	−1.4134	−0.9370	−2.2714	−0.5471	−1.1204
	(<0.0001)	(<0.0001)	(<0.0001)	(<0.0001)	(0.0607)	(0.0061)	(0.6595)	(0.5574)
a_2 $[\times 10^{-5}]$		0.8897	2.6738	4.4902	−0.7968	20.0045	−15.5652	−0.5838
		(<0.0001)	(<0.0001)	(0.0145)	(0.8706)	(0.0748)	(0.4923)	(0.9894)
a_3 $[\times 10^{-6}]$			−0.1950	−0.6556	1.6263	−11.7225	19.6463	2.4225
			(0.0006)	(0.1389)	(0.4207)	(0.0847)	(0.2959)	(0.9590)
a_4 $[\times 10^{-8}]$				0.3776	−3.8129	36.8252	−102.3336	1.0606
				(0.2923)	(0.2956)	(0.0677)	(0.2047)	(0.9969)
a_5 $[\times 10^{-9}]$					0.2748	−5.5671	27.0274	−7.7734
					(0.2486)	(0.0521)	(0.1459)	(0.9306)
a_6 $[\times 10^{-10}]$						0.3192	−3.5282	3.0834
						(0.0413)	(0.1056)	(0.8538)
a_7 $[\times 10^{-12}]$							1.8021	−4.8161
							(0.0776)	(0.7724)
a_8 $[\times 10^{-14}]$								2.7124
								(0.6905)
調整 R^2	0.5130	0.8180	0.8501	0.8504	0.8514	0.8601	0.8658	0.8636

15年以上35年未満までの安定期，35年以上50年未満の上昇期，50年以上の再低下期がうまく表現されている．図3-10の5年間の加重平均デフォルト率は業歴57年以降上昇しているが，4次関数は有意にならず，統計的には上昇を確認できなかった．4.3項でみてきたように，この3次関数の形状は，現場感覚や中小企業研究における指摘などとも整合的で違和感は少ない．

(2) 指数関数

最小自乗法を用いて，パラメータを推定すると (3) 式が得られる．

$$y = 0.0180 e^{-0.1035x} + 0.0127 \tag{3}$$

自由度調整済み決定係数は 0.8456 である．3次関数の決定係数 0.8501 よりわずかに下回る．業歴35年以上50年未満のデフォルト率の上昇をデータがばらついているだけと捉えれば，統計的には指数関数でもよい可能性がある．

(3) 関数の比較

図3-11で3次関数と指数関数の違いをみてみよう．近似曲線，決定係数からは3次関数と指数関数のどちらでも遜色なく，どちらを選択しても同様の効果が得られるであろう．しかし，「老舗企業の倒産の増加」や「後継者問題」といった現場感覚や中小企業研究における指摘などを踏まえて総合的に判断し，本研究においては3次関数を選択する．ただし，この点については，業歴の長い企業のデータ数が増えた時点で再度検証する必要がある．

4.4.2 業歴による影響の頑健性

関数の形状は業種などのカテゴリーごとに異なる可能性がある．そこで，さ

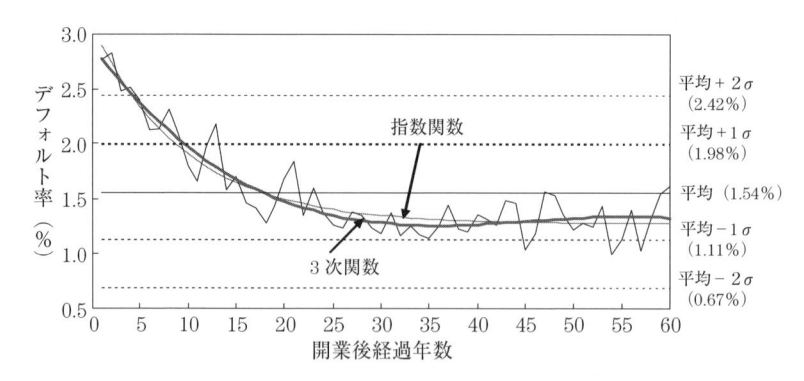

図 3-11 デフォルト率の近似関数：3次関数と指数関数の比較

3　小企業向けスコアリングモデルにおける業歴の有効性　　103

まざまな切り口で業歴別デフォルト率を算出して，3次関数の頑健性を確認する．

図3-12に信用スコアによって8つの格に分けた格付のうち1〜7格[20]の格付別デフォルト率を示す．煩雑になるので凡例を書いていないが，高い格付ほどデフォルト率は低くなっており，序列性は保たれている．表3-6に回帰係数およびp値を示す．1乗と3乗の回帰係数の符号はマイナス，切片と2乗の回帰係数の符号はプラスとなり，関数の形状は安定している．ただし，1格，4格，6格の3乗，7格の2乗，3乗のp値は5%以上となり，統計的には一部有意とならない結果となった．業歴が短い間はデフォルト率と負の関係にある

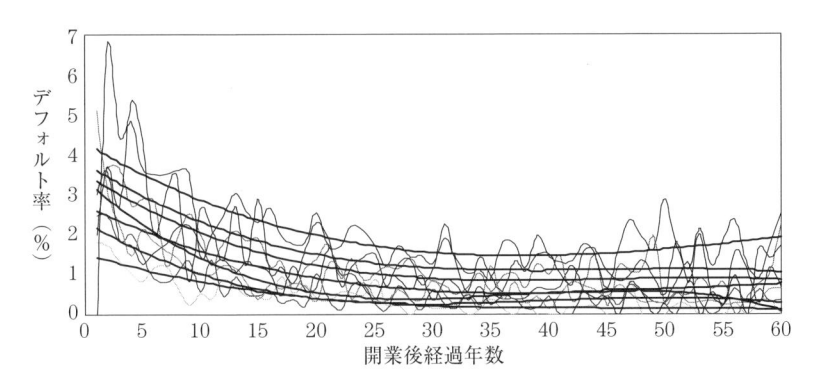

図 3-12　格付別デフォルト率

表 3-6　格付けデフォルト率の回帰係数（カッコ内はp値）

	1格	2格	3格	4格	5格	6格	7格
切片	0.01600 (<0.0001)	0.02438 (<0.0001)	0.03544 (<0.0001)	0.02867 (<0.0001)	0.03696 (<0.0001)	0.03970 (<0.0001)	0.04503 (<0.0001)
業歴 (1乗) [$\times 10^{-3}$]	−0.929 (<0.0001)	−1.822 (<0.0001)	−2.791 (<0.0001)	−1.488 (<0.0001)	−1.977 (<0.0001)	−1.952 (0.0013)	−1.842 (0.0082)
業歴 (2乗) [$\times 10^{-5}$]	2.007 (0.0069)	4.894 (<0.0001)	7.953 (<0.0001)	3.016 (0.0181)	4.533 (0.0022)	4.420 (0.0481)	3.481 (0.1777)
業歴 (3乗) [$\times 10^{-7}$]	−1.452 (0.0651)	−4.095 (<0.0001)	−7.097 (<0.0001)	−1.852 (0.1708)	−3.357 (0.0315)	−3.272 (0.1708)	−1.837 (0.5067)
調整 R^2	0.7069	0.7379	0.7338	0.6559	0.6820	0.4757	0.4168

20）8格には信用スコアに関わらず，人的審査によって受理された企業が含まれるため，除外している．

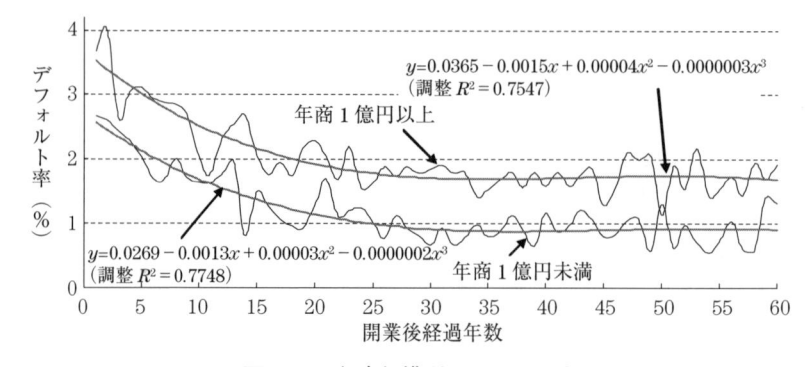

図3-13 年商規模別デフォルト率に関するグラフ。年商1億円以上: $y = 0.0365 - 0.0015x + 0.00004x^2 - 0.0000003x^3$(調整 $R^2 = 0.7547$)、年商1億円未満: $y = 0.0269 - 0.0013x + 0.00003x^2 - 0.0000002x^3$(調整 $R^2 = 0.7748$)。

が,業歴が長くなったときに3次関数になるといえるほどデフォルト率が必ずしも上昇するとは限らず,有意にならなかったと考えられる.

図3-13に年商1億円未満と1億円以上に分けて計算した年商規模別[21]のデフォルト率を示す.紙面の都合上省略するが,p値はすべて1%未満となり,統計的に有意な結果が得られた.

図3-14に業種別デフォルト率を示す.上図は建設業,卸・小売業,製造業,下図は飲食店・宿泊業,サービス業の業種ごとのデフォルト率を表す.

表3-7に回帰係数および p 値を示す.格付別,年商規模別と同様に,1乗と3乗の回帰係数の符号はマイナス,切片と2乗の回帰係数の符号はプラスとなり,業歴とデフォルト率の関係を表す関数の符号条件は安定している.しかし,建設業を除き,p 値は5%有意とならない結果が多く,統計的には必ずしも3次関数であると結論づけることはできなかった.

以上のように,業歴別デフォルト率は,カテゴリーによって p 値が有意にならないケースもあるが,回帰係数の符号条件はどのカテゴリーでも安定しており,3次関数とみてよさそうである.

---

[21] 第3節では従業者数別,資産規模別の結果も示したが,ほぼ同様の結果が得られていることや年商規模との相関係数も 0.503, 0.667 と比較的高いことから,紙面の都合上,以降では年商規模別のみ結果を示す.

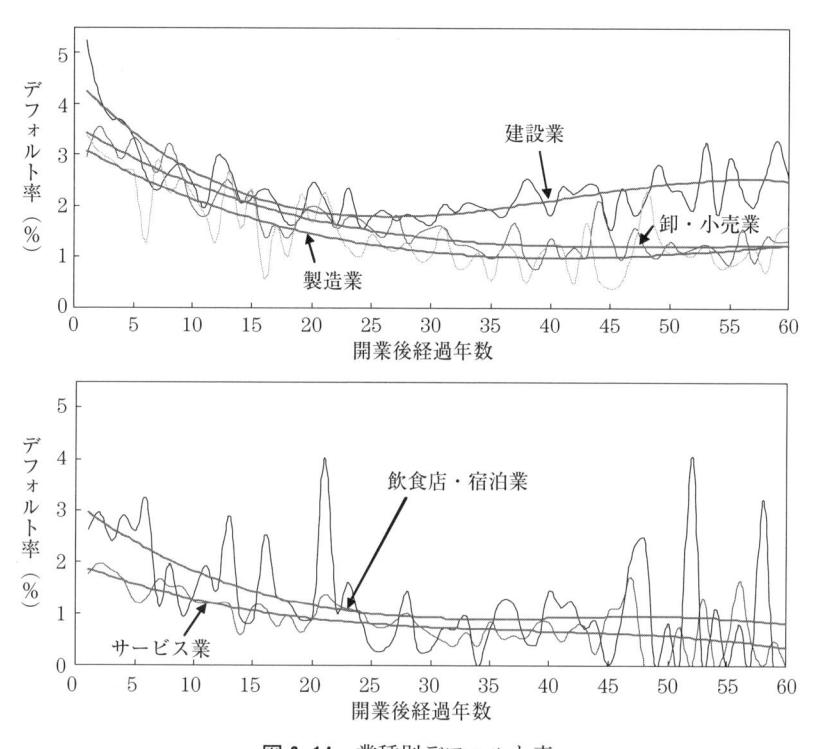

図 3-14 業種別デフォルト率

表 3-7 業種別デフォルト率の回帰係数（カッコ内は p 値）

	建設業	製造業	卸・小売業	サービス業	飲食店・宿泊業
切片	0.04488 （<0.0001）	0.03210 （<0.0001）	0.03566 （<0.0001）	0.01959 （<0.0001）	0.03118 （<0.0001）
業歴（1乗） [$\times 10^{-3}$]	-2.433 （<0.0001）	-1.302 （0.0005）	-1.393 （<0.0001）	-0.874 （0.0034）	-1.662 （0.0217）
業歴（2乗） [$\times 10^{-5}$]	6.773 （<0.0001）	2.364 （0.0830）	2.720 （0.0300）	2.119 （0.0554）	4.096 （0.1305）
業歴（3乗） [$\times 10^{-7}$]	-5.449 （<0.0001）	-1.237 （0.3950）	-1.748 （0.0693）	-1.848 （0.1190）	-3.277 （0.2597）
調整 R^2	0.6766	0.6132	0.8175	0.4900	0.2416

4.5 業歴を加味した新モデルのパフォーマンス

4.5.1 新モデルの構築

財務指標に「業歴」の変数を加味した新しいモデルを構築し，財務指標モデルと比較することによって，業歴の有効性を検証する．そのために，2004～2006年度貸付先企業の360,902件（欠損値を除く全件）をインサンプルデータとして財務指標モデルの回帰係数を再推計する．ただし，3.3項で示したように，財務指標を入れ替えてモデルを再構築しても精度向上については限界があるため，本研究では現行モデルで使用している財務指標（18変数（全業種共通9変数，業種別9変数））の回帰係数を再推計し，有意となった変数のみ（15変数（全業種共通9変数，業種別6変数））を用いることにする[22]．第3節で述べた2003年度データから推計した現行モデルと区別するために，2004～2006年度データから回帰係数を再推計したモデルを以降，「再構築モデル」と呼ぶ．この再構築モデルで用いた財務指標に業歴の1～8次までの多項式を加えて，ロジスティック回帰を行い，新モデルを構築する．ただし，業歴が61年以上の場合には，業歴は61年とみなし，分析を行う．

Waldカイ2乗検定によるp値とインサンプルによるAR値を表3-8に示す．

財務指標を加えることによって業歴の多項式関数に影響を与える可能性があったため，1～8次関数を検証した．業歴をより高次の多項式で加味した方がAR値は高まるが，3次多項式で46.5%のAR値となり，4次以上でもほぼ一定である．3次多項式までは，業歴（1乗），業歴（2乗），業歴（3乗）について，Waldカイ2乗検定のp値は0.0001未満である．5次多項式までは業歴のp値は1%未満であるが，4.4項の結果やできるだけ変数の数は少ない方がよいことから，4.4項と同様に3次多項式を採用する．

したがって，新モデルの信用スコアNSのモデル式は，(4)式によって得られる[23]．ここで，CS^Nは財務指標によるスコア部分を指す[24]．

$$NS = 33.2 + 3.16x - 0.0768x^2 + 0.000613x^3 + CS^N \qquad (4)$$

4.5.2 新モデルによる改善効果

2007年度貸付先企業の116,869件をアウトオブサンプルデータとして用い

---

22) 有意にならなかった3変数は，業種特性を反映するための変数で，元々スコアへの影響力は小さかった．

表 3-8　ロジスティック回帰による再推定結果

業種	変数	0次	1次	2次	3次	4次	5次	6次	7次	8次
共通	定数項	<0.0001	<0.0001	<0.0001	<0.0001	<0.0001	<0.0001	<0.0001	<0.0001	<0.0001
	財務比率1~9	<0.0001	<0.0001	<0.0001	<0.0001	<0.0001	<0.0001	<0.0001	<0.0001	<0.0001
業種1	財務比率10	0.0010	0.0013	0.0002	0.0003	0.0003	0.0003	0.0003	0.0003	0.0003
業種2	財務比率11	0.0002	0.0035	0.0174	0.0149	0.0143	0.0137	0.0133	0.0133	0.0132
業種3~6	財務比率12~15	<0.0001	<0.0001	<0.0001	<0.0001	<0.0001	<0.0001	<0.0001	<0.0001	<0.0001
	業歴(1乗)		<0.0001	<0.0001	<0.0001	<0.0001	<0.0001	<0.0001	<0.0001	0.0059
	業歴(2乗)			<0.0001	<0.0001	<0.0001	<0.0001	<0.0001	0.0295	0.2980
	業歴(3乗)				<0.0001	<0.0001	0.0001	0.0004	0.1874	0.6539
	業歴(4乗)					0.0025	0.0008	0.0020	0.4065	0.8659
	業歴(5乗)						0.0021	0.0056	0.6155	0.9794
	業歴(6乗)							0.0113	0.7892	0.9644
	業歴(7乗)								0.9249	0.9410
	業歴(8乗)									0.9364
	AR値	38.9%	43.9%	46.1%	46.5%	46.6%	46.6%	46.8%	46.8%	46.8%

てAR値を計算する．財務指標のみを用いた再構築モデルのAR値は34.8%であるが，新モデルのAR値は42.4%となり，7.6%ポイント改善した．表3-8より，インサンプルでも7.6%ポイント（=46.5%−38.9%）の改善であった．インサンプルでもアウトオブサンプルでも同様の改善効果が確認できた．また，インサンプルに比べて，アウトオブサンプルのAR値の劣化は再構築モデルで4.1%ポイント（=38.9%−34.8%），新モデルでも4.1%ポイント（=46.5%−42.4%）であり，業歴を加えたことによる劣化はみられていない．

23) (4)式において業歴を表す x は厳密には min(業歴年数,61) であるが，煩雑さを避けるために x のみで記述する．また，業歴61年以上の企業の業歴変数の値は一定であり，指数関数とほぼ同じ効果（業歴が長くなるとデフォルト率は一定）を与えることになる．

24) 3.1項 (3) の信用スコアの算出方法の記述を利用して新モデルのスコアを定式化すると

$$NS_i = \beta_0 + \beta_1 \left(a_0 + \sum_{k=1}^{3} a_k x^k + \sum_{j=1}^{15} a_j z_{ij} \right)$$

となり，CS_i^N は以下のように記述できる．

$$CS_i^N = \beta_1 \sum_{j=1}^{15} a_j z_{ij}$$

また，再構築モデルと新モデルでは推計される a_j の値は異なるので，それぞれ財務指標部分から計算されるスコア（CS_i と CS_i^N）は異なる．

次に，図 3-15 を用いて，年商規模別・業種別にアウトオブサンプルでの AR 値をみてみよう（図 3-15 の右端に全データを用いた場合の AR 値の変化を示す）．色の薄い部分が業歴を含めていない再構築モデルの AR 値，色の濃い部分が業歴を含めた新モデルの上乗せ部分である．

(1) 年商規模別・業種別 AR 値

図 3-15 の左図の年商規模別 AR 値をみると，どの規模でも AR 値は上昇した．とりわけ，AR 値の低かった年商規模 5 千万円未満の層と 5 千万円以上 1 億円未満の層の改善幅が大きく，業歴を加味することによって年商規模間の格差が縮小している．右図の業種別 AR 値をみると，どの業種でも上昇しているが，比較的規模の小さな企業が多い「飲食店・宿泊業」と「サービス業」の改善幅が顕著で，ここでも業種別の AR 値の格差が縮まる結果となった[25]．

(2) 業種・年商規模のクロス集計別 AR 値

業種ごとに年商規模の影響の与え方の違いをクロス集計して調べる．ただし，クロス集計した場合の構成比率が低くなるのを避けるために，1 億円以上 2 億円未満の層をまとめて，年商規模の階層を 4 つにする．表 3-9 に構成比率を示す．

表 3-10 に業種・年商規模のクロス集計別 AR 値を示す．業歴を加味する

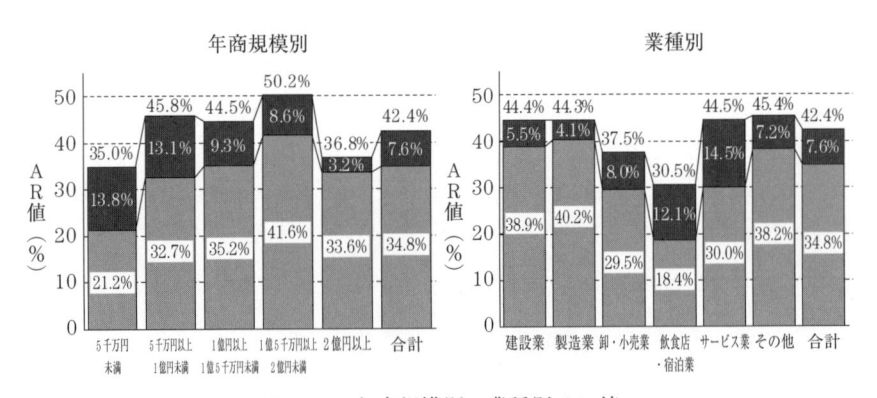

図 3-15　年商規模別・業種別 AR 値

---

25)　紙面の都合上省略するが，従業者数別や資産規模別にみても業歴を加味することによって，階層別の格差が縮まっている．

3 小企業向けスコアリングモデルにおける業歴の有効性　109

表 3-9　業種・年商規模のクロス集計別構成比率

業種＼年商規模	5千万円未満	5千万円以上1億円未満	1億円以上2億円未満	2億円以上	合計
建設業	6.67%	5.84%	4.97%	4.89%	22.38%
製造業	4.14%	3.16%	2.89%	3.42%	13.62%
卸・小売業	7.57%	6.19%	6.28%	8.55%	28.60%
飲食店・宿泊業	2.09%	1.24%	0.84%	0.70%	4.87%
サービス業	8.71%	4.34%	2.96%	2.35%	18.36%
その他	4.69%	2.35%	2.26%	2.87%	12.17%
合計	33.88%	23.12%	20.20%	22.79%	100.00%

表 3-10　業種・年商規模のクロス集計別 AR 値

業種		5千万円未満	5千万円以上1億円未満	1億円以上2億円未満	2億円以上	合計
建設業	CS	22.4%	34.0%	43.2%	35.3%	38.9%
	NS	32.6%	43.5%	49.4%	37.7%	44.4%
	(差)	(10.2%)	(9.5%)	(6.2%)	(2.4%)	(5.5%)
製造業	CS	30.7%	35.3%	35.1%	37.6%	40.2%
	NS	38.4%	42.8%	44.1%	38.2%	44.3%
	(差)	(7.7%)	(7.5%)	(9.0%)	(0.6%)	(4.1%)
卸・小売業	CS	10.5%	31.6%	36.5%	32.9%	29.5%
	NS	25.6%	47.0%	47.2%	35.5%	37.5%
	(差)	(15.1%)	(15.4%)	(10.7%)	(2.6%)	(8.0%)
飲食店・宿泊業	CS	−6.3%	26.2%	26.1%	16.5%	18.4%
	NS	26.9%	49.6%	41.7%	8.8%	30.5%
	(差)	(33.2%)	(23.4%)	(15.6%)	(−7.7%)	(12.1%)
サービス業	CS	22.0%	33.4%	35.9%	29.2%	30.0%
	NS	40.1%	51.0%	51.3%	37.1%	44.5%
	(差)	(18.1%)	(17.6%)	(15.4%)	(7.9%)	(14.5%)
合計	CS	21.2%	32.7%	37.5%	33.6%	34.8%
	NS	35.0%	45.8%	46.7%	36.8%	42.4%
	(差)	(13.8%)	(13.1%)	(9.2%)	(3.2%)	(7.6%)

※ 差＝NS−CS

と，一部を除き，ほとんどのカテゴリーで AR 値は上昇し，階層別の格差も小さくなり，業歴の安定的な効果を確認することができる．特に，飲食店・宿泊業の年商5千万円未満における再構築モデルの AR 値は−6.3％と極めて低いが，業歴を加味することにより，26.9％へと大幅に上昇させることができ

る．また，業種によって業歴による改善効果は異なるものの，業種を問わず，年商規模が小さいほど AR 値の上昇幅は大きく，業歴は効果的であるという結果が得られる．ただし，飲食店・宿泊業の年商規模別の AR 値は，年商2億円以上では業歴を加味すると下がっており，他の業種とは異なる傾向がみられる．飲食店・宿泊業の構成比率は 4.87% であるため，安定した結果が得られていない可能性がある．

(3) 業歴変数のみを説明変数とするモデルの AR 値

比較のために，業歴部分のみから計算したスコアを用いた場合の AR 値を計算してみよう．(4) 式の業歴部分のみを企業 i の業歴変数として (5) 式に示す HI_i を算出する．

$$HI_i = 3.16 x_i - 0.0768 x_i^2 + 0.000613 x_i^3 \tag{5}$$

ここで，x_i は企業 i の業歴を表す．各年度ごとの貸付データに対する結果を表 3-11 に示す．2004〜2006 年度貸付はインサンプル，2007 年度貸付はアウトオブサンプルでの結果である．

p 値は 0.0001 を下回っており，変数として説明力はあるが，AR 値は非常に低く，業歴だけでは不十分で，財務指標も重要な役割を果たしていることがわかる．ただし，新モデルと同様に，インサンプルに対してアウトオブサンプルの AR 値は 4.3% 劣化している．

一方，表 3-12 に示すように業歴変数と各財務指標の間の相関係数を計算したところ，一部でやや高い変数もみられるが，全体としては相関係数の絶対値は低く，財務指標に追加する説明変数として業歴が相応しいこともわかる．

4.5.3 財務指標に対する業歴の説明力

各財務指標に対する業歴の説明力の大きさを調べてみよう．表 3-13 に再構

表 3-11 業歴変数のみを説明変数とするモデルの AR 値

	年度	データ件数	AR 値	p 値
インサンプル	2004 年度	125,499	13.3%	<0.0001
	2005 年度	121,384	10.6%	<0.0001
	2006 年度	114,019	12.5%	<0.0001
	3 年間合計	360,902	12.6%	<0.0001
アウトオブサンプル	2007 年度	116,869	8.3%	<0.0001

3 小企業向けスコアリングモデルにおける業歴の有効性　111

表 3-12　業歴変数 HI と各財務指数の間の相関係数

	貸付年度	全業種共通						
		財務比率1	財務比率2	財務比率3	財務比率4	財務比率5	財務比率6	財務比率7
インサンプル	2004年度	−0.15	0.03	0.05	0.06	0.27	0.16	0.04
	2005年度	−0.17	0.02	0.06	0.04	0.28	0.17	0.06
	2006年度	−0.18	0.01	0.05	0.02	0.28	0.17	0.06
	3年間合計	−0.17	0.02	0.05	0.04	0.28	0.17	0.05
アウトオブサンプル	2007年度	−0.19	0.02	0.06	0.01	0.29	0.17	0.06

	全業種共通		業種1	業種2	業種3	業種4	業種5	業種6
貸付年度	財務比率8	財務比率9	財務比率10	財務比率11	財務比率12	財務比率13	財務比率14	財務比率15
2004年度	−0.04	0.17	−0.05	−0.04	0.05	−0.03	−0.06	−0.03
2005年度	−0.05	0.17	−0.04	−0.04	0.07	−0.03	−0.06	−0.02
2006年度	−0.04	0.18	−0.05	−0.04	0.08	−0.03	−0.06	−0.03
3年間合計	−0.04	0.17	−0.05	−0.04	0.07	−0.03	−0.06	−0.03
2007年度	−0.05	0.18	−0.04	−0.04	0.07	−0.03	−0.08	−0.03

築モデルおよび新モデルに対する標準化回帰係数および p 値を示す．業歴の p 値は 0.0001 を下回っており，有意なパラメータである．さらに財務指標と業歴のパラメータを比較すると，どの財務指標よりも，業歴の説明力が高くなっており，小企業のリスク評価において業歴が重要なファクターとなっていることがわかる．

さらに，財務指標全体に対する業歴全体の説明力の大きさを調べるために，業歴変数 HI_i と新モデルの財務指標のみから計算したスコア CS_i^N の2つを変数とするロジスティック回帰モデルを用いて，標準化回帰係数を推定する．(6) 式で定義した標準化回帰係数比を用いて，説明力の大きさを比較する．

$$標準化回帰係数比 = \frac{業歴の標準化回帰係数}{財務指標の標準化回帰係数} \tag{6}$$

図 3-16 に年商規模別および業種別の標準化回帰係数比を示す．年商規模が小さいほど，標準化回帰係数比が大きくなる．また，飲食店・宿泊業やサービス業の標準化回帰係数比が大きい．年商規模別でみても，業種別でみても，再構築モデルで AR 値の低かったカテゴリーにおいて高い数値を示している．財務指標とデフォルトとの相関が低いカテゴリーほど，業歴の説明力が高くなっ

表 3-13 モデルの標準化回帰係数の比較

業種	変数	再構築モデル		新モデル	
		標準化回帰係数	p値	標準化回帰係数	p値
全業種共通	業歴（1乗）			1.3372	<0.0001
	業歴（2乗）			−2.1411	<0.0001
	業歴（3乗）			1.0379	<0.0001
	財務比率1	0.1279	<0.0001	0.1751	<0.0001
	財務比率2	−0.0832	<0.0001	−0.0991	<0.0001
	財務比率3	0.1044	<0.0001	0.1008	<0.0001
	財務比率4	0.0884	<0.0001	0.0851	<0.0001
	財務比率5	−0.0792	<0.0001	−0.1622	<0.0001
	財務比率6	−0.0939	<0.0001	−0.1142	<0.0001
	財務比率7	−0.0877	<0.0001	−0.0751	<0.0001
	財務比率8	−0.0791	<0.0001	−0.0781	<0.0001
	財務比率9	−0.1636	<0.0001	−0.1875	<0.0001
業種1	財務比率10	0.0396	0.0010	0.0431	0.0003
業種2	財務比率11	−0.0357	0.0002	−0.0229	0.0149
業種3	財務比率12	−0.0650	<0.0001	−0.0659	<0.0001
業種4	財務比率13	−0.0369	<0.0001	−0.0342	<0.0001
業種5	財務比率14	0.0726	<0.0001	0.1016	<0.0001
業種6	財務比率15	−0.0435	<0.0001	−0.0390	<0.0001

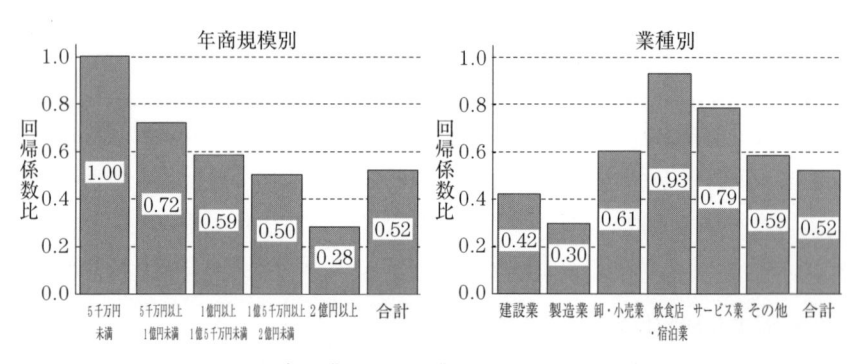

年商規模別: 5千万円未満 1.00、5千万以上1億円未満 0.72、1億円以上1億5千万円未満 0.59、1億5千万以上2億円未満 0.50、2億円以上 0.28、合計 0.52

業種別: 建設業 0.42、製造業 0.30、卸・小売業 0.61、飲食業・宿泊業 0.93、サービス業 0.79、その他 0.59、合計 0.52

図 3-16 年商規模別および業種別の標準化回帰係数比

ている．財務指標が悪くても，業歴が長いということには，それなりの理由があるということであろう．業歴は，経営者の個人資産や取引先の安定性，立地，技術力といった定性項目を代理する指標になっている可能性がある．

ここで，業歴の説明力を示すAR値の増分と標準化回帰係数比の関係もみ

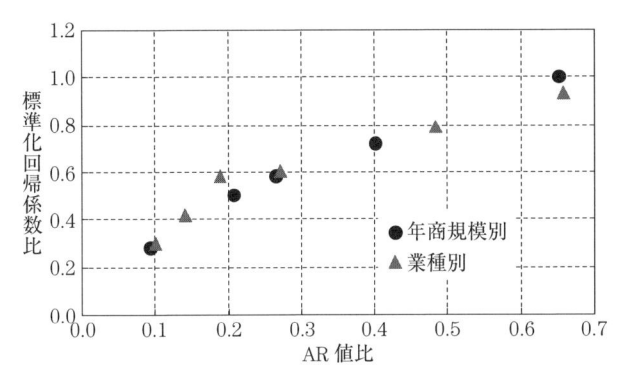

図 3-17 年商規模別および業種別の AR 値比

てみよう．(7) 式で定義した AR 値比と標準化回帰係数比の関係を図 3-17 に示す．

$$AR 値比 = \frac{業歴追加による AR 値の増分}{財務指標のみによる AR 値}$$

$$= \frac{新モデルによる AR 値}{再構築モデルによる AR 値} - 1 \qquad (7)$$

図 3-17 をみると，AR 値比と標準化回帰係数比の相関係数は年商規模別で 0.989，業種別で 0.958 であり，極めて高いことがわかる．

5 まとめ

本研究では，公庫が構築した小企業向けスコアリングモデルを用いて実証分析を行い，財務指標のみを用いるモデルには頑健性はあるものの，AR 値の向上を目指すには限界があることを示した．そこで，財務指標以外にデフォルト率を説明する新たなファクターとして，業歴の有効性について検証した．その結果，デフォルト率を業歴の 3 次関数で表現することができた．一般に「業歴が短い方がデフォルトしやすい」といわれているが，「業歴の長さとともに単調に減少する」だけでなく，業歴が 35 年を超えると緩やかに上昇し始め，50 年をピークに再度低下に転じるというようなデフォルト率と業歴の関係を約 36 万件の膨大なデータを用いて定量化することができた．格付別，業種別，

年商規模別にみても，デフォルト率はほぼ業歴の3次関数となった．一部の回帰係数に対する p 値は有意とならなかったが，符号条件は安定しており，さまざまな切り口に対して，業歴とデフォルト率との関係を示せた．

さらに，財務指標モデルに業歴を加味したモデルを用いることによって，AR値を上昇させることができたとともに，業種間，年商規模間の格差を縮小させることができた．これは業種別，年商規模別に財務指標の説明力に違いはあるものの，業歴がその違いを補完する役割をもっていることを表している．財務指標と業歴の相関は低く，スコアリングモデルの頑健性を強化する意味でも業歴が重要な指標であることを表している．ただし，財務指標を含めずに業歴だけでは説明力が低いことには注意が必要である．

本研究の結果は小企業全体の特徴を表していると考えてよく，得られた知見を生かすことによって小企業に対するスコアリングモデルの精緻化が期待される[26]．今後の課題として，以下の2点について研究を進める予定である．

① 本研究の結果から，業歴は，財務指標で説明できない小企業の信用力を評価していると考えられるが，それが何を表すかは明らかになっていない．ただ，自営業者の場合，個人資産と業歴との相関が比較的高くなっており，法人企業においても業歴は経営者の個人資産の代理変数になっている可能性がある．この点の分析を今後進めていく必要がある．

② 本研究の分析では，約48万件の膨大なデータを用いており，その意味においては信用のおける結果が得られたと考えられる．もっとも，デフォルトは経済マクロ要因の影響を受けやすく，データ期間に影響を受けると考えられる．データ取得の都合により，本研究における業歴によるAR値の改善効果は，約11.7万件という多くのデータではあるものの1年間のアウトオブサンプルでしか検証できなかったため，今後も引き続き，データの蓄積を行うとともにアウトオブサンプルでの効果を検証し，業歴効果の頑健性を確かめる必要がある．それは今後の課題としたい．

---

26) 日本リスク・データ・バンク（株）の会員向け情報誌『クレジット・リサーチ』の2009年2月2日号（第34号）に「定性情報とデフォルト発生動態―業歴に着目した分析」というタイトルのレポートがあるが，著者らは非会員であるため，入手できていない．本研究は独自に行われたものであるが，異なるデータベースにおいても同様の結果が得られているとすれば，業歴が頑健性をもつ指標であることを表すことになる．

ところで，小企業に対するスコアリングモデルによる貸出の目的の1つは少額融資に対する審査コストの削減であるとともに，ポートフォリオ管理によるリスク分散とスコアリング（期待デフォルト率）に基づく金利設定による収益改善である．業歴を考慮することによって，公庫のリスク評価の精度は高まっており，すでに必要な修正や現場への情報還元によって効果を上げている．しかし，その一方で公庫の公的な政策金融機関としての役割を考えると，民間金融機関のように利益追求型のリスクコントロール（リスクに応じた金利設定もしくは融資対象の選別）はやりにくく，限界があるのは否めない．そのため，公庫のやるべきことは，行うべきリスク管理行動（収益管理を含む）を明らかにし，国の政策に基づいて実際に行うことができる融資行動との差を示すことであり，そのことが国民に対する説明責任を果たすうえで極めて重要であろう．

最後に，小企業はわが国の企業数の約7割を占める圧倒的な多数派である[27]．本研究が公庫のみならず，小企業向けの融資を行っている他の金融機関に多少なりとも参考になれば幸いである．

〔参考文献〕

小野有人（2007）『新時代の中小企業金融―貸出手法の再構築に向けて』東洋経済新報社．
国民生活金融公庫総合研究所（2007）『2007年度新規開業実態調査』．
金融庁（2008）『金融検査マニュアル別冊（中小企業融資編）』，2008年11月．
　（http://www.fsa.go.jp/manual/manualj/manual_yokin/bessatu/y1-01.pdf）
総務省統計局（2006）「平成18年事業所・企業統計調査」．（http://www.stat.go.jp/data/jigyou/2006/index.htm）
中小企業庁（2002）『中小企業白書2002年版』．
中小企業庁（2009）『中小企業白書2009年版』．
鶴田大輔（2005）「ノンバンク融資と中小企業のモラルハザード問題」『経済産業研究所ディスカッションペーパー』，05-J-035，2005年12月．

---

27) 中小企業白書（2009）によれば，常用雇用者20人以下（卸売業，小売業，サービス業は5人以下）の会社を小企業とすると，会社数に占める小企業の割合は72.3%（総務省「平成18年事業所・企業統計調査」を中小企業庁が再編加工）となっている．

友田信男 (2008)「中小企業の倒産動向」『日本政策金融公庫調査月報』, 002 (2008年11月), 4-15.

蓮見 亮・平田英明 (2008)「クレジット・スコアリングと金融機関経営」『JCER Discussion Paper』, 116.

C. ブルーム・L. オーバーベック・C. ワーグナー著, 森平爽一郎監訳 (2007)『クレジットリスクモデリング入門』シグマベイスキャピタル.

益田安良・小野有人 (2005)「クレジット・スコアリングの現状と定着に向けた課題―邦銀アンケート調査と米国での経験を踏まえて」『みずほ総研論集』, 2005年1月号, 1-41.

E. メイズ編, スコアリング研究会訳 (2001)『クレジットスコアリング』シグマベイスキャピタル.

安田武彦・高橋徳行・忽那憲治・本庄裕司 (2007)『テキスト ライフサイクルから見た中小企業論』同友館.

柳澤健太郎・下田 啓・岡田絵理・清水信宏・野口雅之 (2007)「RDBデータベースにおける信用リスクモデルの説明力の年度間推移に関する分析」『日本金融・証券計量・工学学会2007年夏季大会予稿集』, 249-263.

山下智志・川口 昇 (2003)「大規模データベースを用いた信用リスク計測の問題点と対策 (変数選択とデータ量の関係)」『金融庁金融研究研修センター・ディスカッションペーパー, 2003』.

山下智志・川口 昇・敦賀智裕 (2003)「信用リスクモデルの評価方法に関する考察と比較」『金融庁金融研究研修センター・ディスカッションペーパー, 2003』.

CRD協会 (2006)『CRDモデル概要書』. (http://www.crd-office.net/CRD/img/model34.pdf)

CRD協会 (2008)『CRDモデル3およびモデル4の検証に関する評価報告書―概要版』. (http://www.crd-office.net/CRD/img/model34_houkoku.pdf)

(枇々木規雄：慶應義塾大学理工学部)
(尾木研三：日本政策金融公庫国民生活事業本部)
(戸城正浩：日本政策金融公庫国民生活事業本部)

4 t 分布 2 ファクターモデルを用いた中小企業 CLO のデフォルト依存関係の分析*

吉規寿郎・中川秀敏

概要 本研究では，中小企業 CLO の組成ポートフォリオのデフォルトリスクを，北野 (2007) で導入されている正規分布 2 ファクターモデルおよび新たに提案する t 分布 2 ファクターモデルに基づいて分析する．2 ファクターモデルを採用することにより，景気変動のような全債務者共通の変動要因（グローバルファクター）に加えて，業種や地域など特定のカテゴリ内のみに共通する変動要因（カテゴリ内共通ファクター）を考慮することが可能になる．また，各ファクターが t 分布に従うと仮定することで，複数の潜在変数の分布について裾部分での強い依存関係が表現可能になることが期待される．具体的には，実際の CLO の組成時点の個社データおよび期中のデフォルトデータに基づいて，両モデルでのパラメータの最尤推定を行う．また，推定されたパラメータ値を用いたモンテカルロ・シミュレーションによって裏付け資産プールの損失分布を求めて，モデル間のリスク評価の差異を考察する．分析結果として，カテゴリとファクターの分布に関する他の組み合わせパターンと比べて，「企業規模」カテゴリ区分に基づく t 分布 2 ファクターモデルを適用した場合に，デフォルトリスクの高まりが懸念されている案件に対して適度に保守的なリスク評価が与えられたことが確認された．

Keywords：潜在変数法，正規分布 2 ファクターモデル，t 分布 2 ファクターモデル，中小企業 CLO．

---

* 本稿は，吉規 (2009) の内容の一部を抜粋し加筆・修正を行ったものであるが，使用したデータおよび分析結果は全般的に更新されている．本研究に関する責任はあくまでも著者個人にあり，本研究の内容は著者の所属する機関とは関係ないことをお断りしておく．また本研究は，日本学術振興会科学研究費補助金基盤研究 (A)21243019 の補助を一部受けて実施されている．さらに，本研究の改善につながる多数の有益なご指摘をしていただいた匿名のレフェリーに謝意を表したい．

1 はじめに

1.1 本研究の背景と目的

いわゆるサブプライム問題を契機に，世界中で証券化商品の評価やその格付け手法に対する懐疑的な見方が広がったが，2009年秋の時点では依然として証券化市場は回復に至っておらず，格付け会社に対する規制も引き続き検討されている．日本においても，CDO（collateralized debt obligation：債務担保証券）やCMBS（commercial mortgage backed securities：商業用不動産ローン担保証券），REIT（real estate investment trust：不動産投資信託）などの代表的な証券化商品に格下げやデフォルトが集中して発生し，2009年秋の時点でも，一部のRMBS（residential mortgage-backed securities：住宅ローン担保証券）を除いて，状況は好転していない．

また，中小企業向けローンの証券化商品であるCLO（collateralized loan obligation：ローン担保証券）やCBO（collateralized bond obligation：社債担保証券）（以下では両者をまとめ，一般に幅広く普及している名称を用いて「中小企業CLO」と言う）についても，スプレッドの拡大や継続案件の組成見送りの動きがおき，2009年秋の時点でも市場は再開の動きがほとんどみられない．その背景には，投資家が中小企業に対する信用リスクを過大に見積もる傾向にあることが挙げられる．中小企業CLOを評価するためには，個別企業の推定デフォルト確率（以下では「PD」（probability of default）と言う）やCLO自体の格付けの情報が非常に重要である．しかしながら証券化商品への懸念の広がりに伴って，それまでPD算出に使われてきたスコアリングモデルや格付け会社の格付け手法に対して懐疑的な見方が広がっており，それが投資家の厳しい見方につながっていると考えられる．

中小企業CLOに関連したスコアリングモデルや格付け手法に対して懐疑的な見方が広まった直接的要因の1つとして，組成時点では最上位格付けのトリプルAを取得していた『東京都CBOオールジャパン』B号特定社債がデフォルトしたことが挙げられる[1]．また別の理由として，2008年以降中小企業の倒産件数の大幅な増加が観測されていること（直近の増加については図4-1を，

4 t 分布 2 ファクターモデルを用いた中小企業 CLO のデフォルト依存関係の分析

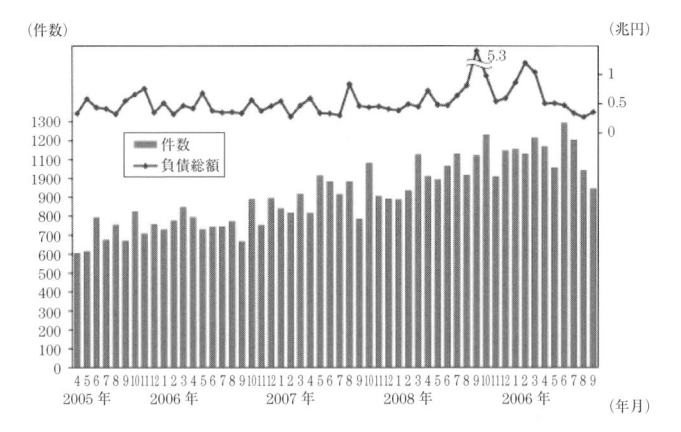

図 4-1 月次の企業倒産件数および負債総額の推移
足元は落ちつきつつあるものの，2008 年 3 月以降で増加傾向がみられる．(出所：帝国データバンク全国企業倒産集計 2009 年 10 月報)

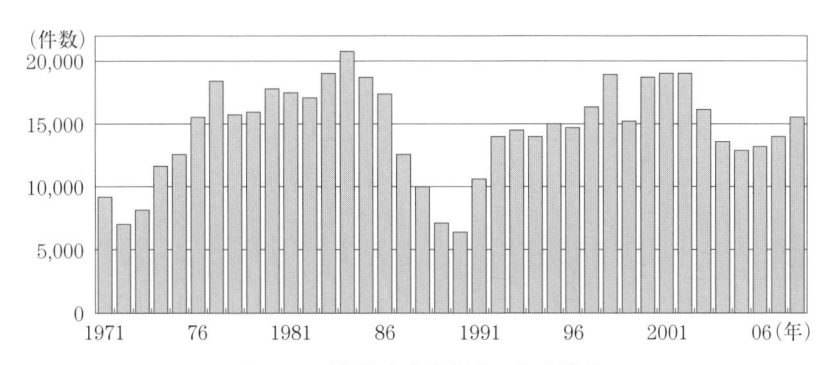

図 4-2 長期的な企業倒産の年度推移
中長期的にはバブル崩壊後の倒産件数に近づきつつある．(出所：東京商工リサーチ全国企業倒産状況)

---

1) 中小企業 1,200 社以上の社債 914 億円を束ねた証券化商品で，東京都債券市場構想の一環として 2006 年 3 月に組成され，A 号特定社債：40 億円（当初格付け AAA），同 B 号：831 億円（AAA），同 C 号：7 億円（AA），同 D 号：3 億円（A）が発行された（格付け会社はスタンダード＆プアーズ）．発行額の最も多い B 号特定社債は，2007 年 4 月に格下げ方向でクレジット・ウォッチに指定されて以降大幅な格下げを繰り返し（同 7 月に AA，同 9 月に BB＋，2008 年 4 月に CCC−），予定償還日での償還率は 83.95％ にとどまった．

長期的な水準については図4-2を参照されたい)や,メガバンクが中心となって積極的に推進してきたビジネスローンや新銀行東京のスコアリング融資で大きな損失が発生したことが考えられる.

そもそもCLOは,原債権である中小企業向けローンが生み出すキャッシュフローを優先,メザニンなどトランシェごとに再分配した商品である.優先・劣後構造を用いて再分配の方法を設計することによって,CLOごとの信用力は裏付け資産である債権ポートフォリオの信用力とは異なる形に柔軟に加工される.ポートフォリオ中の債務者のデフォルト発生状況によって各CLOのペイオフが変化するため,CLOのリスク評価にあたっては個々の債務者の信用力の把握だけでなく,原債権ポートフォリオのデフォルトに関する依存関係の把握が重要になる.

要するに,中小企業CLOのようなポートフォリオのクレジットリスクを正しく評価するためには,PDやデフォルト発生時の期待損失率(loss given default. 以下では「LGD」と言う)といった個社別の信用リスクをどう計測するかという問題だけでなく,債務者間のデフォルト依存関係をいかにモデル化して計量化するかという問題も併せて考えていく必要がある[2].特に,後者のデフォルト依存関係のモデル化は,CLOの上位トランシェの評価や金融機関の信用リスク管理に大きく影響を及ぼす重要な要素の1つと考えられているが,中小企業分野での実証面での研究成果が少ない.

本研究では,特に中小企業CLOに対するデフォルト依存関係のモデルとして,これまで格付け会社で用いてきたとされている正規コピュラモデルに替えて,t分布2ファクターモデルと名付けられるモデルを導入して,実際に日本政策金融公庫[3](以下では,「日本公庫」と言う)が組成したCLOの組成時点の個社データおよび期中のデフォルトデータを分析することを通じて,実務で

---

2) ただし,中小企業CLOは一般的に無担保融資を原債権とするため,回収率は0%とされて評価されることが多い.このため,本研究でもLGDの推定は扱わない.
3) 一般の金融機関が行う金融を補完することを旨としつつ,国民一般,中小企業者および農林水産業者の資金調達を支援するための金融の機能を担うこと等を目的とする政府系金融機関.2008年9月まで中小企業金融公庫として中小企業CLOの組成支援を手掛けていたが,中小企業金融公庫,国民生活金融公庫など政府系金融機関との統合により組織変更.日本政策金融公庫の中小企業事業部門が証券化支援業務を承継している.

も適用可能な新しい中小企業ポートフォリオのリスク評価方法および格付け手法を検討することを目的とする．

本研究を契機に，CLOに関する様々なデータの実証研究が進み，ひいては金融機関の信用リスク管理や流動化資産の評価の高度化を通して，信用リスク市場の効率化に資することが期待できる．

1.2 研究方法および結果の概要

本研究の分析対象は，2004年以降に日本公庫のコーディネートによって組成された日本の中小企業CLOである．2008年3月までに組成された13件の日本公庫CLOは，累計6,000社強が対象となっている．CLO融資を利用した中小企業の実績デフォルト率は，平均的にはスコアリングモデルにより算出されたPD（以下「モデルPD」と言う）の3倍前後で推移しており，格付け会社がモデルPDを保守的に数倍して格付けしていることを勘案すると，全体としては格付け会社が当初に設定していた状況に整合的であると判断できる．その一方で，個々の日本公庫CLOの実績をみると，デフォルトがほとんど発生していない案件と，当初に想定されていたPDを大きく上回るデフォルトが集中して発生し信用補完率が非常に低下している案件に分かれる．後者に該当する2案件の優先受益権およびメザニン受益権が，2009年に入り，ムーディーズジャパン（以下，「ムーディーズ」と言う）および格付投資情報センター（以下，「R&I」と言う）によって相次いで格下げされており，当初トリプルAを取得していた優先受益権がシングルAクラスまで格下げされている[4]．

中小企業CLOは，以下の点から実証研究の対象として適していると考えられる．まず，通常CLO融資はデフォルト時の回収を見込まない（つまり，LGD=100％）無担保融資として実行されるため，物的担保からの回収も見込んで与信される有担保融資と比べて債務者自身の信用力と純粋に対応している

---

4) R&Iは2009年5月29日に『レーティング・モニター解除/格付け変更/維持』のNEWS RELEASEを公表している（詳細は脚注19)参照）．また，ムーディーズも2009年1月29日に『地域金融機関CLOの2案件を格下げ，更に格下げ方向で見直し』，2009年4月30日に『ムーディーズ，地域金融機関CLOの5案件を格下げあるいは格下げ方向で見直し』のNEWS RELEASEを公表している．その後の格付け変更については脚注19)を参照のこと．

と考えられる．また，いずれも数百〜千社強のポートフォリオであるため，小口分散ポートフォリオの本質的な部分が集約されていて研究対象としては適切なサイズである．加えて，投資家に円滑に販売するための全債務者共通の尺度としてスコアリング審査がベースとなっているため組成当初のモデルPDが明確であり，格付けレポートでも公表されている．さらに，満期までのパフォーマンスが格付け会社のモニタリングレポートなどにより開示されているためデータが比較的充実していて，他のリスク分析モデルや事後のパフォーマンスとの比較検証も可能である．

本研究では，中小企業CLOの裏付け資産プールに関する損失分布を，ファクターモデルによる潜在変数法を適用してモデル化する．具体的には，北野 (2007)で導入されている正規分布2ファクターモデルに加えて，各ファクターが正規分布ではなくt分布に従うと仮定したt分布2ファクターモデルを新たに導入する．実際に，日本公庫CLOの組成時点の個社データおよび期中のデフォルトデータに基づいて，正規分布2ファクターモデルとt分布2ファクターモデルのパラメータの最尤推定を行う．そして，推定されたパラメータ値を用いてモンテカルロ・シミュレーションを行い，裏付け資産プールの損失分布を求めリスク評価に関する分析を行う．特に，シミュレーションによるリスク評価の結果を端的にみるためにモデルから推定される格付けに注目し考察を行う．

2ファクターモデルを採用することにより，景気変動のような全債務者共通の変動要因（グローバルファクター）に加えて，業種や地域など特定のカテゴリ内のみに共通する変動要因（カテゴリ内共通ファクター）を考慮することが可能になる．これによって，組成時に取得される債務者の属性データ（業種，地域，企業規模）に注目して，異なる属性によるカテゴリ区分を用いて分析し結果を比較することで，先行研究よりも適切なカテゴリ区分の選択が行えることが期待できる．また，いくつかの先行研究（北野 (2006), Burtschell et al. (2009), Wanitjirattikal and Kiatsupaibul (2007)）が示唆するように，潜在変数を特徴づける各ファクターがt分布に従うと仮定することで，複数の潜在変数の分布について裾部分での強い依存関係を表現できると考えられる．このことにより，世界的金融危機が叫ばれるような大きなストレスが生じた状況で，多くの企業の信用力が同一方向に変動しやすくなる場合の影響を検証する

といった応用が期待できる．

2ファクターモデルを用いて日本公庫CLOを分析した結果の概要は，以下のようにまとめられる．(1) パラメータ最尤推定の結果，ファクターの数および分布によらず，「地域」「業種」よりも「企業規模」によるカテゴリ区分を用いた場合に尤度が大きかった．(2) カテゴリ区分を「企業規模」としたt分布2ファクターモデルは統計的に最適であるとは言えないものの，有意にファットテール性があることを示唆する推定結果が得られた．(3) また，同モデルのシミュレーション分析においては，分析期間中に優先受益権がトリプルAからの大幅な格下げを余儀なくされている2案件に対して，他のカテゴリ区分とファクターの分布の組み合わせでは得られなかったほどの相当に低い格付けが推定された．

1.3 論文の構成

第2節では，ファクターモデルに関する先行研究の概要をまとめる．第3節では，本研究で用いたデータの説明，t分布2ファクターモデルの定式化と同モデルのパラメータ推定方法および裏付け資産プールに対する損失分布シミュレーション分析の手法を述べる．第4節では，正規分布2ファクターモデルおよびt分布2ファクターモデルのパラメータを実際のCLOデータから推定した結果，モンテカルロ・シミュレーションによる実際に発行されているCLOに対する損失分布シミュレーション分析の結果ならびにその考察をまとめている．最後に，第5節でまとめと今後の課題を述べる．

2 先行研究

2.1 ファクターモデルを用いた先行研究

一般に，金融資産ポートフォリオの価格評価やリスク管理は，リスクファクターが多変量確率分布に従うものとして行われる．ここで重要なのは，各変量の分布（周辺分布）と周辺分布間の依存構造の与え方である．原資産である各企業向け債権の信用度は互いに依存していることから，マクロの経済・金融環境が急激に悪化している際にはポートフォリオ内の債権の多くが一斉に悪化す

るような状況も想定される．したがって，そのような原資産に関する価値分布の裾部分における強い依存関係（ファットテール性）を価格評価や信用リスク管理に織り込む必要がある．

デフォルトモデルとしての潜在変数法は，Merton (1974) のモデルに基礎づけられているが，応用上はファクターモデルの形で定式化されることが多い．以下では，3.2項で導入する t 分布2ファクターモデルの特徴を明らかにするために，「正規分布1ファクターモデル」「正規分布2ファクターモデル」「t 分布に基づくファクターモデル」という整理を行い，各モデルおよび先行研究の概要をまとめる．

2.1.1 正規分布1ファクターモデル

債務者数が I のクレジット・ポートフォリオを考える．V_i ($i=1,\cdots,I$) をある時点における i 番目の債務者の資産価値の代理変数と解釈できる潜在変数とする．V_i は，標準正規分布 $N(0,1)$ に従うと仮定する．潜在変数 V_i の値が事前に特定された閾値 θ_i 以下の状態（$V_i \leq \theta_i$）であるとき，債務者 i はデフォルト状態であると定義する．

また，異なる債務者の資産価値の間には相関があると仮定し，$V_1, V_2, \cdots, V_I$ の分散共分散行列を Σ で表すことにする．

このモデルにおいて，別途計測された個別デフォルト確率 P_i を反映するためには，デフォルト閾値 θ_i の水準を調節すればよく，その水準は次の式を満たすように調整される．

$$\theta_i = \Phi^{-1}(P_i), \quad \text{ただし } \Phi \text{ は標準正規分布関数}$$

キャリブレーションが必要な他のパラメータは，分散共分散行列 Σ の $I(I-1)/2$ 個の要素である．これらの要素は個別のデフォルト確率には影響を与えず，ポートフォリオの結合デフォルトの挙動だけに影響する．

資産相関の値は債務者ごとに定義することができるが，貸出債権の価値は一般には市場で観測されない．また，多数の債務者，例えば債務者数 $I=1,000$ のときには I 次の相関行列の特定は膨大な作業となるため，債務者ごとの資産相関を推定することは現実的ではない．そこで，この高い次元数を減らすために企業価値の間の依存性を駆動する少数のファクターを導入する方法が用いられる．各債務者が $M(\ll I)$ 個のリスクファクターで特徴づけられるとする

と，特定しなければならないパラメータは各ファクターにかかる加重和のパラメータとなり，その数は $M \times I$ 個へと減少する．このファクターにかかる加重和のパラメータは「ファクターウエイト」とも呼ばれる．最も単純な場合として1ファクターのみを設定し，全債務者のファクターウエイトは等しいと仮定すると，実質的にモデルの依存性はただ1つのパラメータで表される（1ファクターモデル）．実務では，何らかの基準で債務者を区分しカテゴリごとの資産相関を推定して，当該カテゴリの債務者に一律に適用することが一般的である．

いまカテゴリの総数を $G \in \mathbb{N}$ として，カテゴリごとに1ファクターモデルを定式化し直すことにする．すべてのカテゴリ $g=1,\cdots,G$ に対して，カテゴリ g 内の債務者は一律のファクターウエイト ρ_g および一律の閾値 θ_g をもつと仮定する．また，$t=1,2,\cdots$，として，t 期におけるカテゴリ g に属する債務者全体に影響する共通ファクター（債務者全体に影響する景気動向等のグローバルファクターもしくは同一の業種・地域等のみに影響するカテゴリ内共通ファクターのいずれかとみなせるもの）$X_{g,t}$ および t 期における債務者 i に固有の変動を表す固有ファクター（経営の質や技術力を表すもの）$\varepsilon_{i,t}$ を導入する．すべての $g=1,\cdots,G$ および $i=1,\cdots,I$ に対して $X_{g,t}$ と $\varepsilon_{i,t}$ は独立で，いずれも標準正規分布 $N(0,1)$ に従う確率変数とする．さらに，$\varepsilon_{1,t},\cdots,\varepsilon_{I,t}$ も独立とする．

このとき，カテゴリ g に属する i 番目の債務者の t 期の潜在変数 $V_{g,i,t}$ が，共通ファクター $X_{g,t} \sim N(0,1)$ および個有ファクター $\varepsilon_{i,t} \sim N(0,1)$ を用いて

$$V_{g,i,t} = \rho_g X_{g,t} + \sqrt{1-\rho_g^2}\,\varepsilon_{i,t} \tag{1}$$

で与えられるモデルを「正規分布1ファクターモデル」と呼ぶ．

正規分布の再生性によって，潜在変数 $V_{g,i,t}$ の分布も標準正規分布 $N(0,1)$ となる．この潜在変数 $V_{g,i,t}$ がデフォルト閾値 θ_g 以下となる場合，債務者 i のデフォルト状態に対応すると考える．

このモデルでは，共通ファクター $X_{g,t}$ およびファクターウエイト ρ_g を通じて，各債務者のデフォルト確率の間に依存関係が導入されることとなる[5]．$X_{g,t}$ と $\varepsilon_{i,t}$ は独立で分散がそれぞれ1であるので，(1) 式から，異なるカテ

ゴリ g と h に属する債務者の潜在変数 $V_{g,i,t}$ と $V_{h,j,t}$ の資産相関（カテゴリ間相関）は $\rho_g\rho_h$ で与えられることが分かる．一方，同一カテゴリ g に属する債務者の潜在変数 $V_{g,i,t}$ と $V_{g,j,t}$ の資産相関（カテゴリ内相関）は ρ_g^2 となることが分かる．

北野（2006）でも触れられているが，正規分布1ファクターモデルは，各成分が対応するカテゴリに対するファクターウエイトの積 $\rho_g\rho_h$ で与えられる相関係数行列で特徴づけられる正規コピュラを用いて，複数債務者の潜在変数の依存関係をモデル化したものとみなすことができる．したがって，正規分布1ファクターモデルは，依存関係を正規コピュラで与えた潜在変数法によるモデルの1つとして位置づけられる．

また，共通ファクター $X_{g,t}$ の実現値を所与とするとき，債務者間のファクターは条件付き独立となり，ひいてはデフォルト発生も条件付き独立となることが分かる．これより，共通ファクター $X_{g,t}=x_{g,t}$ の下でのカテゴリ g に属する債務者の t 期における条件付きデフォルト確率を $p_g(x_{g,t})$ と表記すると，(1)式から次が得られる．

$$p_g(x_{g,t}) = P[\rho_g X_{g,t} + \sqrt{1-\rho_g^2}\varepsilon_{i,t} \leq \theta_g | X_{g,t}=x_{g,t}]$$
$$= P\left[\varepsilon_{i,t} \leq \frac{\theta_g - \rho_g x_{g,t}}{\sqrt{1-\rho_g^2}}\right] = \Phi\left(\frac{\theta_g - \rho_g x_{g,t}}{\sqrt{1-\rho_g^2}}\right) \quad (2)$$

ただし，$\Phi(\cdot)$ は1次元標準正規分布関数である．

正規分布1ファクターモデルを用いた実証研究としては次のようなものが挙げられる．まず，Gordy（2000）は，CreditMetrics™ および CreditRisk+ のベースとなっている潜在変数の1ファクターモデルについて，その背景にあるデフォルト率のボラティリティと資産相関係数の関係を示した[6]．そして，格付けクラス別デフォルト率の時系列推移データからデフォルト率のボラティリ

---

[5] $\rho_g=0$ であれば景気循環もしくは当該カテゴリの状況は企業のデフォルトに何ら影響を与えず，$\rho_g=1$ であれば景気循環もしくは当該カテゴリの状況がデフォルトを決める唯一の要因となっていると解釈できる．

[6] CreditMetrics™ は J. P. Morgan の開発した，格付け遷移行列を用いてクレジットポートフォリオの価値分布を推定する手法．一方の CreditRisk+ は Credit Suisse Financial Products が開発した，保険数理アプローチを用いたデフォルトモデルで，任意の期間におけるデフォルト件数の確率分布はポワソン分布に従うと仮定しており，信用格付け別のデフォルト実績データを用いてパラメータを推定する．

ティの推定値を得たうえでモーメント法によって資産相関係数を推定している．ただし，分析対象は公表格付けを有する比較的大規模な企業である．

また，Gordy and Heitfield (2002) は，各カテゴリ内共通ファクターの間に相関がある形式の1ファクターモデルを用いて最尤法による推定を行っており，少ないサンプルの場合にモーメント法に比べてどの程度頑強であるかを主張している．

中小企業を対象とした先行研究としては，Dietsch and Petey (2004) が，フランスおよびドイツの中小企業データを元に，モーメント法によって，信用クラス別，企業規模別のデフォルト率および資産相関係数の推定を行っている．その結果として，中小企業における資産相関関係は非常に弱く（平均で0.0001〜0.0009），かつ企業規模に従って減少することなどが報告されている．さらにデフォルト率と資産相関係数との間には正の関係が存在している可能性があることも示唆されている．

また，橋本 (2008) は，日本の中小企業を業種，企業規模，信用度，地域によってカテゴリ分けし，実際のデフォルトの時系列データに基づいて資産相関を推定している．その結果については，4.1項で詳細に述べる．

2.1.2 正規分布2ファクターモデル

北野 (2007) は，正規分布1ファクターモデルを拡張して，潜在変数を2ファクターに増やしたモデルに基づいて，日本企業の資本金規模別のデフォルト実績データから資産相関に関するモデルのパラメータを最尤推定している．2ファクターモデルへの拡張は次のように行われている．

カテゴリgに属する債務者iのt期（$t=1,2,\cdots$）の潜在変数$V_{g,i,t}$を以下のファクターで表すことを考える：(1) 景気など全体の変動を表す全債務者共通のグローバルファクター $Y_t \sim N(0,1)$，(2) カテゴリ内のみで共通する変動を表すカテゴリ内共通ファクター $Z_{g,t} \sim N(0,1)$，(3) 債務者i独自の要因を表す固有ファクター $\varepsilon_{i,t} \sim N(0,1)$．ファクターはすべて独立であると仮定する．

さらに，グローバルファクターおよびカテゴリ内共通ファクターのファクターウエイトをカテゴリgごとに一定と仮定して，それぞれα_gおよびβ_g（いずれも $[0,1]$ 区間に値をとる）とする．

このとき，カテゴリgに属する債務者iの潜在変数$V_{g,i,t}$を次のように表す．

$$V_{g,i,t} = \alpha_g Y_t + \beta_g Z_{g,t} + \sqrt{1-\alpha_g^2-\beta_g^2}\varepsilon_{i,t}. \tag{3}$$

ここで，α_g および β_g を $\rho_0, \rho_g \in [0,1]$ を用いて，$\alpha_g = \rho_g\rho_0$，$\beta_g = \rho_g\sqrt{1-\rho_0^2}$ とおくと (3) 式は

$$V_{g,i,t} = \rho_g(\rho_0 Y_t + \sqrt{1-\rho_0^2}Z_{g,t}) + \sqrt{1-\rho_g^2}\varepsilon_{i,t} \tag{4}$$

となる．潜在変数 $V_{g,i,t}$ の分布が $N(0,1)$ となることも容易に分かる．このモデルを「正規分布2ファクターモデル」と呼ぶ[7]．

これは，1ファクターモデル (1) 式で，$X_{g,t}=\rho_0 Y_t+\sqrt{1-\rho_0^2}Z_{g,t}$ とおいたもので，カテゴリ内共通ファクター $X_{g,t}$ に関する相関係数行列 Σ について，

$$\Sigma = \begin{pmatrix} 1 & \rho_0^2 & \cdots & \rho_0^2 \\ \rho_0^2 & 1 & \cdots & \vdots \\ \vdots & \vdots & \cdots & \rho_0^2 \\ \rho_0^2 & \cdots & \rho_0^2 & 1 \end{pmatrix} \tag{5}$$

と仮定したものとみなすことができる．換言すれば，異なるカテゴリ g と h の間のカテゴリ内共通ファクター $X_{g,t}$ と $X_{h,t}$ 間の相関を一律に ρ_0^2 と仮定するということである．

また，このモデルにおいては，カテゴリ内相関（同一カテゴリ g に属する債務者の潜在変数 $V_{g,i,t}$ と $V_{g,j,t}$ の相関）は $\alpha_g^2+\beta_g^2=\rho_g^2$ であり，カテゴリ間相関（異なるカテゴリ g と h に属する債務者間の潜在変数 $V_{g,i,t}$ と $V_{h,j,t}$ の相関）は $Z_{g,t}$ と $Z_{h,t}$ が独立であることから $\alpha_g\alpha_h=\rho_0^2\rho_h\rho_g$ となる．

この2ファクター形式でのデフォルトに関する潜在変数法を用いると，例えば，「業種」というカテゴリで区分した場合は，建設業者どうしの相関（カテゴリ内相関）や，建設業者と不動産業者の相関（カテゴリ間相関）などを考慮することができる．

このモデルにおいて，$Y_t=y_t$，$Z_{g,t}=z_{g,t}$ の下でのカテゴリ g に属する債務者 i の t 期における条件付きデフォルト確率を $p_i(y_t, z_{g,t})$ と表記すると，

---

[7] 次項でも触れるが，Hull and White (2004) は共通ファクターを複数にもつモデルを導入し，特に「2ファクターモデル」に対して数値的な分析を行っている．しかし，北野 (2007) とは異なり，その2ファクターについて債務者のカテゴリを意図した意味づけを行ってはいない．本稿では，北野 (2007) のように，潜在変数を「グローバルファクター」「カテゴリ内共通ファクター」の2つのファクターを用いて (4) 式で定式化したモデルを「2ファクターモデル」と呼ぶことにする．

(4) 式より次のようになる．

$$\begin{aligned}p_i(y_t, z_{g,t}) &= P\bigl[\rho_g(\rho_0 Y_t + \sqrt{1-\rho_0^2} Z_{g,t}) \\ &\quad + \sqrt{1-\rho_g^2}\varepsilon_{i,t} \leq \theta_g \big| Y_t = y_t, Z_{g,t} = z_{g,t}\bigr] \\ &= P\left[\varepsilon_{i,t} \leq \frac{\theta_g - \rho_g(\rho_0 y_t + \sqrt{1-\rho_0^2} z_{g,t})}{\sqrt{1-\rho_g^2}}\right] \\ &= \Phi\left(\frac{\theta_g - \rho_g(\rho_0 y_t + \sqrt{1-\rho_0^2} z_{g,t})}{\sqrt{1-\rho_g^2}}\right) \end{aligned} \quad (6)$$

北野（2007）は，利用可能なデータの制約もあり，カテゴリ区分はどの属性に基づいて行うべきであるかという問題にはあえて立ち入らない方針を採っているが，本研究は，日本公庫 CLO 組成時に取得された債務者の属性データ（業種，地域，企業規模）の利用が可能であるため，最適なカテゴリ区分についても議論を行うこととする．

2.1.3　t 分布に基づくファクターモデル

前述したが，正規分布 1 ファクターモデルでは潜在変数間の依存構造は正規コピュラで与えられており，金融実務では信用リスクを有する多数の企業向け債権を原資産とする資産担保証券の評価や中小企業 CLO の格付けにおいて一般的に用いられている[8]．

債務者間のデフォルト依存関係をモデル化するにあたっては，Merton (1974) に端を発するデフォルトに関する潜在変数法にコピュラを組み合わせるモデル（ファクター・コピュラモデルと呼ばれる）がよく用いられている．コピュラとは，各周辺分布が $[0,1]$ 上の一様分布に従う多変量確率分布に対する総称であるが，任意の多変量分布は各変量の周辺分布とコピュラの組み合わせで特徴づけられることが知られており (Sklar の定理)，特に分布間の依存構造を特定することはコピュラを特定することと同義になる．したがって，デ

---

[8] R&I は 2007 年 1 月 31 日付で，CDO 商品の定量評価に使用するモデルを正規ファクターコピュラモデルによるモンテカルロ・シミュレーション法に改定することを次の URL にて公開している (http://www.r-i.co.jp/rating/st/detail/j07-a-004-rm.pdf)．
　また，ムーディーズも，シンセティック CDO のトランシェの期待損失率をモンテカルロ・シミュレーション・モデル（正規コピュラ）を用いて計量するツール「CDOROM™」を無償で提供しており，ムーディーズのアナリストが格付け過程で用いている同モデル/プロセスを利用して，利用者サイドでポートフォリオの期待損失率などを算出することが可能となっている．

フォルト依存関係をコピュラを用いてモデル化することで，個社別のスコアリングモデルPDと，債務者間の依存構造とを分けて論じることが可能になる．また，計算負荷を軽減してCLO全体の損失分布を算出することが可能となる．

ただし，Schönbucher (2005) にも記載があるとおり，正規コピュラはテール独立という特殊な依存構造，すなわち，分布全体の間では相関が認められても，分布の裾部分では依存性が弱まって0に近づいていくという性質がある．しかし，実際には，現下のように経済・金融環境が急速に悪化するなど何らかの大きなストレスが生じている状況では，多くの企業が同一方向へと変動する場合がありうるため，分布の裾における依存性を表現できるモデルが望ましいと考えられる．

潜在変数間の依存構造に正規コピュラ以外の関係を適用して分布の裾における依存性を考慮できるようにし，信用ポートフォリオの損失分布に与える影響を議論した研究がいくつかある．Mashal and Naldi (2002) は潜在変数間の依存構造にtコピュラを仮定して実証研究を行っている．また，戸坂・吉羽 (2005) では，正規およびtコピュラのほか，Clayton, Gumbel および Frank コピュラを対象として各コピュラの性質，具体的なパラメータ推定方法や乱数発生方法等を示して実証分析を行っている．一般にtコピュラは正の裾依存性をもち，自由度パラメータνを用いることによってその依存性の強さを表現できることが知られている．

一方，tコピュラではなく，(1) 式で与えられる1ファクターモデルにおける共通ファクター$X_{g,t}$と固有ファクター$\varepsilon_{i,t}$がt分布に従う「(1次元) t分布ファクターモデル[9]」を提唱する研究も多くある．例えば，北野 (2006) は，1次元t分布ファクターモデルに基づく数値実験を通じて，仮想的なCDOに対するt分布の自由度パラメータの裾依存性への影響などを考察し，自由度が小さいt分布ファクターモデルにおいては，強い裾依存性が観測されることを数値例で示している．

---

9) ファクター・コピュラモデルの観点からは，double-tコピュラと呼ぶのが一般的になっており，各文献の結果に触れる際にはdouble-tコピュラという表現を用いるが，我々のモデルに関しての表現としてはt分布ファクターモデルで統一することをお断りしておく．

また，Hull and White (2004) は様々な分析の1つとして，共通ファクター $X_{g,t}$ と固有ファクター $\varepsilon_{i,t}$ が t 分布に従うモデル（彼らは"double t-distribution"コピュラと呼んでいる）を用いて，iTraxx EUR のインデックス・トランシェの市場価格とモデル価格との比較などを行い，各ファクターが裾の厚い周辺分布をもつ"double t-distribution"コピュラが市場データによく適合していたと結論づけている．

同様の視点で，Burtschell et al. (2009) は，いくつかのコピュラモデル (Gaussian, Student-t, Clayton, double-t, stochastic correlation, Marshall-Olkin) による CDO 等の価格付けの比較分析を行っている．iTraxx Europe の CDO トランシェについては，他の比較対象コピュラ (Gaussian, Student-t, Clayton) などに比べて，double-t コピュラが（スーパー・シニア部分で過大評価気味ではあったが）市場価格に最も整合的であったと主張している．

また，Burtschell et al. (2009) では，double-t コピュラモデルの裾依存性についても言及しているが，コピュラモデルの裾依存性に関する議論は，付録 B 節でまとめる．

北野 (2006) でも指摘されているが，t 分布ファクターモデルと「多変量 t 分布モデル（周辺分布を t 分布にして依存関係を t コピュラで導入したもの）」は，いくつかの点で性質が大きく異なる．t 分布ファクターモデルでは，潜在変数間の無相関と独立は同値となるが，多変量 t 分布モデルでは無相関であっても独立とはならないので，相関係数が0であっても，潜在変数間には何らかの依存性が残る形になることに注意が必要である．また，t 分布ファクターモデルでは共通ファクターと固有ファクターの t 分布の自由度を別々に設定することが可能であるが，多変量 t 分布モデルでは共通にしなければならない．計算負荷の面でも，t 分布ファクターモデルは条件付き独立の性質を利用できるが，多変量 t 分布モデルでは多変量 t 分布に従う乱数を用いたシミュレーションが必要となる．

したがって，t 分布ファクターモデルは，相関係数の構造は1次元正規分布ファクターモデルと同様の制約を受けるものの，数値的に扱いやすい面がある．また，付録 B 節の議論から，t 分布ファクターモデルでも裾依存性を表現できる可能性が高いので，あえて多変量 t 分布モデル（すなわち t コピュラに

よる依存構造）に固執しなくてもよいと考えられる．

2.2 ファクターモデルによる資産相関の推定結果

資産相関の推定には多くの先行研究があり，その多くが正規分布1ファクターモデルによるものである．表4-1は，橋本（2008）の図表19（1ファクターモデルを用いた資産相関推定の主要既存研究の概要）の一部を引用し，橋本（2008）および森平・瀬尾・佐藤（2008）について追加したものである[10]．

表4-1 先行研究での資産相関の水準

橋本（2008）の図表19（1ファクターモデルを用いた資産相関推定の主要既存研究の概要）の一部を引用し，橋本（2008）および森平・瀬尾・佐藤（2008）について追加した．

先行研究	データの概要	分類の基準	資産相関の水準
Gordy and Heitfield (2002)	Moody's (1970～1998)	格付別	0.0551～0.1114
	S&P (1981～1997)		0.044～0.0886
Hamerle, Liebig and Rosch (2003)	S&P (1982～1999)	格付別	0.0391～0.0695
Bluhm and Overbeck (2003)	Moody's (1970～2001)	格付別	0.1177～0.4251
Dullmann and Scheule (2003)	独53,280社（1991～2000）	信用度別，規模別	0.002～0.04529
Lopez (2004)	KMV CreditMonitor Database（米6,909社，欧3,675社，日3,255社（～2000））	格付別，規模別，国別	0.1000～0.5500
Dietsch and Petey (2004)	仏440,000社（1995～2001）	信用度別，規模別，業種別	0～0.01149
	独280,000社（1997～2001）		0～0.000425
北野 (2007)	日・月次倒産率（東京商工リサーチ＋国税庁，1982/7～2002/7）	資本金規模別	約0.0016～0.0234
橋本 (2008)	日960,980社の倒産率（帝国データバンク，1985～2005）	業種別，規模別，信用度別，地域別	0.01～0.032
森平・瀬尾・佐藤 (2008)	日・総件数約500万件（CRD決算書データ，2001～2005）	業種別	0.005329（卸売業）～0.011236（小売業）

このうち，森平・瀬尾・佐藤 (2008) は，2001 年から 2005 年までの決算データ総件数約 500 万件について業種によるカテゴリ区分を用いて検証している．その結果，資産相関が最小値の 0.005329（卸売業）から最大値の 0.011236（小売業）の範囲の水準となったと示している．

また，橋本 (2008) は，業種，企業規模，信用度，地域によって日本企業をカテゴリ分けして，実際のデフォルトの時系列データに基づいて比較・検討を行っている．その結果として，(1) 資産相関の推定のためには，1 種類の共通ファクターのみでは十分ではない場合があること，(2) 資産相関は，業種，企業規模，信用度，地域の各グループの中でばらつきがみられること，(3) 資産相関が大きい傾向がみられるのは，企業規模別では規模の大きい企業，信用度別では信用度が高位および低位の企業であること，が示されている．

そのほか，Dietsch and Petey (2004) や北野 (2007) では，企業規模が小さいほど資産相関が小さいという結果が得られている．

3 研 究 方 法

2.1.2 および 2.1.3 での先行研究の議論をふまえて，本研究では新たに t 分布 2 ファクターモデルを導入し，パラメータ推定およびシミュレーションによる裏付け資産プールに対する損失分布の分析を行う．

t 分布 2 ファクターモデルを導入する主な理由は次の 2 点である．

1. 北野 (2007) の議論および結果をふまえると，カテゴリ区分という考え方を導入することでカテゴリ内相関およびカテゴリ間相関を表現でき，その変動要因をグローバルファクターおよびカテゴリ内共通ファクターに分解できる 2 ファクターモデルは，信用プールのデフォルトリスク評価の精緻化に結びつく可能性があること．
2. 北野 (2006) の数値実験による裾依存性の示唆や付録 B 節における議論か

---

10) 表中の北野 (2007) では 2 ファクターモデルを扱っているが，他の研究との比較のため，ここでは同論文の「モデル 1」（カテゴリ内共通ファクターを用いる 1 ファクターモデル）による結果を挙げている．また，同研究および森平・瀬尾・佐藤 (2008) におけるグローバルファクターウエイトはそれぞれ 2 乗したものが本稿で定義する資産相関にあたるため，この表では同論文のファクターウエイトを 2 乗したものを載せている．

ら，グローバルファクターとカテゴリ内共通ファクターが t 分布に従うと仮定することで，潜在変数の周辺分布がファットテール性をもつだけでなく潜在変数の分布間に強い裾依存性が表現できる蓋然性が高いと考えられる．したがって，分布の下裾に位置するファクター実現値がデフォルトと判断されるファクターモデルにおいて，ファクターに t 分布を仮定することでより強いデフォルト依存性が表現可能であると期待されること．

提案する t 分布 2 ファクターモデルはパラメータ数が多く，最尤推定を試みるには次項で述べるデータの現時点におけるサンプル数は十分ではないかもしれない．しかし，本節で述べるパラメータ推定手法およびシミュレーション分析手法を実際に試みて，モデルの適用可能性や課題を把握しておくことの意義は小さくないと考える．

3.1 基礎データ

本研究に用いる債務者データは，日本公庫 CLO13 案件（表 4-2）組成時点での各 CLO ポートフォリオに含まれる中小企業 6,000 社強の個社データの業種，

表 4-2 これまでに組成された日本公庫 CLO の概要

平均 PD は CRD モデル III および RDB 中小企業クレジット・モデルそれぞれで算出した加重平均 PD．案件名に ＊ 印があるものはシンセティック方式 CLO で，無印のものはキャッシュ（債権譲渡）方式 CLO．

案件名	実施日	融資件数	融資金額	平均 PD：CRD/RDB
広域 CLO	04.9.30	58 件	26.10 億円	0.49%/0.62%
地域金融機関 CLO	05.3.22	509 件	103.53 億円	0.60%/0.76%
第 2 回地域金融機関 CLO	05.12.22	840 件	205.09 億円	0.65%/0.73%
地域金融機関平成 18 年 3 月 CDO	06.3.23	321 件	70.75 億円	0.65%/0.66%
地域金融機関平成 18 年 9 月 CLO	06.9.27	338 件	120.53 億円	0.62%/0.67%
地域金融機関 CLO（たんぽぽ 2007）＊	07.2.28	1,190 件	304.84 億円	0.55%/0.77%
地域金融機関平成 19 年 3 月 CLO	07.3.23	270 件	56.85 億円	0.53%/0.77%
地域金融機関平成 19 年 6 月 CLO	07.6.28	355 件	134.88 億円	0.51%/0.67%
地域金融機関平成 19 年 9 月 CLO	07.9.26	235 件	101.39 億円	0.64%/0.99%
地域金融機関 CLO（こすもす 2007）＊	07.9.27	310 件	74.22 億円	0.59%/0.75%
地域金融機関平成 19 年 12 月 CLO	07.12.26	241 件	99.20 億円	0.62%/0.82%
地域金融機関 CLO（たんぽぽ 2008）＊	08.3.14	1,193 件	295.18 億円	0.51%/0.70%
地域金融機関平成 20 年 3 月 CLO	08.3.25	219 件	102.33 億円	0.65%/1.02%
合計		6,079 件	1,694.89 億円	

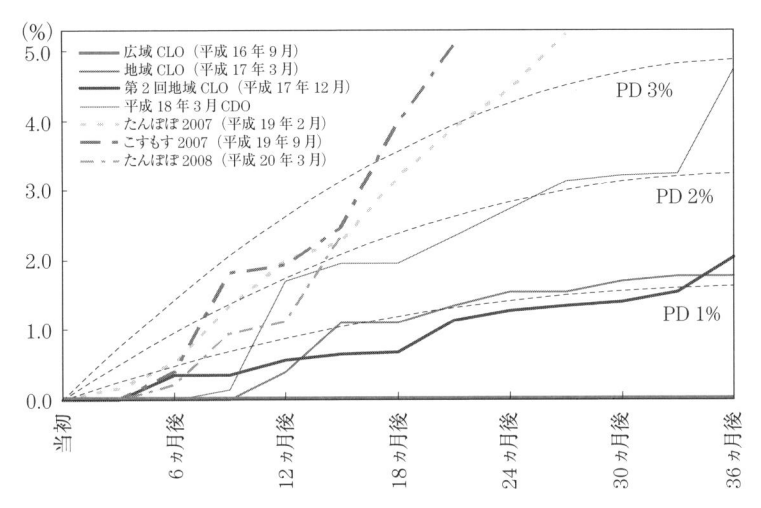

図 4-3 日本公庫 CLO における累積デフォルト率の推移
原債権の貸付年限：3 年．横軸に組成からの経過月数，縦軸に累積デフォルト率をプロットしている．原債権は期中均等償還されるため，期間 3 年の 1~3％のデフォルトカーブを記載している．

地域，企業規模という属性と，スコアリングモデル(CRD モデルIII，RDB 中小企業クレジット・モデル，リスクカルクなど)によって算出される PD である(各スコアリングモデルの概要は，付録 A 節を参照のこと)．

各 CLO の年率換算した平均 PD を表 4-2 にまとめている[11]．この表で確認できるように，平均 PD は年率 0.5~1.0％に収まっており差異は少ない．しかし，図 4-3 および図 4-4 のとおり，個別 CLO の累積実績デフォルト率は平均的には年率 2％程度で推移しているものの，案件によって大きく異なっており，地域金融機関平成 18 年 9 月 CLO や平成 19 年 2 月シンセティック CLO（たんぽぽ 2007）においてはモデル PD を大きく上回るデフォルト発生が続いている．

3.2　t 分布 2 ファクターモデル

本研究では，正規分布 2 ファクターモデルに加えて新たに，t 分布 2 ファク

---

[11] 国内中小企業に対しては，リスクカルクの精度は高くない可能性があるので今回の分析では除外し，表 4-2 には CRD モデルIIIおよび RDB 中小企業クレジット・モデルそれぞれで算出した加重平均 PD を記載している．

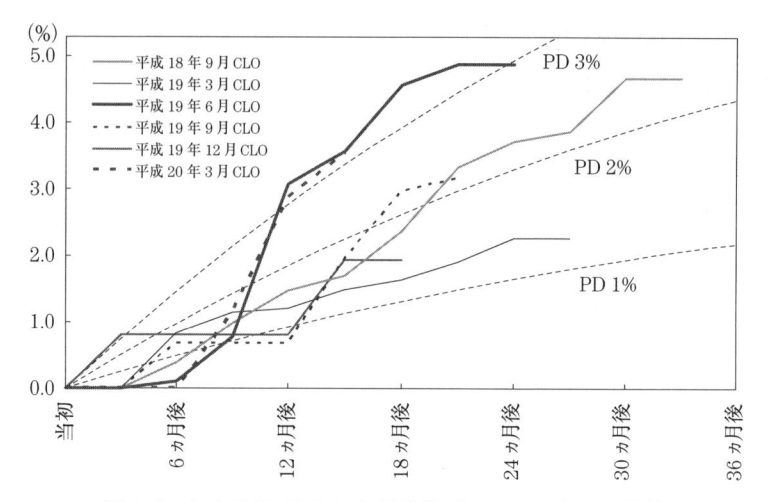

図 4-4 日本公庫 CLO における累積デフォルト率の推移
原債権の貸付年限：5 年．横軸に組成からの経過月数，縦軸に累積デフォルト率をプロットしている．原債権は期中均等償還されるため，期間 5 年の 1〜3％のデフォルトカーブを記載している．

ターモデルを導入して，前項で説明した日本公庫 CLO の分析を行う．本研究は「格付けなどに一般的に幅広く用いられている正規コピュラに基づくモデルは，債務者間のデフォルトリスクの依存関係が中小企業 CLO に与える影響を過小評価しているのではないか」といった投資家の懸念に応えることを 1 つの企図としており，t 分布 2 ファクターモデルを導入することで，潜在変数の周辺分布がファットテール性をもつと同時に，潜在変数どうしの分布の裾における強い依存関係も表現できることが期待される．

具体的には，t 分布 2 ファクターモデルに対して次のような分析を行う．(1) 規模・地域・企業規模それぞれをカテゴリ区分としたときの各パラメータ（ファクターウエイト，デフォルト閾値およびファットテール性を支配する自由度 ν）の最尤推定を行う．(2) 中小企業債権プールの信用リスク評価に最適なカテゴリ区分について考察する．(3) 最尤推定されたパラメータ値を用いたモデルによるモンテカルロ・シミュレーションを行う．そして，得られた損失分布と実績デフォルト率とを端的に比較するために，当初に得ていた格付け，期中見直し後の現時点（2009 年 11 月）の格付け，損失分布シミュレーション

に基づく推定格付けを比較・考察する．

以下では，t 分布 2 ファクターモデルの定式化およびパラメータの最尤推定についてまとめる．

3.2.1 t 分布 2 ファクターモデルの概要

t 分布 2 ファクターモデルは，2.1.2 の正規分布 2 ファクターモデル (4) で導入されたグローバルファクター Y_t，カテゴリ内共通ファクター $Z_{g,t}$ および固有ファクター $\varepsilon_{i,t}$ がいずれも標準正規分布に従うという仮定を，いずれも自由度 $\nu(\nu>2)$ の t 分布に従うという仮定に置き換えることで定式化する[12]．

自由度パラメータ $\nu\to\infty$ とすると正規分布に収束することが知られているので，t 分布ファクターモデルは正規分布ファクターモデルの一般化としてみなすことができる．よって，自由度パラメータを最尤推定することで，正規ファクターモデルが妥当かどうかの検証も可能となる．ただし，各債務者の無条件周辺デフォルト確率は変わらなくとも，潜在変数の分布における裾の厚さはデフォルト時点の依存構造に影響を与えることが期待される．

t 分布 2 ファクターモデルに対する裾依存性についての解析的な評価は得られていない．しかし，2.1.3 でも触れた北野 (2006) の考察や付録 B の議論をふまえると，t 分布 1 ファクターモデルは ρ が十分大きいときには正規分布 1 ファクターモデル（裾従属係数がゼロ）よりは強い裾依存性があると推察され，それは t 分布 2 ファクターモデルの場合においても同様であると類推される．

また，正規分布の場合と異なり，t 分布に従う確率変数の一次結合がまた t 分布に従うという性質はないため，(4) の形で与えられる潜在変数 $V_{g,i,t}$ 自体の分布は t 分布にはならないことに注意が必要である．しかしながら，異なるカテゴリ g と h の間のカテゴリ内共通ファクター $X_{g,t}$ と $X_{h,t}$ 間の相関は ρ_0^2，カテゴリ内相関（同一カテゴリ g に属する債務者の潜在変数 $V_{g,i,t}$ と $V_{g,j,t}$ の相関）は ρ_g^2，カテゴリ間相関（異なるカテゴリ g と h に属する債務者間の潜在変数 $V_{g,i,t}$ と $V_{h,j,t}$ の相関）は $\rho_0^2\rho_h\rho_g$ となることは，2.1.2 で示した正規分布 2 ファクターモデルの場合と同じである．

$Y_t=y_t$，$Z_{g,t}=z_{g,t}$ の下でのカテゴリ g に属する債務者の t 期における条件

---

[12] それぞれのファクターの t 分布の自由度を別々に設定することも可能である．

付きデフォルト確率を $p_g(y_t, z_{g,t})$ と表記すると，$\varepsilon_{i,t}$ が自由度 ν の t 分布に従うことから，(6) 式の導出と同様に次が得られる．

$$p_g(y_t, z_{g,t}) = T_\nu\left(\frac{\theta_g - \rho_g(\rho_0 y_t + \sqrt{1-\rho_0^2}\, z_{g,t})}{\sqrt{1-\rho_g^2}}\right). \tag{7}$$

ただし，$T_\nu(\cdot)$ は自由度 ν の t 分布関数を表す．

3.2.2 t 分布 2 ファクターモデルに対する最尤推定の方法

(7) 式に含まれるパラメータであるファクターウエイト $\rho_0, \rho_g (g=1,\cdots,G)$，デフォルト閾値 $\theta_g (g=1,\cdots,G)$ および自由度 ν の推定には，北野 (2007) で用いられている正規分布 2 ファクターモデルに関する最尤法を参考とする．

G 個のカテゴリのうちカテゴリ g に属する t 期初 ($t=1,2,\cdots,T$) の生存債務者数を $N_{g,t-1}$，t 期中に発生したデフォルト債務者数を $D_{g,t}$ とする．Y_t，$Z_{g,t}$ はそれぞれ t に関して独立かつ自由度 ν の t 分布に従うとする．t 期において $Y_t = y_t$，$Z_{g,t} = z_{g,t}$ の条件の下ではデフォルト事象は条件付き独立であるので，デフォルト債務者数 $D_{g,t}$ を対象事象の発生回数，デフォルト発生確率 $p_g(y_t, z_{g,t})$ を対象事象の発生確率，t 期初の生存債務者数 $N_{g,t-1}$ を試行回数とみなす 2 項分布に従う．

この 2 項分布 $\mathrm{Bin}(D_{g,t}; N_{g,t-1}, p_g(y_t, z_{g,t}))$ の密度関数を $f(D_{g,t}; N_{g,t-1}, p_g(y_t, z_{g,t}))$ とすれば次のようになる．

$$f(D_{g,t}; N_{g,t-1}, p_g(y_t, z_{g,t})) = \binom{N_{g,t-1}}{D_{g,t}} p_g(y_t, z_{g,t})^{D_{g,t}} (1 - p_g(y_t, z_{g,t}))^{N_{g,t-1}-D_{g,t}} \tag{8}$$

ただし，$p_g(y_t, z_{g,t})$ は (7) 式で与えられるものとする．これを y_t および $z_{g,t}$ に関して，自由度 ν の t 分布の密度関数によって積分して無条件化することで，t 分布 2 ファクターモデルに関する対数尤度関数

$$l(\boldsymbol{\rho}, \boldsymbol{\theta}, \nu) = \sum_{t=1}^{T} \log\left[\int_{-\infty}^{\infty} \prod_{g=1}^{G} \left\{\int_{-\infty}^{\infty} f(D_{g,t}; N_{g,t-1}, p_g(y_t, z_{g,t})) \times t_\nu(z_{g,t})\, dz_{g,t}\right\} t_\nu(y_t)\, dy_t\right] \tag{9}$$

を得る．ただし，$t_\nu(\cdot)$ は自由度 ν の t 分布の密度関数とし，全カテゴリに関するファクターウエイトおよびデフォルト閾値を要素とするベクトルをそれぞ

れ $\boldsymbol{\rho}=(\rho_0, \rho_1, \cdots, \rho_G)$ および $\boldsymbol{\theta}=(\theta_1, \cdots, \theta_G)$ と表している．

対数尤度関数 (9) において，2 カ所の密度関数 $t_\nu(\cdot)$ を標準正規密度関数 $\phi(\cdot)$ に変え，条件付きデフォルト発生確率 $p_g(y_t, z_{g,t})$ を (6) にしたものが，北野 (2007) で導入されている正規分布 2 ファクターモデルの対数尤度関数になることに注意しておく．

3.3 CLO 裏付け資産プールに対する損失分布シミュレーション分析の方法

CLO は優先・メザニン・劣後などのトランシェに区分され，裏付け資産が生み出すキャッシュフローは優先順位に従って配分される．各トランシェにとっては，下位にあるトランシェが「信用補完」となるため，上位トランシェの信用力が相対的に高く，下位トランシェの信用力が相対的に低くなる．CLO の格付けに際しては，裏付け資産である中小企業ポートフォリオについて損失分布を得たうえで，各トランシェの上下限に切り分けてトランシェごと期待損失率を計算し，表 4-3 で与えられる格付けと期待損失率の対応テーブルに照らして格付けが付与される[13]．

本研究では，前節の手法により推定されたパラメータに基づき，対象 CLO

表 4-3 格付けと期待損失率の対応テーブル

本テーブルはムーディーズが公表しているもので，各平均年限ごとに左列の格付け付与のために満たさなければならない期待損失率の上限を示している．

	1 年	2 年	3 年
Aaa	0.0000%	0.0001%	0.0004%
Aa 1	0.0003%	0.0017%	0.0055%
Aa 2	0.0007%	0.0044%	0.0143%
Aa 3	0.0017%	0.0105%	0.0325%
A 1	0.0032%	0.0204%	0.0644%
A 2	0.0060%	0.0385%	0.1221%
A 3	0.0214%	0.0825%	0.1980%
Baa 1	0.0495%	0.1540%	0.3080%
Baa 2	0.0935%	0.2585%	0.4565%
Baa 3	0.2310%	0.5775%	0.9405%

---

[13] 期待損失率に基づく格付け手法はムーディーズが採用している．一方，R&I およびスタンダード&プアーズは，各トランシェの毀損確率によって格付けを行っている．

の裏付け資産について以下のような方法でモンテカルロ・シミュレーションを行い，損失分布を生成する．

1. 各試行ごとに，正規分布もしくは自由度 ν の t 分布に従う乱数を，グローバルファクター Y_t 用に1つ，カテゴリ内共通ファクター $Z_{g,t}$ 用にカテゴリ数（本研究ではどのモデルでも3つとしている），固有ファクター $\varepsilon_{i,t}$ 用に各 CLO の債務者数だけ発生させる
2. 1．で発生した乱数と最尤推定により得られたパラメータとを (7) 式に代入して債務者ごとのデフォルト確率を求める
3. 2．で求めたデフォルト確率と，モデル PD を保守的に修正した債務者ごとの PD とを比較して各債務者のデフォルト時刻を求める
4. 3 で求めたデフォルト時刻が満期時点前の債務者について，その時点での約定残高（これを当該債務者のデフォルト金額とみなす）を合計し CLO 組成金額で除したものを，当該試行での裏付け資産プールの損失率とする
5. 1～4 を 100 万回繰り返すことで，CLO ポートフォリオの損失分布を生成する

あるトランシェの境界を，総資産を1とした比率で下限 α，上限 β と表す ($0 \leq \alpha < \beta \leq 1$)．また，試行 j 回目の裏付け資産プールの損失率を $p^{(j)}$ とする．このとき，試行 j 回目における対象トランシェの損失率は，下限 α と上限 β およびプール損失率 $p^{(j)}$ により

$$\min\left\{1, \max\left(0, \frac{p^{(j)} - \alpha}{\beta - \alpha}\right)\right\}$$

と計算される．これを 100 万回繰り返しその平均を対象トランシェの期待損失とし，表 4-3 に照らし合わせてモデルが妥当とする格付けを推定する．

4 研究結果

4.1 実データによるパラメータの最尤推定

まず，日本公庫 CLO13 件のうち，デフォルト先の詳細な情報が開示されているシンセティック CLO のデフォルト実績データを，2007 年 3 月から 2009 年 6 月まで 28 カ月分用いて，3.2.2 で述べた最尤推定の方法に基づいて，正

規分布2ファクターモデルおよびt分布2ファクターモデルのパラメータを最尤推定する[14]．また，付録C節では，2ファクターモデルと比較する意味で，カテゴリ別の1ファクターモデルを適用して推定した結果を示している．

　本研究では，カテゴリ区分として，(1) 地域（大都市〈東京都，大阪府および愛知県〉，都市圏〈先の3都府県を除く関東，関西および東海〉，その他の地方），(2) 業種（製造業，卸売・小売業，その他の業種），(3) 企業規模[15]（当初借入金額20百万円未満，同20百万円以上40百万円未満，同40百万円以上）を用いる．なお，日本公庫CLOにおいては，地域，業種，企業規模について，より細かい区分での開示が行われているが，サンプル数の制約から，いずれのカテゴリも3区分としている．

　各カテゴリのデフォルト閾値 $\theta_1, \theta_2, \theta_3$，グローバルファクターおよびカテゴリ内共通ファクターに対するファクターウエイトを表すパラメータ $\rho_0, \rho_1, \rho_2, \rho_3$ ならびに自由度 ν（t分布2ファクターモデルのみ）の最尤推定結果は表4-4および表4-5のとおりである．各パラメータについて最尤推定値と推定量の標準偏差である標準誤差（カッコ内の数値）を示している．理論上は，最尤推定量の標準偏差はFisher情報行列の逆行列をサンプルサイズで割って得られる行列の対角成分の正の平方根として得られるが，パラメータの真値が未知の場合には，Fisher情報行列の代わりに最尤推定値における目的関

---

14) 対数尤度関数 (9) 式に含まれる積分計算には，北野（2007）と同様にガウス求積法を用いている．ガウス求積法のMATLABプログラムはMiranda and Fackler (2002) に記載されているqnwnormを用いている．ノード数（積分区間の分割数）は本研究ではすべて100分割としている．対数尤度関数を -1 倍して最小化問題とし，各ファクターウエイトには計算負荷も考慮して $10^{-5} \leq \rho \leq 0.5$ の制約を設けているため，北野（2007）と同様にMATLABの制約条件付き最小化の関数fminconを用いて推定計算を実装している．fminconでは複数種類の最適化アルゴリズムを使い分けることができるが，本研究ではmedium-scaleの逐次2次計画法（SQP）を用いている．これはラグランジュ関数のヘシアンを反復ごとに近似しながら準ニュートン法的に解いていく方法である．詳細はMATLABユーザーズガイド（2004）参照．

15) 当初データには売上規模による債務者の分布が開示されているが，期中のデフォルト先については企業の特定を避けるため，当初借入金額のみの公表となっている．このため，パラメータの推定においては，借入金額がある程度企業規模を表していると仮定して借入金額の規模によるカテゴリ区分に基づいて推定を行う．一方，CLOの評価においては，借入金額の規模によるカテゴリ区分に基づいて分析すると金額ベースでのCLO評価にバイアスがかかってしまうため，売上規模ベースで分析を行う．

表 4-4 日本公庫 CLO データに対する正規分布 2 ファクターモデルの最尤推定結果

カッコ内の数値は各推定値の標準誤差．また，[ ] 内の数値は AIC（赤池情報量規準）．

	地域	業種	企業規模
カテゴリ 1	大都市	製造業	20 百万円未満
カテゴリ 2	都市圏	卸・小売	20 百万円以上 40 百万円未満
カテゴリ 3	地方	その他	40 百万円以上
θ_1	-2.715 (0.78)	-3.040 (1.03)	-3.302 (1.05)
θ_2	-2.750 (0.32)	-2.591 (0.58)	-2.668 (0.14)
θ_3	-3.161 (0.83)	-3.108 (1.01)	-3.195 (1.01)
ρ_0	0.707 (1.00)	0.707 (1.00)	0.707 (1.00)
ρ_1	0.041 (1.00)	0.045 (1.00)	0.114 (1.00)
ρ_2	0.041 (1.00)	0.051 (1.00)	0.114 (1.00)
ρ_3	0.060 (1.00)	0.066 (1.00)	0.284 (1.00)
対数尤度 [AIC]	-7.67 [29.3]	-8.44 [30.9]	-5.04 [24.1]
カテゴリ内相関平均	0.0023	0.0030	0.0354
ρ_1^2	0.0017	0.0021	0.0129
ρ_2^2	0.0017	0.0026	0.0129
ρ_3^2	0.0036	0.0044	0.0804
カテゴリ間相関平均	0.0011	0.0014	0.0129
$\rho_0^2\rho_1\rho_2$	0.0009	0.0012	0.0064
$\rho_0^2\rho_2\rho_3$	0.0012	0.0017	0.0161
$\rho_0^2\rho_3\rho_1$	0.0012	0.0015	0.0161

数（対数尤度）の Hesse 行列を用いることが一般のデータ分析ではしばしば行われているため，その方法に倣って算出している[16]．

また，非線形最適化の際に初期値に対する依存性の問題がつきまとうため，ここでは以下のように対応した．まず，初期値の組み合わせについて様々なパターンを試し，デフォルト閾値 θ_g については各カテゴリにおいて，観測された実績デフォルト率 P に対して $\theta_i = \Phi^{-1}(P)$ として初期値と与えることにした．これは，実績デフォルト率の標準正規分布関数（t 分布 2 ファクターモデルでは自由度 7 の t 分布関数）の逆関数で与えた値から大きく離れた値を初期値とすると最適化の際に収束しないことが確認されたために行った措置であ

---

[16] 本研究では，標準誤差を MATLAB の fmincon 関数が算出した Hesse 行列の逆行列の対角成分の正の平方根で与えている．

4 t 分布 2 ファクターモデルを用いた中小企業 CLO のデフォルト依存関係の分析

表 4-5 日本公庫 CLO データに対する t 分布 2 ファクターモデルの最尤推定結果 カッコ内の数値は各推定値の標準誤差. また，[ ] 内の数値は AIC（赤池情報量規準）．

	地域	業種	企業規模
カテゴリ 1	大都市	製造業	20 百万円未満
カテゴリ 2	都市圏	卸・小売	20 百万円以上 40 百万円未満
カテゴリ 3	地方	その他	40 百万円以上
θ_1	-3.798 (0.75)	-4.694 (1.00)	-5.211 (1.00)
θ_2	-3.861 (0.62)	-3.607 (1.00)	-3.552 (1.00)
θ_3	-5.236 (0.84)	-4.818 (1.00)	-4.075 (1.00)
ρ_0	0.707 (1.00)	0.707 (1.00)	0.707 (1.00)
ρ_1	0.036 (1.00)	0.032 (1.00)	0.069 (1.00)
ρ_2	0.036 (0.88)	0.056 (1.00)	0.054 (1.00)
ρ_3	0.208 (0.96)	0.109 (1.00)	0.376 (1.00)
ν	6.91 (1.03)	6.94 (1.00)	7.88 (1.00)
対数尤度 [AIC]	-7.58 [31.2]	-8.41 [32.8]	-4.96 [25.9]
カテゴリ内相関平均	0.0153	0.0053	0.0497
ρ_1^2	0.0013	0.0010	0.0048
ρ_2^2	0.0013	0.0032	0.0029
ρ_3^2	0.0432	0.0118	0.1414
カテゴリ間相関平均	0.0027	0.0019	0.0083
$\rho_0^2 \rho_1 \rho_2$	0.0006	0.0009	0.0019
$\rho_0^2 \rho_2 \rho_3$	0.0037	0.0031	0.0101
$\rho_0^2 \rho_3 \rho_1$	0.0037	0.0017	0.0130

る．次に，t 分布を用いるモデルでは自由度 ν の水準を探るため，パラメータ ρ_g を 0.05～0.1 として自由度 ν を 3～30 の整数値をそれぞれ初期値として最適化したところ，地域および業種のカテゴリ区分では ν の初期値を 7 とした場合に，企業規模のカテゴリ区分では ν の初期値を 8 とした場合に最終的に最も対数尤度が高くなった．その一方で ν の初期値を 5 以下とした場合や 15 以上とした場合では収束しないことが確認された．そこで，この予備分析で対数尤度が最大となった整数値をそれぞれの区分での t 分布の自由度 ν の初期値とした．最後に，各モデルにおいて ρ_g の初期値を 0.01～0.4 までの範囲で与えて最適化したところ，地域および業種のカテゴリ区分では ρ_g の初期値を 0.01～0.10 にした場合，規模のカテゴリ区分では ρ_g の初期値を 0.1～0.15 にした場合に対数尤度が高くなり，その近辺から外れた初期値に対しては収束しないことが確認された．以上の手続きにより，各パラメータで最適化計算が収

束し，対数尤度が高くなる初期値の範囲がつかめたので，各パラメータの初期値を上述した範囲内になるように，初期値の組をさらに選び最適化を行い，最終的に最も対数尤度の高くなった組に対する最適化の数値解をパラメータの最尤推定値とすることにした[17]．

1ファクターモデルに対する推定結果は付録C節の表4-10，4-11を参照されたい．全体的に言えることは，正規分布か t 分布か，あるいは1ファクターか2ファクターかという違いによらず，相関の大きさはほぼ同じ傾向が示されていることである．例えば，カテゴリ区分を地域とした場合は，地方でのカテゴリ内相関が最も高く，大都市，都市圏では同じ水準となり，カテゴリ区分を業種とした場合，その他の業種でのカテゴリ内相関が最も高く，卸・小売業がそれに次ぎ，製造業が最も低い結果となった．

また，どのカテゴリ区分が有用であるかという点について対数尤度を比較すると，対数尤度はカテゴリ区分を企業規模とした場合が最も高く，地域による区分がそれに次ぎ，業種による区分で最も低くなっている．特に，企業規模が大きいカテゴリでのカテゴリ内相関 ρ_3^2 が相対的に高くなっていることが分かる．2009年上半期に比較的規模の大きい中小企業にデフォルトが集中して発生していたことがあり，そのことが企業規模の区分の大きいカテゴリでの相関が大きくなったことにつながっている可能性もある．

さらに，どのモデルが最良かということについてAICに注目して比較すると，t 分布1ファクターモデル（付録C節の表4-11）および正規分布2ファクターモデルはほぼ同様の水準で高いが，t 分布2ファクターモデルはAICがやや大きいことが確認される．このことは，AIC最小をモデル選択基準とする場合には，パラメータ数が最も多い t 分布2ファクターモデルが必ずしも最良とは主張できないことを示唆しているが，モデル選択基準については様々な議論があり，今後の課題としたい．

次に，パラメータの推定値について，表4-1で示した先行研究の資産相関の水準との比較が可能な，正規分布2ファクターモデルのカテゴリ内相関（正規

---

17) もちろん，このような手続きで求めた解が大域的な最適解を与えるという保証はない．しかしながら，初期値の与え方に対して注意を払っており，また解釈することが可能な推定結果が得られていることから，ある程度は信頼がおける推定結果であると判断する．

分布1ファクターモデルの資産相関と解釈できる）の推定値に注目する．表4-4のとおり正規分布2ファクターモデルのカテゴリ内相関は0.0017～0.0804となっており，先行研究の資産相関の推定値と近い水準にあることが確認される．特に，より詳しく橋下（2008），森平・瀬尾・佐藤（2008）および北野（2007）の資産相関の水準と本研究のカテゴリ内相関の水準を比較すると，(1) 地域によりカテゴリ区分した場合の資産相関は0.0017～0.0036，平均が0.0023で，橋下（2008）の結果（9地域区分で0.0125～0.025程度，平均は0.015程度）よりも低い水準であること，(2) 業種によりカテゴリ区分した場合の資産相関は0.0021～0.0044，平均が0.0030で，橋下（2008）の結果（中小企業の業種区分で0.010～0.020）および森平・瀬尾・佐藤（2008）の結果（0.005329（卸売業）～0.011236（小売業））よりも低い水準であること (3) 企業規模区分の資産相関については0.0129～0.0804，平均が0.0354で，橋下（2008）（中小企業で0.015）や北野（2007）（0.0016～0.0234程度）の結果と比較的近い水準となることが確認された．企業規模別にみると資産相関は規模の大きい企業で大きく，規模の小さい企業では小さい傾向があることは，企業規模が小さいほど資産相関が小さいという両先行研究の結果と整合的である．

また，橋本（2008）の結果と同様に，両モデルの結果とも地域，業種，企業規模それぞれの区分についてカテゴリ間で資産相関のばらつきがあることが認められ，与信ポートフォリオのリスク評価の際にグローバルファクターのみで一律の資産相関を適用することは必ずしも適当ではないことを示唆している．

こうした結果の背景については，次のような仮説が考えられる．まず，業種および地域によるカテゴリ区分において資産相関が小さくなったのは，橋下（2008）や森平・瀬尾・佐藤（2008）がカテゴリを7～8に分けている[18]のに対して，本研究ではサンプル数の制約からいずれも3カテゴリにしか分けてお

---

18) 橋下（2008）では，地域を，北海道東北地方，関東甲信越地方，北陸地方，中部地方，近畿地方，中国地方，四国地方，九州沖縄地方，業種を，農林漁鉱業，建設業，製造業，卸売小売業飲食店，金融保険業，不動産業，運輸通信電気ガス等，サービス業とそれぞれ8カテゴリに分けている．また，森平・瀬尾・佐藤（2008）では業種を，製造業，建設業，不動産業，卸売業，小売業，サービス業，その他の7カテゴリに分けている．

らず，そのために本来区分すべき業種等を同じカテゴリにしていることも一因であると考えられる．一方，企業規模によるカテゴリ区分については，橋下 (2008) が 3 カテゴリ，北野 (2007) が 4 カテゴリであり，本研究も同じ程度の区分となっている．そして，企業規模が大きい場合には，その企業の業況はグローバルファクターやカテゴリ内共通ファクター（例えば，国内の経済環境や金融環境，あるいは，その企業が属する業種・地域等の業況）の影響を受けやすくなる．実際，企業情報ベンダーの統計資料でも，2008 年下期以降の急激な景気悪化局面で，国内中小企業においては資本金 50 百万円以上の規模の大きな企業群でのデフォルト件数が資本金規模の小さな層に比べても大きく上昇している．一方，企業規模が小さくなると，その企業の業況は個社ごとの事情に左右される度合いが高まると考えられる．

次に，t 分布 2 ファクターモデルの自由度パラメータ ν の推定値をみると，いずれのカテゴリ区分においても 6~8 前後となっている．正規分布を示す $\nu=\infty$ からはかなり離れた結果であり，実際の中小企業 CLO ポートフォリオの損失分布は正規分布 2 ファクターモデルが想定する損失分布よりも裾の厚い（ファットテール性のある）ものになる可能性が示された．

しかし，ファットテール性に寄与するもう 1 つのパラメータ ρ の推定値は各カテゴリ区分でみると，その大小関係の傾向は両モデルで同様であるものの，t 分布 2 ファクターモデルよりも正規分布 2 ファクターモデルの方が ρ_1, ρ_2 では高くなっており，先行研究のように ρ が一定の下で自由度 ν だけ低下するという結果にはなっていない．そこで，本節で得られた自由度パラメータと相関関係のバランスについて，次項においてモンテカルロ・シミュレーションによって得られる損失分布を通じて確認することとする．

4.2 既発行 CLO に対する損失分布シミュレーション分析の結果

本研究では，日本公庫 CLO 13 案件のうち，地域金融機関平成 18 年 9 月 CLO および 19 年 6 月 CLO 並びに地域金融機関 CLO シンセティック型（株式会社たんぽぽ 2007）について，前項で得られたパラメータ推定値を代入した正規分布 2 ファクターモデルおよび本研究で提案する t 分布 2 ファクターモデルを用いて，3.3 項で述べた方法でモンテカルロ・シミュレーションにより

表 4-6　分析対象とした日本公庫 CLO の概要

地域金融機関平成 18 年 9 月 CLO および平成 19 年 6 月 CLO はキャッシュ（債権譲渡）方式で期間は 5 年，地域金融機関 CLO シンセティック型（株式会社たんぽぽ 2007）は期間が 3 年である．

	18 年 9 月 CLO	19 年 6 月 CLO	たんぽぽ 2007
債権元本総額	12,053 百万円	13,488 百万円	30,484 百万円
債務者数	338 社	355 社	1,190 社
原債権の平均年限	約 2.6 年	約 2.6 年	約 1.56 年
優先トランシェ 格付け （信用補完率）	10,500 百万円 Aaa (12.9%)	11,900 百万円 Aaa (11.8%)	26,900 百万円 Aaa (11.8%)
メザニントランシェ 格付け （信用補完率）	250 百万円 A 3 (10.8%)	180 百万円 A 3 (10.4%)	480 百万円 A 2 (10.2%)
信託設定日	2006 年 9 月 27 日	2007 年 6 月 28 日	2007 年 2 月 28 日
予定償還日	2011 年 10 月 17 日	2012 年 7 月 17 日	2010 年 4 月 30 日

損失分布を算出する．

　これらの案件の概要は表 4-6 のとおりである．この 3 案件は，他の案件に比べて実績累積デフォルト率が非常に高くなっており，うち 2 案件（18 年 9 月 CLO および 19 年 6 月 CLO）では大幅な格下げも起きていて，投資家からも多くの質問が寄せられている特徴的な案件である．

　また，シミュレーションの設定としては以下の 4 通りの組み合わせをそれぞれ試行し，裏付け資産プールの損失分布に関する VaR 値や，得られた損失状況について各トランシェの上下限で切り分けて求めたトランシェごとの期待損失率を表 4-3 に基づいて変換して得られる推定格付けについて考察する．

　カテゴリ区分を「地域」とする正規分布 2 ファクターモデル（「地域×正規」）
　カテゴリ区分を「地域」とする t 分布 2 ファクターモデル（「地域×t」）
　カテゴリ区分を「企業規模」とする正規分布 2 ファクターモデル（「規模×正規」）
　カテゴリ区分を「企業規模」とする t 分布 2 ファクターモデル（「規模×t」）
　「地域×正規」に対するシミュレーションを行うのは，格付け会社が債務者の地域もしくは業種の集中に配慮しながら正規コピュラモデルを使用して中小

企業CLOの格付けを行っていると公表していることに着目して，ある程度は格付け会社の評価に近い結果が出ることを期待したことが理由である．同じカテゴリに対してモデルのアウトプットの違いをみるために，「地域×t」についてもシミュレーションを行う．

また，前項のパラメータ推定においていずれのモデルでも「企業規模」によるカテゴリ区分の場合に，対数尤度が最大（AICが最小）であったことから，「規模×正規」および「規模×t」についてシミュレーションを行う．

ただし，このシミュレーションによる損失分布の分析は，上記3案件を含むデフォルト実績データを用いてパラメータ推定をしておいて，各3案件の組成時点まで遡ってリスク評価を企図するものである．その意味で事後的な分析であり，フォワード・ルッキングなリスク評価や実際の格付けの妥当性についての議論に結びつけるには注意が不可欠である．

しかし，事後的であって，なおかつ特徴的な3案件に対してだけであったとしても，t分布2ファクターモデルが正規分布2ファクターモデルと異なるリスク評価を与えること，または同じモデルであってもカテゴリ区分の違いによってリスク評価の差があることが確認できれば，t分布2ファクターモデルについて考える意義が十分にあるものと考える．

4.2.1　地域金融機関平成18年9月CLOおよび平成19年6月CLOの分析結果

地域金融機関平成18年9月CLOおよび平成19年6月CLOのこれまでの累積実績デフォルト率は図4-5のとおりで，両案件ともに当初の想定を大きく上回るデフォルトが発生している（年率換算で3%前後）．このペースでデフォルトが発生し続けると信用補完となっている劣後受益権部分を超過して優先およびメザニン受益権に棄損が及ぶ可能性がある．このため，両受益権は，2009年1月に1～2ノッチ，さらに2009年5月末には再度格下げされて，2009年11月現在では，優先受益権がシングルAクラスに，メザニン受益権はトリプルBクラスになっている[19]．

損失分布のシミュレーション結果に基づく期待損失率および分布の上裾部分の厚みを示すVaR値（いずれも，裏付け資産プールに関して当初原債権金額に対する満期までの累積デフォルト損失額の比率）に関して，平成18年9月CLOについては表4-8の上段，平成19年6月CLOについては表4-8の中段

4 *t* 分布 2 ファクターモデルを用いた中小企業 CLO のデフォルト依存関係の分析   149

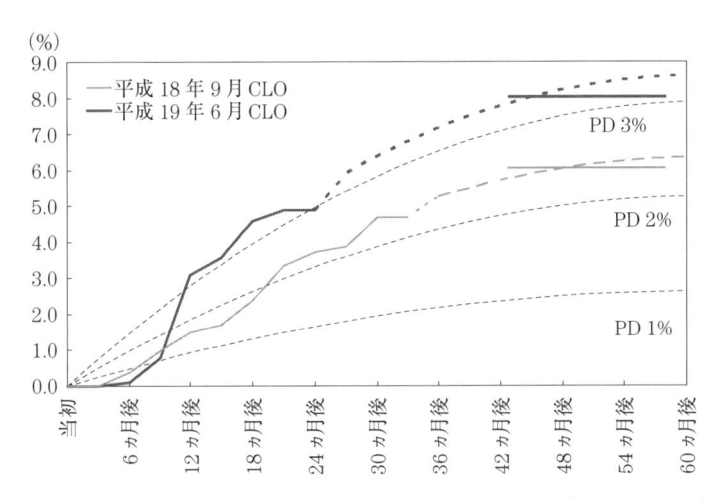

図 4-5 18 年 9 月 CLO および 19 年 6 月 CLO における累積デフォルト率の推移

横軸に組成からの経過月数,縦軸に累積実績デフォルト率をプロットしている.両案件で当初想定を大きく上回るデフォルトが発生している.横線は 2009 年 3 月時点のメザニン受益権の信用補完率で,現状ペースでデフォルトが続くと(点線)同受益権は棄損の可能性がある.

---

19) 以下のとおり,本節において損失分布や格付けを推定する平成 18 年 9 月 CLO および平成 19 年 6 月 CLO 以外の案件については,優先部分については当初の AAA を維持している.
　平成 18 年 9 月 CLO:優先受益権 AA+ → A,メザニン受益権 A+ → BBB+
　平成 19 年 6 月 CLO:優先受益権 AA → A−,メザニン受益権 A → BBB
　平成 19 年 9 月 CLO:優先受益権 AAA → AAA,メザニン受益権 AA− → A+
　平成 19 年 12 月 CLO:優先受益権 AAA → AAA,メザニン受益権 AA → AA
　平成 20 年 3 月 CLO:優先受益権 AAA → AAA,メザニン受益権 AA− → A+
　(R&I　2009 年 5 月 29 日付 NEWS RELEASE より)
　また,ムーディーズは,平成 18 年 9 月 CLO について大幅な格下げの後,次のとおり若干の格上げを行っている.
　優先受益権:A3 を A1 に格上げ(前回の格付けアクション:2009 年 4 月 30 日,Aa1 格下げ方向で見直しを A3 に格下げ)
　メザニン受益権:B2 を Ba2 に格上げ(前回の格付けアクション:2009 年 4 月 30 日,Baa2 格下げ方向で見直しを B2 に格下げ)
　(ムーディーズ 2009 年 11 月 13 日付「地域金融機関平成 18 年 9 月 CLO を格上げ」より)

にまとめている．特に，「規模×正規」および「規模×t」に対しては，累積デフォルト損失率に関するヒストグラムおよび分布の上裾部分を拡大したものを図でも表している．平成18年9月CLOについては図4-7の上段，平成19年6月CLOについては図4-7の中段のとおりである．これらの図から，累積デフォルト損失率の分布の上裾部分の形状，ならびにVaR値の結果をみると，80% VaR近辺で「規模×t」に対する損失が「規模×正規」に対する損失を超えており，t分布2ファクターモデルの裾の厚さが確認できる．

また，各シミュレーションによって得られた優先および劣後受益権の期待損失率に基づく推定格付けは，平成18年9月CLOについては表4-9の上段，平成19年6月CLOについては表4-9の中段にまとめている．

シミュレーションによるリスク評価の結果を端的にみるために推定格付けに注目すると，「地域×正規」では，優先受益権については，両案件とも実際の当初格付けと同じAaaであった．一方，メザニン受益権についての推定格付けは，平成18年9月CLOでA2（実際はA3），平成19年6月CLOではA1（実際はA3）であった．次に，「地域×t」では，優先受益権については，両案件とも実際の当初格付けよりも1ノッチ下のAa1に，メザニン受益権については，当初格付けよりも3ノッチ下でBaa3になり，実際の格付けよりもやや保守的な結果となっている．

また，「規模×正規」に基づく推定格付けは，優先受益権については両案件とも実際の格付けAaaよりも3ノッチ下のAa3が，「規模×t」に基づく推定格付けは両案件ともさらに2ノッチ下のA2が得られている．また，メザニン受益権については，「規模×正規」「規模×t」の双方で投資不適格（Baa3未満）となっている．

当初トリプルAを得ていた両案件の優先受益権が2009年1月から5月の間に数度格下げされ，2009年11月現在でシングルAクラスとなっていることを勘案すると，「規模×t」の組合せに基づく推定格付けは，実際のCLOポートフォリオの信用リスク状態に整合的であると考えられる．別の見方をすると，「規模×t」の組合せによる損失分布を基準としてAaaを取得するには，実際のトランチングの3.2倍（18年9月CLO）〜3.4倍（19年6月CLO）の信用補完水準が本来は必要であったと試算されている．

4 t 分布2ファクターモデルを用いた中小企業CLOのデフォルト依存関係の分析

いずれのカテゴリ区分でも t 分布2ファクターモデルの方が正規分布2ファクターモデルよりも明らかに保守的なリスク評価を与えているのは，ファットテール性または裾依存性が寄与している可能性が高いと考えられる．また，「企業規模」カテゴリ区分の方が保守的な評価を与えているのは，現下のような強いストレス下で，借入金額が比較的多い企業規模の大きい層にデフォルトが集中して，金額ベースでの損失率が件数ベースの損失率よりも大幅に高くなった推定結果がそのまま反映しているためと推察される．しかし，格付け会社が主に注目している地域や業種カテゴリ以外のカテゴリ区分が，リスク評価に有効となりうることを示唆しているとみなすことはできると考える．

以上をまとめると，「規模×t」の組み合わせについては，18年9月CLOおよび19年6月CLOのデータ分析期間におけるポートフォリオの毀損状況に整合している結果が得られた一方で，それ以外の組み合わせに対する結果は同期間内のポートフォリオの毀損状況とは整合していないことがうかがえる．事後的かつ限られたサンプルに対する分析に基づく考察であるので一般的な断定はできないが，ファクターの分布だけでなくカテゴリ区分の与え方も，ポートフォリオのデフォルトリスク計測において重要となると考えられる．

これらの結果をふまえて，各設定における損失分布についての考察を表4-7にまとめた．

表 4-7　設定ごとの債権プール損失分布の裾の厚さの比較

			ファクター分布	
			正規分布	t 分布
			分布の裾部分で依存性が弱まり0に近づく	正の裾の依存性をもつ
カテゴリ区分	地域	いずれかの地域内での相関が高くても，金額面での集中にはそれほどつながらない	債権プールの損失分布の裾が最も薄い（格付け会社が採用）	債権プールの損失分布の裾が厚い
	規模	規模の大きなカテゴリ内での相関が高かった場合には，金額面での集中の影響が大きい	債権プールの損失分布の裾がやや厚い	債権プールの損失分布の裾が最も厚い（本研究で提案）

4.2.2 地域金融機関 CLO シンセティック型（株式会社たんぽぽ 2007）の分析結果

地域金融機関 CLO シンセティック型（株式会社たんぽぽ 2007）についても，図 4-6 のとおりデフォルトが年率 3% を超える水準で発生している．しかし，原債権の平均年限が 1.56 年と短いことから信用補完水準には相当の余裕がある．

同 CLO についての損失分布シミュレーション結果に基づく裏付け資産プールの期待損失率および VaR 値は，表 4-8 の下段にまとめている．また，「規模×正規」および「規模×t」に基づく累積デフォルト損失率に関するヒストグラムおよび分布の上裾部分を拡大したものを図 4-7 の下段に表している．この図から，累積デフォルト損失率の分布の上裾部分の形状，ならびに VaR 値をみると，t 分布 2 ファクターモデルの裾の厚さが確認できる．しかし，「規模×t」に対する損失が「規模×正規」に対する損失を超えるのは 99.9% VaR 近辺であり，前の 2 案件と比べると裾部分での差異は少ない．

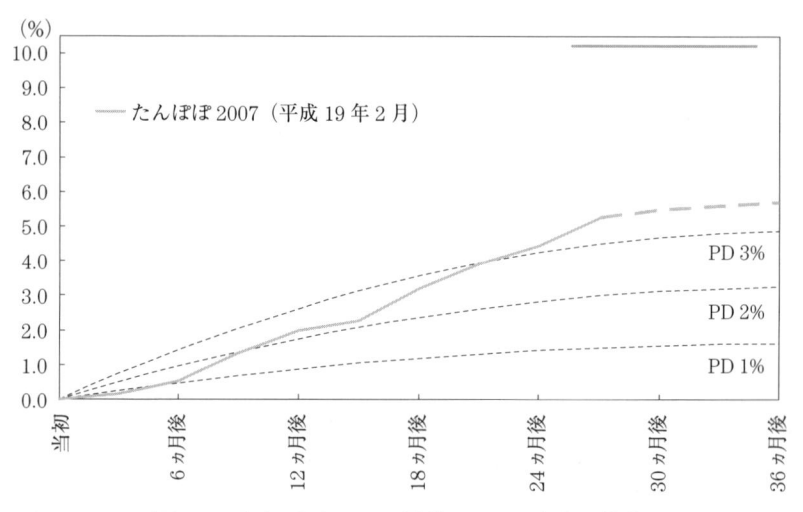

図 4-6 たんぽぽ 2007 の累積デフォルト率の推移

原債権の貸付年限：3 年．横軸に組成からの経過月数，縦軸に累積デフォルト率をプロットしている．原債権は期中均等償還されるため，期間 3 年の 1～3% のデフォルトカーブを記載している．横線は 2009 年 3 月時点のメザニン受益権の信用補完率であり，現状ペースでデフォルトが続いても（点線）同受益権についてはまったく棄損の可能性はない．

4 t 分布 2 ファクターモデルを用いた中小企業 CLO のデフォルト依存関係の分析   153

表 4-8 各 CLO に対して，表 4-4, 4-5 の「地域」および「企業規模」区分で推定した両モデルのパラメータ値を用いて，100 万回のモンテカルロ・シミュレーションによって求めた原債権の損失分布の期待損失および VaR 値の比較

表中の値は累積デフォルト損失額（上段）当初原債権金額に対する満期までの累積デフォルト損失率（中段）およびその年率換算値（下段）．

◆ 18 年 9 月 CLO

	モデル	期待損失	80% VaR	90% VaR	95% VaR	99% VaR	99.9% VaR
地域	正規分布2ファクターモデル	751 百万円 6.23% (2.27%)	885 百万円 7.34% (2.67%)	963 百万円 7.99% (2.90%)	1,029 百万円 8.54% (3.10%)	1,159 百万円 9.61% (3.50%)	1,309 百万円 10.86% (3.95%)
地域	t 分布2ファクターモデル	751 百万円 6.23% (2.27%)	910 百万円 7.55% (2.74%)	1,014 百万円 8.41% (3.06%)	1,109 百万円 9.20% (3.35%)	1,320 百万円 10.95% (3.98%)	1,666 百万円 13.82% (5.03%)
借入規模	正規分布2ファクターモデル	593 百万円 4.92% (1.79%)	799 百万円 6.63% (2.41%)	965 百万円 8.00% (2.91%)	1,120 百万円 9.29% (3.38%)	1,463 百万円 12.14% (4.41%)	1,918 百万円 15.91% (5.79%)
借入規模	t 分布2ファクターモデル	594 百万円 4.92% (1.79%)	789 百万円 6.55% (2.38%)	985 百万円 8.17% (2.97%)	1,195 百万円 9.91% (3.60%)	1,765 百万円 14.64% (5.32%)	2,841 百万円 23.57% (8.57%)

◆ 19 年 6 月 CLO

	モデル	期待損失	80% VaR	90% VaR	95% VaR	99% VaR	99.9% VaR
地域	正規分布2ファクターモデル	779 百万円 5.78% (2.10%)	924 百万円 6.85% (2.49%)	1,009 百万円 7.48% (2.72%)	1,081 百万円 8.02% (2.92%)	1,223 百万円 9.07% (3.30%)	1,390 百万円 10.31% (3.75%)
地域	t 分布2ファクターモデル	780 百万円 5.79% (2.10%)	957 百万円 7.09% (2.58%)	1,074 百万円 7.96% (2.90%)	1,181 百万円 8.76% (3.18%)	1,420 百万円 10.53% (3.83%)	1,825 百万円 13.53% (4.92%)
借入規模	正規分布2ファクターモデル	615 百万円 4.56% (1.66%)	828 百万円 6.14% (2.23%)	999 百万円 7.41% (2.69%)	1,161 百万円 8.61% (3.13%)	1,516 百万円 11.24% (4.09%)	1,996 百万円 14.80% (5.38%)
借入規模	t 分布2ファクターモデル	614 百万円 4.56% (1.66%)	815 百万円 6.04% (2.20%)	1,016 百万円 7.53% (2.74%)	1,229 百万円 9.11% (3.31%)	1,798 百万円 13.33% (4.85%)	2,892 百万円 21.44% (7.80%)

◆ たんぽぽ 2007

	モデル	期待損失	80% VaR	90% VaR	95% VaR	99% VaR	99.9% VaR
地域	正規分布2ファクターモデル	1,199 百万円 3.93% (2.25%)	1,427 百万円 4.68% (2.67%)	1,581 百万円 5.18% (2.96%)	1,720 百万円 5.64% (3.22%)	2,014 百万円 6.61% (3.78%)	2,392 百万円 7.85% (4.48%)
地域	t 分布2ファクターモデル	1,194 百万円 3.92% (2.24%)	1,393 百万円 4.57% (2.61%)	1,527 百万円 5.01% (2.86%)	1,651 百万円 5.42% (3.09%)	1,938 百万円 6.36% (3.63%)	2,441 百万円 8.01% (4.58%)
借入規模	正規分布2ファクターモデル	939 百万円 3.08% (1.76%)	1,183 百万円 3.88% (2.22%)	1,361 百万円 4.47% (2.55%)	1,526 百万円 5.00% (2.86%)	1,879 百万円 6.16% (3.52%)	2,350 百万円 7.71% (4.41%)
借入規模	t 分布2ファクターモデル	941 百万円 3.09% (1.76%)	1,152 百万円 3.78% (2.16%)	1,308 百万円 4.29% (2.45%)	1,458 百万円 4.78% (2.73%)	1,815 百万円 5.96% (3.40%)	2,467 百万円 8.09% (4.62%)

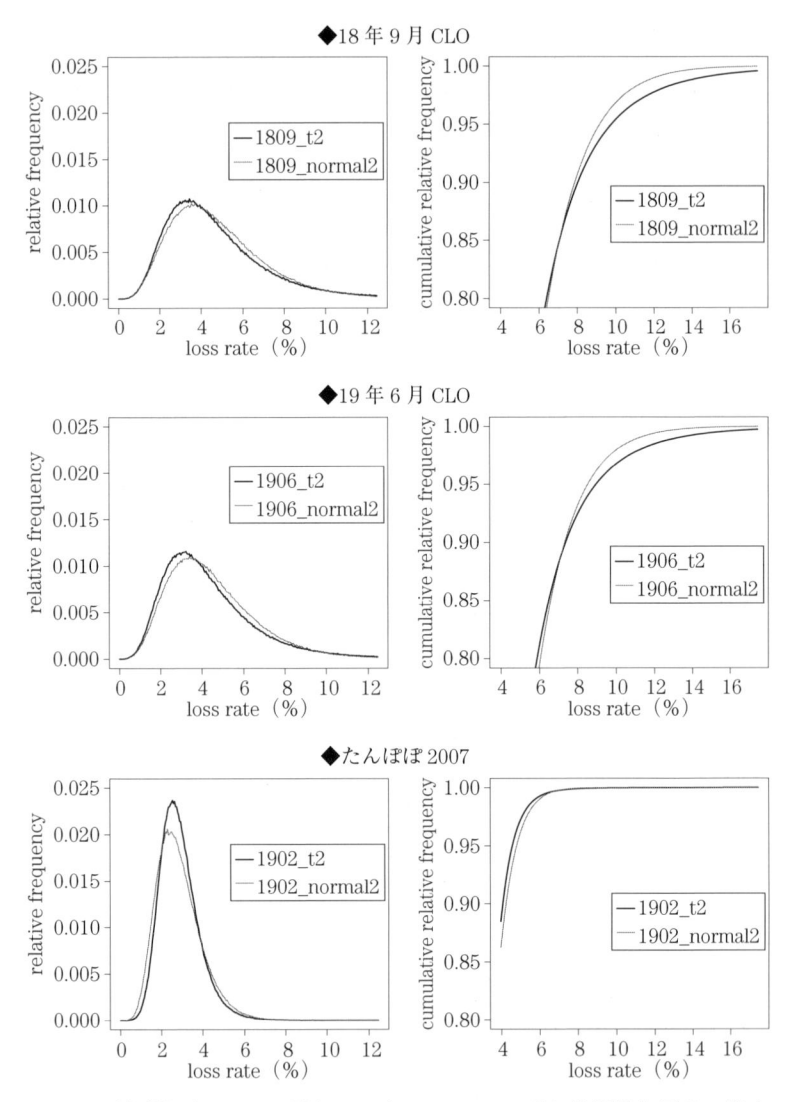

図 4-7 （左側）各 CLO に対して，表 4-4, 4-5 の「企業規模」区分で推定した両モデルのパラメータ値を用いて，100 万回のモンテカルロ・シミュレーションによって求めた当初原債権金額に対する満期までの累積デフォルト損失率の相対頻度ヒストグラム（0.05％ごとに階級を設定）／右側）上裾部分の累積相対度数（いずれも正規分布2ファクターモデル（細線）および t 分布2ファクターモデル（太線））．

また，各シミュレーションによって得られた優先およびメザニン受益権の期待損失率に基づく推定格付けは，表 4-9 の下段にまとめている．

推定格付けに注目すると，「地域×正規」では，優先受益権については実際の当初格付け Aaa に一致し，メザニン受益権についての推定格付けは A1（実際は A2）と 1 ノッチの差はあるが，実際の当初格付けも両モデルの推定格付けもシングル A という評価が得られている．「地域×t」では，優先受益権，メザニン受益権ともに当初格付け（それぞれ Aaa，A2）と一致した．

さらに，「規模×正規」および「規模×t」に対しては，優先受益権についてもメザニン受益権についても実際の当初格付け（それぞれ Aaa および A2）と一致した結果が得られている．

たんぽぽ 2007 に関しては，組成から 2 年半たった現時点でも格付けの見直しは行われておらず，2 ファクターモデルで分析した結果はいずれの組合せにおいても現状のデフォルト状況と整合的であることが示唆されている．この結果は，18 年 9 月 CLO および 19 年 6 月 CLO に対する分析において「規模×t」が保守的なリスク評価を与えていたこととは対照的であり，「規模×t」の組合せが必ずしも保守的なリスク評価を与えるわけではないことを表している．

また，一般的な言及はできないものの，今回取り上げなかった残りの案件についてはメザニン毀損可能性がたんぽぽ 2007 と同程度かそれより低いより状況であることを考えると，いずれの組合せのシミュレーション分析においてもたんぽぽ 2007 と同様の結果が得られると推察される．実際，詳細は割愛するが，前 3 案件とは対照的に，特に波乱なく 2008 年 4 月に全受益権が満期を迎えて全額償還された第 1 回地域金融機関 CLO[20] について，前述した 4 つの組合せのシミュレーション分析をしたところ，優先受益権については全組合せで実際の当初格付けと同じ Aaa が推定された．一方，メザニン受益権の推定格付けは，「地域×正規」では Aaa，「地域×t」では Aa1，「規模×正規」では

---

[20] 債権元本総額 10,353 百万円，債務者数 309 社，原債権の平均年限約 1.63 年，優先トランシェ 8,400 百万円（当初格付け AAA，信用補完率 18.9％），メザニントランシェ 250 百万円（当初格付け A1，信用補完率 16.4％），信託設定日 2005 年 3 月 22 日，予定償還日 2008 年 4 月 15 日．

表 4-9 各 CLO に対する当初格付けと本研究両モデルによる CLO の評価

優先およびメザニントランシェの想定格付けは，ムーディーズの「理想化された期待損失テーブル」（表 4-3）とシミュレーションで算出した累積期待損失率を比較して試算している．毀損回数は 100 万回の試行のうち累積損失が対象トランシェまで及んだ回数を表す．また，当初格付け欄に記載した累積期待損失率は，同テーブルを基に各当初格付けを得るために要求される期待損失率の上限である．

◆18年9月CLO		優先受益権		メザニン受益権	
		累積期待損失率 (毀損回数)	想定格付け	累積期待損失率 (毀損回数)	想定格付け
当初格付け		[0.00033%以下]	[Aaa]	[0.1691%以下]	[A3]
地域	正規分布 2ファクター	0.00001% (16)	Aaa	0.06224% (3,203)	A2
地域	t 分布 2ファクター	0.00275% (1,444)	Aa1	0.63967% (18,546)	Baa3
借入規模	正規分布 2ファクター	0.01193% (6,320)	Aa3	1.51030% (29,062)	投資不適格
借入規模	t 分布 2ファクター	0.06328% (15,136)	A2	2.65857% (43,562)	投資不適格

◆19年6月CLO		優先受益権		メザニン受益権	
		累積期待損失率 (毀損回数)	想定格付け	累積期待損失率 (毀損回数)	想定格付け
当初格付け		[0.00033%以下]	[Aaa]	[0.1691%以下]	[A3]
地域	正規分布 2ファクター	0.00004% (88)	Aaa	0.04730% (1,382)	A1
地域	t 分布 2ファクター	0.00731% (4,503)	Aa2	0.83184% (14,192)	Baa3
借入規模	正規分布 2ファクター	0.01500% (8,657)	Aa3	1.34379% (19,538)	投資不適格
借入規模	t 分布 2ファクター	0.06832% (19,486)	A2	2.53904% (32,629)	投資不適格

◆たんぽぽ2007		A 号無担保社債		B 号無担保社債	
		累積期待損失率 (毀損回数)	想定格付け	累積期待損失率 (毀損回数)	想定格付け
当初格付け		[0.00008%以下]	[Aaa]	[0.03038%以下]	[A2]
地域	正規分布 2ファクター	0.00000% (0)	Aaa	0.01099% (1,488)	A1
地域	t 分布 2ファクター	0.00003% (12)	Aaa	0.02158% (1,600)	A2
借入規模	正規分布 2ファクター	0.00000% (0)	Aaa	0.02436% (2,830)	A2
借入規模	t 分布 2ファクター	0.00004% (14)	Aaa	0.02673% (1,535)	A2

Aa1,および「規模×t」ではAa3となり,いずれも当初格付け(A1)と比べると楽観的な結果が得られている.

5 ま と め

本研究では,北野(2007)による正規分布2ファクターモデルおよび本研究で提案するt分布2ファクターモデルに基づいて,日本公庫CLO案件の実績データの分析を行った.このうち,t分布2ファクターモデルは先行研究をふまえ,カテゴリ区分という観点を導入できるという2ファクターモデルの特性と,ファットテール性および潜在変数間の裾依存性を有するt分布ファクターモデルの特性の両方を取り込めることを期待して,新たに提案したものである.

まず,2ファクターモデルのカテゴリ区分をどの属性に基づいて行うべきであるか,という点では,日本公庫CLOのデータを用いたパラメータ推定の結果,正規分布とt分布をベースとするいずれのモデルにおいても,「企業規模」によるカテゴリ区分で尤度が最大となった.また,t分布2ファクターモデルのファットテール性を支配する自由度パラメータνの推定結果はいずれのカテゴリ区分でも6〜8程度となった.t分布2ファクターモデルは$\nu=\infty$として正規分布2ファクターモデルを包含しており,この結果は現実のデフォルト依存関係は,資産相関の意味において正規分布が想定するよりもファットテール性が十分に大きいことを示唆している.

AICを基準とした場合,t分布2ファクターモデルは,正規分布2ファクターモデルに劣る結果にはなり,統計的にt分布2ファクターモデルが有効であると主張はできないことには注意しておく.しかし,本研究の段階では,推定に用いたサンプル数が不十分である可能性や最適化についての技術が洗練されていないこともあり,データおよび推定技術の面での今後の改善の結果次第でt分布2ファクターモデルの適合度も改善する可能性はあると考える.

次に,13件の日本公庫CLOのうち,デフォルトが集中的に発生している3つの案件に対してシミュレーションを行い,裏付け資産プールの損失分布を分析した.そして,その分析結果を端的にみるため,得られた損失状況について

各トランシェの上下限で切り分けて求めたトランシェごとの期待損失率を，ムーディーズが公表しているテーブルで対応づけた格付けに注目した．

「企業規模」によるカテゴリ区分を用いた t 分布 2 ファクターモデルに基づくシミュレーション結果においては，実績デフォルト率が高まり上位トランシェの償還可能性までが懸念されている案件について，他のカテゴリ区分と分布の組み合わせによるシミュレーション結果よりも保守的で，なおかつ実際のデフォルト発生状況と整合的な格付けが推定された．この結果はパラメータ推定結果も含めて，ファットテール性および潜在変数間の裾依存性を有する t 分布ファクターモデルの性質が影響しているものと推察される．また，カテゴリ区分の選択によって結果に大きな影響が及ぶ可能性があることを示唆されていると考えられる．

一方で，実績デフォルト率が現実に高い CLO 案件であっても，上位トランシェにまで毀損の及ぶ可能性の少ない案件について（さらには，特に波乱なく満期を迎え CLO 全額償還された案件についても）分析した結果，「企業規模」と t 分布 2 ファクターモデルの組み合わせがいたずらに保守的な評価を与えるというわけではないことも確認された．

「企業規模」と t 分布 2 ファクターモデルの組み合わせは，格付け会社が援用していると公表している，債務者の地域もしくは業種の集中に配慮した正規コピュラモデルとは異なる新しいモデルであると言える．事後的な情報を使い，なおかつ限られた案件に対する分析であることに留意が必要であるが，「企業規模」と t 分布 2 ファクターモデルの組み合わせが実際の当初格付けより相当に保守的なリスク評価を与えたという点は注目に値する．したがって，一般的な主張はできないが，保守的なリスク計測が求められる格付け会社や金融機関にとって t 分布 2 ファクターモデルは有望であり，同時に適当なカテゴリ区分を与えることが重要であると考えられる．

今後の課題としては以下の点が挙げられる．まず，国内 CLO は 2000 年 3 月の東京都 CLO から始まったもので歴史が浅く，情報開示が十分でない案件も少なくないことから，欧米の先行研究と比べて母集団およびデフォルトのサンプル数が少ない．そのため，本研究ではパラメータが時間変化するという視点に立てていない．また，実証モデルもカテゴリを 3 区分に限定している．こ

れらについては，CLO の継続的な発行や情報開示の広がりによってデータが蓄積されていくことで改善が期待される．

また，モデルのさらなる改善のために，今回推定されたパラメータによる各 CLO の損失分布と，各 CLO が満期に至ったときの事後損失やデフォルト発生状況と比較していくことも必要であると考える．

付録 A　スコアリングモデル
CRD（Credit Risk Database 中小企業信用リスク情報データベース）

中小企業金融の円滑化を図るべく，金融機関や投資家が中小企業の信用リスクについて信頼性の高い財務指標に基づく定量的評価を行うことを企図して，経済産業省・中小企業庁の主導により平成 13 年 3 月に構築された情報インフラ．信用保証協会や金融機関会員が有する取引先中小企業の財務データ・非財務データ及びデフォルトデータを収集し，スコアリングモデルの開発や各種サービスの提供により，会員の審査業務の効率化や信用リスク管理の高度化，取引先中小企業の経営支援などをサポートしている．なお「デフォルト」の定義は，3 カ月以上の延滞先，実質破綻先・破綻先および信用保証協会の代位弁済先を示す (CRD 協会のウェブサイト http://www.crd-office.net/CRD/index2.htm)．

RDB 中小企業クレジット・モデル

日本の中小零細企業を対象とするスタンダード＆プアーズと日本リスク・データ・バンクの共同開発による信用リスク評価モデル．金融機関・地方公共団体を除く全業種，非上場企業に対応する．モデルは，日本リスク・データ・バンクの会員から拠出されたデータを基礎として，日本リスク・データ・バンクが構築し，スタンダード＆プアーズがモデル・パフォーマンスの評価分析を行ったもの．「デフォルト」の定義は，3 カ月以上の延滞先，破綻懸念先，実質破綻先・破綻先および保証協会の代位弁済先である．

リスクカルク日本版

リスクカルクはムーディーズ KMV 社の商品である．「デフォルト」の定義は，90 日間の支払い遅延，倒産，金融機関内での破綻懸念先への分類，償却である．詳しくは，「Moody's RiskCalc™ For Private Companies：Japan

(December 2001)」(日本語訳「ムーディーズ・リスクカルク非上場企業日本版（2002 年 2 月）」) を参照のこと．

付録 B　ファクターモデルの裾依存性について

ファクターモデルでデフォルトリスクの依存性を問題にする場合には，ファクターの値がある閾値を下回るというデフォルトの定義から，比較する 2 変数の分布全体での依存関係よりも分布の下裾部分での依存関係の強さが重要になると考えられる．

ここではまず，裾依存 (tail dependence) 係数についての定義と知られている性質をまとめ，double-t コピュラモデル（1 次元 t 分布ファクターモデル）の裾依存性についての関連研究を紹介する．

一般に 2 つの確率変数 X, Y の周辺分布関数をそれぞれ F_X, F_Y（いずれも逆関数が存在すると仮定）とするとき，

$$\lambda_u := \lim_{q \uparrow 1} P(Y > F_Y^{-1}(q) | X > F_X^{-1}(q))$$

$$\lambda_l := \lim_{q \downarrow 0} P(Y \leq F_Y^{-1}(q) | X \leq F_X^{-1}(q))$$

で定義される λ_u, λ_l を（極限が存在すれば）それぞれ上裾依存係数および下裾依存係数と呼ぶ．いずれも 1 に近いほど依存性が強く，0 に近いほど弱いとみなすことができる．

正規コピュラの場合は相関パラメータ ρ が 1 より小さければ $\lambda_u = \lambda_l = 0$ であることが知られている．また，2 変量 t コピュラの場合は，自由度を ν, 相関パラメータを ρ とするとき，$\lambda_u = \lambda_l = 2T_\nu\left(-\sqrt{\dfrac{(\nu+1)(1-\rho)}{1+\rho}}\right)$ と表され，$\rho > -1$ のときには両裾で同程度に正の裾依存性をもつことが知られている（詳細は，McNeil et al. (2005) の 5.3 節を参照のこと）．

2.1.3 で触れた Burtschell et al. (2009) では，double-t コピュラモデルについて，潜在変数 V_i が，$\rho \geq 0$ および，それぞれ自由度 ν_Y, ν_Z の t 分布に従い，独立である共通ファクター Y および個別ファクター Z_i を用いて

$$V_i = \rho \sqrt{\frac{\nu_Y - 2}{\nu_Y}} Y + \sqrt{1 - \rho^2} \sqrt{\frac{\nu_Z - 2}{\nu_Z}} Z_i$$

と表現されるモデルを考えている（V_i の標準偏差を1にするために，$\sqrt{\dfrac{\nu_*-2}{\nu_*}}$ が掛けられている点が，我々のモデルと異なっていることに注意する）．そして，Malevergne and Sornette (2004) の結果を用いて，$\nu_Y=\nu_Z$ のとき，このモデルの「裾依存係数」は

$$\lambda_u=\lambda_l=\dfrac{1}{1+\left(\dfrac{\sqrt{1-\rho^2}}{\rho}\right)^{\nu_Y}} \tag{10}$$

で与えられるとし[21]，$\nu_Y<\nu_Z$ のときは「裾依存係数」は1，$\nu_Y>\nu_Z$ のときは「裾依存係数」は0であると述べている．

注意が必要であるが，もともとの Malevergne and Sornette (2004) では，上のモデルにおける V_i と Y についての裾依存係数を議論している．その意味で (10) 式を我々が知りたい異なる潜在変数 V_i と V_j の間の裾依存係数であると即座に解釈することはできない．しかしながら，V_i と V_j は同等に共通ファクター Y と関連しているので，V_i と V_j に裾依存性があるということは確かであると考えられる．

また，Wanitjirattikal and Kiatsupaibul (2007) では，正規コピュラおよび，自由度5の t 分布に基づく t コピュラと double-t コピュラについて，共通の相関パラメータを 0.1，0.5，0.9 としたそれぞれの場合について数値的に裾依存性を検証している．特に上裾に関して q の値を 0.9～0.99 として $P(Y>F_Y^{-1}(q)|X>F_X^{-1}(q))$ を算出するという方法で漸近的な挙動を観察している[22]．その結果，相関パラメータが 0.1 および 0.5 の場合には，double-t コピュラの裾依存性は正規コピュラより大きく t コピュラより小さいが，相関パラメータが 0.9 の場合には，1次元 t 分布ファクターモデルの裾依存性が最も大きい

---

21) $\nu_Y=\nu_Z$ として $\nu_Y\longrightarrow\infty$ とするとき，上記モデルは漸近的に正規コピュラモデルになるので，裾依存係数も0に漸近していくはずである．しかし，$\rho\geq\dfrac{1}{\sqrt{2}}$ のときには，$\nu\longrightarrow\infty$ としても (10) 式は0に収束しないことは明らかである．このことに対して，Malevergne and Sornette (2004) では，$\nu\longrightarrow\infty$ と $q\uparrow 1$ の極限操作の順序交換ができないためであると述べている．

22) Wanitjirattikal and Kiatsupaibul (2007) の Table 1 の $\rho=0.9$ に対する t コピュラの裾依存係数の理論値が 0.4454 となっているが，これは $\rho=0.8$ に対する理論値である．

ことを考察している[23]．

付録C　日本公庫CLOデータに対する1ファクターモデルの最尤推定結果

ここでは，(4)式で表される2ファクターモデルの式において，$\rho_0=0$とおき，各カテゴリ$g=1,2,3$に対し$Z_{g,t}$をカテゴリ内の共通ファクターとして，

$$V_{g,i,t}=\rho_g Z_{g,t}+\sqrt{1-\rho_g^2}\varepsilon_{i,t} \tag{11}$$

というカテゴリごとに1ファクターモデルとみなせるモデルを，4.1項で取り上げた日本公庫CLOデータに適用してパラメータ推定した結果を表4-10，4-11に示しておく．また，θ_gはカテゴリg内の債務者に共通であると仮定するデフォルト閾値であり，$V_{g,i,t}\leq\theta_i$となるときに債務者iはデフォルトと定義していることに注意する．

その他，データや推定上の注意などについては，4.1項を参照のこと．

表4-10 日本公庫CLOデータに対する正規分布1ファクターモデルの最尤推定結果

カッコ内の数値は各推定値の標準誤差．また，[　]内の数値はAIC（赤池情報量規準）．

	地域	業種	企業規模
カテゴリ1	大都市	製造業	20百万円未満
カテゴリ2	都市圏	卸・小売	20百万円以上40百万円未満
カテゴリ3	地方	その他	40百万円以上
θ_1	-2.714 (0.67)	-3.033 (1.00)	-3.302 (1.05)
θ_2	-2.746 (0.46)	-2.583 (1.00)	-2.668 (0.14)
θ_3	-3.158 (0.91)	-3.130 (1.00)	-3.195 (1.01)
ρ_1	0.008 (1.00)	0.009 (1.00)	0.114 (1.00)
ρ_2	0.008 (1.00)	0.012 (1.00)	0.114 (1.00)
ρ_3	0.015 (1.00)	0.014 (1.00)	0.284 (1.00)
対数尤度[AIC]	-7.57 [27.1]	-8.41 [28.8]	-5.04 [22.1]
カテゴリ内相関平均	0.0001	0.0001	0.0354
ρ_1^2	0.0001	0.0001	0.0129
ρ_2^2	0.0001	0.0002	0.0129
ρ_3^2	0.0002	0.0002	0.0804

23）ただし，Burtschell et al. (2007)が表している(10)式に$\nu=5$および各ρの値を代入して得た値は，$\rho=0.5, 0.9$ではWanitjirattikal and Kiatsupaibul (2007)の漸近的な数値計算の結果とは整合的にみえないことを付記しておく．

表 4-11 日本公庫 CLO データに対する t 分布 1 ファクターモデルの最尤推定結果. カッコ内の数値は各推定値の標準誤差. また, [ ] 内の数値は AIC (赤池情報量規準).

	地域	業種	企業規模
カテゴリ 1	大都市	製造業	20 百万円未満
カテゴリ 2	都市圏	卸・小売	20 百万円以上 40 百万円未満
カテゴリ 3	地方	その他	40 百万円以上
θ_1	−3.890 (1.00)	−4.694 (1.00)	−5.187 (0.99)
θ_2	−3.921 (1.00)	−3.607 (1.00)	−3.431 (0.69)
θ_3	−4.971 (1.00)	−4.818 (1.00)	−3.966 (0.89)
ρ_1	0.072 (1.00)	0.032 (1.00)	0.082 (1.00)
ρ_2	0.072 (1.00)	0.057 (1.00)	0.066 (1.01)
ρ_3	0.217 (1.00)	0.110 (1.00)	0.306 (1.01)
v	6.86 (1.00)	6.94 (1.00)	7.83 (0.96)
対数尤度 [AIC]	−7.67 [29.3]	−8.41 [30.8]	−5.29 [24.6]
カテゴリ内相関平均	0.0191	0.0054	0.0350
ρ_1^2	0.0052	0.0010	0.0068
ρ_2^2	0.0052	0.0033	0.0043
ρ_3^2	0.0469	0.0120	0.0938

〔参考文献〕

北野利幸 (2006)「デフォルト相関に関する t 分布ファクターモデル―CDO 評価への応用」『ジャフィー・ジャーナル金融工学と証券市場の計量分析 2006』, 83-117, 東洋経済新報社.

北野利幸 (2007)「デフォルト実績データによるデフォルト依存関係の推定―2 ファクターモデルによる資産相関の最尤推定」『日本オペレーションズ・リサーチ学会和文論文誌』, **50**, 42-67.

戸坂凡展・吉羽要直 (2005)「コピュラの金融実務での具体的な活用方法の解説」『金融研究』**24** (別冊 2), 115-162.

橋本 崇 (2008)「与信ポートフォリオの信用リスク計量における資産相関について―本邦のデフォルト実績データを用いた実証分析」『日本銀行ワーキングペーパーシリーズ』, No.08-J-10.

森平爽一郎・瀬尾純一郎・佐藤隆行 (2008)「わが国初のデフォルト相関・共倒れリスクの推計」『週刊金融財政事情』2008 年 7 月 21 日号, 42-47.

吉規寿郎 (2009)「中小企業 CLO におけるデフォルト依存関係の推定― t 分布 2 ファクターモデル導入の意義及び実務での適用可能性」, 一橋大学大学院国際企業戦略研究科 2008 年度修士論文.

Burtschell, X., J. Gregory, and J.-P. Laurent (2009), "A comparative analysis of CDO pricing models under the factor copula framework," *Journal of Derivatives*, **16**(4), 9-37.

Dietsch, M. and J. Petey (2004), "Should SME exposures be treated as retail or corporate exposures? A comparative analysis of default probabilities and asset correlations in French and German SMEs," *Journal of Banking and Finance*, **28**, 773-788.

Hull, J. and A. White (2004), "Valuation of a CDO and an nth to default CDS without Monte Carlo simulation," *Journal of Derivatives*, **12**(2), 8-23.

Gordy, M. (2000), "A comparative anatomy of credit risk models," *Journal of Banking and Finance*, **24**(1-2), 119-149.

Gordy, M. and E. Heitfield (2002), "Estimating default correlations from short panels of credit rating performance data," *Working paper*, Federal Reserve Board.

Malevergne, Y. and D. Sornette (2004), "How to account for extreme co-movements between individual stocks and the market," *Journal of Risk*, **6**(3), 71-116.

Mashal, R. and M. Naldi (2002), "Pricing multiname credit derivatives : Heavy tailed hybrid approach," *Working Paper*, Columbia Business School.

McNeil, A. J., R. Frey, and P. Embrechts (2005), *Quantitative Risk Management : Concepts, Techniques and Tools*, Princeton Series in Finance. Princeton University Press.
（邦訳として，塚原英敦他訳 (2008)『定量的リスク管理―基礎概念と数理技法』共立出版．）

Merton, R. C. (1974), "On the pricing of corporate debt : The risk structure of interest rates," *Journal of Finance*, **29**(2), 449-470.

Miranda, M. J. and P. L. Fackler (2002), *Applied Computational Economics and Finance*, MIT Press.

Schönbucher, P. J. (2005), *Credit Derivatives Pricing Models : Model, Pricing and Implementation*, John Wiley & Sons.
（邦訳として，望月　衛訳 (2005)『クレジット・デリバティブ―モデルと価格評価』東洋経済新報社．）

The MathWorks (2004), *Optimization Toolbox User's Guide*, The MathWorks Inc.

Wanitjirattikal, P. and S. Kiatsupaibul (2007), "Tail dependence of Student's t copula and double t copula and their effects on pricing credit derivatives," *The Thammasat International Journal of Science and Technology*, **12**(2), 1-9.

(吉規寿郎：日本政策金融公庫中小企業事業本部)

(中川秀敏：一橋大学大学院国際企業戦略研究科)

5 信用リスクのデルタヘッジ―モデリングと有効性の検証*

成 田 俊 介

概要 本稿では，社債保有に伴うクレジット・リスクを，株式の売りを利用してデルタヘッジする手法を考察し，その効果を検証した．デルタ算出には，マートンの構造モデルのフレームワークを用いた．1996年9月から2009年2月までの社債データと株価データを用いてヘッジ効果を検証したところ，全銘柄の平均的には分析対象とした149ヶ月中97ヶ月，銘柄数ベースで53%において効果が見られたが，他は，ヘッジがむしろリスクを拡大するなど，その精度は不安定であった．また，デフォルト事例のみを抽出して検証したところ，全銘柄において，社債のデフォルトによる損失を，部分的ではあるが，株式のヘッジ売りでカバーすることができた．この実証的な分析の結果は，Jones, Mason and Rosenfeld (1984)，および Duarte, Longstaff and Yu (2005) による米国市場における含意と整合的である．更に，ヘッジ効果を歪める要因について分析したところ，ヘッジ・エラーの出現率は，クレジット・スプレッドのシステマティックな変化とは相関が低い，株式時価総額が大きいほどヘッジ・エラーは減少する傾向にある，格付けが低いほど，ヘッジ・エラーは増加する傾向にある，クレジット・スプレッドが大きいほどヘッジ・エラーは増加する，年限が長期化するほど，ヘッジ・エラーは増加する，などの傾向が明らかとなった．

1 はじめに

現代の資産運用に求められているのは，リスクあたりのリターン最大化であ

---

* 本稿の作成にあたり，椿 広計教授（筑波大学大学院/統計数理研究所）から多くの助言や貴重な指摘を頂戴した．DBI データの利用にあたっては，（株）大和総研ビジネス・イノベーションに許可を頂いた．記して感謝の意を表したい．本稿の意見，内容は筆者個人に属するものであり，企業年金連合会の公式見解を示すものではない．また，本文中の誤りは全て筆者に属するものである．

り，その為のリスク管理である．しかし，クレジット・リスク管理の技法には目立った進展がない．ヘッジツールが乏しいため，言わばアクセルのみでブレーキのない状態である．わが国の社債投資家，ローン債権保有者にとって，唯一のヘッジツールとして，クレジット・デフォルト・スワップ（CDS）が存在するが，取引対象銘柄は大企業のみ150社程度と，社債発行実績のある会社数の545と比べても格段に少なく，取引可能な年限，金額も限られていることから，機能しているとは言い難い状況にある．既存の手法でクレジット・リスクの管理が成功しているか否かは，世界的な金融危機の真っ只中にあって，既に明らかであるが，将来へ向けて，新たなリスク管理手法の開発が急務であることは論をまたない．

そこで本稿では，社債保有に伴うクレジット・リスクを，株式の売りを利用してデルタヘッジする手法について取り組むこととする．以下では，ヘッジ・モデルのパラメーター選択手法を提案するとともに，ヘッジの効果について実証的に分析する．

同一企業が発行する社債価格と株価はともに，市場の，その企業に対する将来の見通しを反映すると考えられる．その関係は，マートン型の構造モデルにより定式化できる．理論的には，株式，債券は，同じ企業価値を原資産とするオプションである．オプションは，原資産と無リスク資産の組み合わせによりポジションの複製，またはヘッジが可能である．企業価値は，株式と負債の和である．この関係を使えば，社債の保有者は，企業価値の代替としての株式を空売りすることで，社債の保有リスクを完全にヘッジ可能となる．

このフレームワークは，キャピタル・ストラクチャー・アービトラージと呼ばれる一種の裁定取引にも利用され得るが，実証的な分析の蓄積が乏しく，効果は未知数である．この手法が実際に執行可能であれば，社債のクレジット・リスクを，より流動性の高い株式でデルタヘッジする道が開かれる．これは社債投資のリスク管理を行う上で画期的な進歩となると考えられる．

株式と社債，両市場の投資家が持つ情報が同じであり，かつ，情報を織り込む速度，深度が同じならば，資産価値と株式，債券の価格は整合的に保たれる．しかし，実際には，両市場間で市場参加者は全く異なるため，企業価値の変化に対する価格への反映には，両市場で違いがあるかもしれない．また，現

実の市場は非完備であるために裁定が十分に働くとは限らない．従って，上記のヘッジは理論通りに機能しない可能性がある．また，ヘッジ・レシオ算出に必要な企業の資産価値およびそのボラティリティを直接評価することはできないため，何らかの形での推定が必要となる．

本稿での分析の結果，ヘッジ効果については，全銘柄の平均的には65%の期間，53%の銘柄において効果があったが，残り47%においては，ヘッジがむしろリスクを拡大する結果となった．ただし，デフォルトした銘柄においては，全銘柄においてヘッジ効果が見られた．

次節以降では，まず第2節で先行研究に触れた後，第3節で理論モデルのフレームワークを述べるとともに，ヘッジ比率（以下，デルタ）の算出方法について紹介する．第4節では，資産ボラティリティの推定方法について提案する．第5節では，実証分析に利用したデータセットについて解説する．第6節では，デルタヘッジの有効性についての実証分析結果を示す．最後に第7節で結論を述べる．

2 先行研究

本節では，基本となる先行研究について述べる．

Jones, Mason and Rosenfeld (1984) は，マートンの構造モデルの社債価格予測力は低く，その原因は完備市場，社債価値は企業価値に無関係，との前提条件にあり，モデルに考慮すべき要因として税金，確率的に変動する金利を挙げている．Sarig and Waga (1989) は，社債の利回りと無リスク金利の差をクレジット・リスク・プレミアムと定義し，それが発行体のレバレッジ水準で異なる期間構造を持つことを実データから示した上で，Merton (1974) の理論との整合性を示した．Kwan (1996) は，同一企業の株式のリターンと社債利回りの関係について分析した．両者は負の相関関係にあり，また，その関係は格付けが低いほど強いと述べている．Schaefer and Strebulaev (2004) は，構造モデルの有効性を測るために，線形モデルを用いて，ヘッジ・レシオを説明変数に入れ，株式のリターン，国債のリターンとともに社債のリターンに対して線形回帰を行った．構造モデルが，市場で観測されるクレジット・スプレ

ッドに対して，低い説明力しか持たないという通説に対して，感応度（ヘッジ・レシオ）は統計的に有意であり，モデルの説明力は有効であると述べている．ただし，財務レバレッジに格付け毎の平均をとるという操作を行っているため，ヘッジ・レシオの根拠が希薄になっている．また，ヘッジ・レシオの説明力は統計的に有意とはいえ，高いとは言えず，社債リターンの殆どは10年金利の変化によって説明されている．同モデルでは，高格付け債に対する当てはまりが，ジャンク債と比べて高いという結果が得られた．成田 (2005) は，Merton (1974) の構造モデルが日本の社債市場においても，デフォルト予測に有効であることを示した．

以上，構造モデルに関しては，株価と社債価格には関係が認められるが，関係は格付けが低いものに限られ，それに基づいてヘッジ戦略を構築できるほどその関係は安定したものではない，というのが一般的に得られている結論である．

Duarte, Longstaff and Yu (2005) は CreditGrades モデルを利用して，米国社債と株式間でのキャピタル・ストラクチャー・アービトラージの効果を検証し，平均的には利益が出るが，個別の取引は非常にリスキーであることを示した．理論スプレッドと市場スプレッドの収斂は頻繁に実現しないこと，また，個別トレード毎の相関は低いことが示唆されている．Yu (2006) は米国市場のデータを用いて，キャピタル・ストラクチャー・アービトラージの実証分析を行った．結果，全体としてはプラスのシャープレシオが得られたが，個別トレードは非常にリスキーであること，月次の超過収益は，株式，債券の市場ファクターとは相関が低いことを示した．Bajlum and Larsen (2007) は米国市場のデータを用いて，CDSと株式のキャピタル・ストラクチャー・アービトラージが実際に理論通りに機能するかの実証研究を行った．市場で取引されるCDSがモデルによる理論値よりも割安であれば，クレジットロング・株式ショートのポジションをとる．当然，逆のポジションもとる．結果，全取引合計では利益を生んだが，ボラティリティ選択，モデル選択にかかわらず，個別銘柄ベースでは大変リスクが高い戦略であることが示された．

これらキャピタル・ストラクチャー・アービトラージの研究から，クレジット・スプレッドと株価には一定の関係があることが示唆される．しかし，ある

パターンで取引した結果の利益の有無がテーマであり,ヘッジ効果に関する直接の言及はない.

その他関連する研究として,Bensoussan, Crouhy and Galai (1995) は,Black-Scholesモデルの一般化により,株式ボラティリティから資産価値ボラティリティを推定する方法について分析している.財務レバレッジの影響を含む両者の関係について定式化し,解析的な近似方法を提案した.

Schönbucher (2003) は,通常,クレジット市場は非完備であり,複雑な性質を持つモデルに頼るのは危険だと述べている.従って,他の分野にも増して,価格評価モデルの構造をはっきりと直感的に理解することが重要であると主張している.

以上,先行研究を総括すると,米国企業データを用いた実証研究は数多く存在するが,多くは銘柄数,格付け属性,年限など,非常に限られたデータサンプルを用いている.また,デフォルト銘柄に対するヘッジ効果の有無,生存企業に対するヘッジ効果有効性,ヘッジを歪める関数の有無など,明らかになっていない点が多い.日本の社債市場データを用いた分析は,クレジット・スプレッドの予測について,僅かに存在するが,クレジット・リスクのヘッジに言及したものはない.従って,以下では,デルタの導出方法を紹介するとともに,広範なデータサンプルを用いて,ヘッジ効果の実証的な分析に取り組む.

3 ヘッジ・モデル

ここでは,本稿で用いるモデルの理論的フレームワークと,Lando (2004),KMV (2001), Schönbucher (2003) によるBlack-Scholesモデル (Black and Scholes (1973)) の応用とそれに基づくデルタの導出方法を紹介する.

社債保有に伴うクレジット・リスクを,当該企業の株式ショートによりヘッジすることを目的とする場合,鍵となるのはデルタである.このデルタの決定方法については,大きく分けて2種類の考え方がある.ひとつは,純粋に両者の過去のリターンから回帰モデルによって経験的なデルタを求める手法である.この手法は,プライシングが困難なモーゲージ債のヘッジ戦略等に見られるが,理論モデルの前提を置かずに利用できるという長所がある一方で,その

性質上，算出されるデルタは，スタティックなものであり，原資産価格に変化があっても明示的に調整されない，あくまでも過去のサンプル期間の平均であるという欠点がある．ふたつ目は，理論モデルの利用である．Black and Sholes (1973) に代表されるオプション・モデルを使い，デリバティブスと原資産の間で，デルタを理論的に求めることができる．ただし，パラメーターの一部は推定されなければならない．また，モデルが必要とする前提条件が満たされない場合の影響は予測できないという側面がある．本稿では，理論的なフレームワークを重視して，後者の手法を選択する．以下の取り組みでは，マートン型構造モデルのフレームワークを用いて，株式，債券は，同じ企業価値を原資産とするオプションである，との理論からヘッジ・モデルを構築する[1]．

まず，企業価値 V は以下の確率過程に従い，不確実に変動すると仮定する．

$$dV = rVdt + \sigma_V VdW \tag{1}$$

株式価格 $S(V, t)$ と債券価格 $\bar{B}(V, t)$ は企業価値 V と時間 t の関数である．企業の債券額面 $\bar{D}$ はわかっているが，その現在価値 $\bar{B}$ はわからない．時点 T において，企業は，金額 $\bar{D}$ の支払債務を履行しなくてはならない．以下，同社の発行済み株式数は $\bar{S}$，債券の額面 $\bar{D}$，金利は r で一定とする．株式価値 $S(V, t)$，債券価値 $\bar{D}(V, t)$ を発行済み株式数 $\bar{S}$ で割れば一株あたりの価値が得られる．企業のバランスシートはその定義より資産＝純資産＋負債である．時点 T において，企業価値 V が支払い債務 $\bar{D}$ 未満であれば，その企業は債務超過であり，株主に属する $V-D$ は全て失われる．従って，負債の満期時点 T におけるペイオフは以下のようになる．

$$\bar{B}(V, T) = min(\bar{D}, V) \tag{2}$$

$$\bar{S}(V, T) = max(V - \bar{D}, 0) \tag{3}$$

マートンのモデルによれば，純資産のペイオフは，企業価値に対するヨーロピアン・コールのペイオフと一致し，負債のペイオフは，企業資産に対するプット・オプションのショートと無リスク国債の組み合わせによって複製される．コール・プットそれぞれのオプション価値は，Black and Sholes (1973)

---

[1] 構造モデルにはいくつかの拡張モデルが存在するが，拡張することで精度向上が確認されたとは言い難い．また，バリア・オプションタイプへの拡張は，デルタの導出を不可能にする．本稿では最もナイーブな構造モデルを選択した．

のオプション評価式から，以下のように定式化される．

$$S = VN(d_1) - \bar{D}e^{-rt}N(d_2) \tag{4}$$

$$P = -N(-d_1)V + \bar{D}e^{-rt}N(-d_2) \tag{5}$$

ただし，ここで，

$$d_1 = \frac{\ln(V/\bar{D}) + (r + 1/2\sigma_V^2)T}{\sigma_V\sqrt{(T)}}$$

$$d_2 = d_1 - \sigma_V\sqrt{(T)}$$

である．

次に，具体的なデルタの求め方について述べる．

企業の株式と負債の価値の関係は，以下の形で特定できる．これは，Schönbucher (2003) に詳しい．株式と債券を合わせると，企業価値となるため，次の関係が成り立つ．

$$V = \bar{B}(V,t) + S(V,t) \Longleftrightarrow \bar{B}(V,t) = V - S(V,t)$$

債券1単位と株式Δ株からなるポートフォリオΠを考えるとその価値は，

$$\Pi = \bar{B}(V,t) + \Delta S(V,t) \tag{6}$$

伊藤の補題より，短期間における価値の変化は，

$$d\Pi = d\bar{B} + \Delta dS \tag{7}$$

$$= \left(\frac{\partial \bar{B}}{\partial t} + \frac{1}{2}\frac{\partial^2 \bar{B}}{\partial V^2}\sigma_V^2 V^2 + \Delta\frac{\partial S}{\partial t} + \frac{1}{2}\Delta\frac{\partial^2 S}{\partial V^2}\sigma_V^2 V^2\right)dt$$

$$+ \left(\frac{\partial \bar{B}}{\partial V} + \Delta\frac{\partial S}{\partial V}\right)dV \tag{8}$$

不確定項であるdVがゼロとなるよう式 (9) をΔについて解くと，デルタ，つまりヘッジ比率が得られる．

$$\Delta = -\frac{\partial \bar{B}/\partial V}{\partial S/\partial V} \tag{9}$$

つまり，債券1単位のロング・ポジションに対して，Δ株をショートすることで，ポートフォリオは完全にヘッジされる．

このように，構造モデルの枠組みの中では，株式と債券は企業価値を通じて均衡しており，株式価格と債券価格は，本来ヘッジ可能な関係にあることがわかる．もし理論通りに運べば，この手法は社債投資のリスク管理を行う上で画期的な進歩となると考えられる．しかし実際の市場は非完備であり，また，企

業の資産価値，ならびに資産ボラティリティという未知のパラメーター[2]は，第4節で示す方法で推定する必要がある．

4 パラメーター推定

ここでは，第3節で紹介したヘッジ・モデルのパラメーター推定方法を提案する．

構造モデルに必要なインプットは，負債元本 $\bar{D}$，株式価格 S，金利 r，時間 T，企業価値 V，およびそのボラティリティ σ_V である．

負債価値はバランスシートに記載される負債の簿価とし，それが全て既発社債の残存年数を満期とする割引債と仮定する[3]．株価は月末時点の引け値，金利は，無リスク金利として1年物国債利回り，時間は社債個別銘柄の残存年数である．社債がデフォルトした場合，満期時の資産は，デフォルト後の清算コストとみなし，回収率はゼロと仮定する．時価ベースの企業価値，および債券価値は観測できない．株価と簿価ベースの負債だけが観測可能である．そこで，企業価値 V およびそのボラティリティ σ_V は，以下の方法により推定する．これらマートンモデルの応用は，Lando (2004) に詳しい．

S を観察された企業の自己資本時価（時価総額）とする．マートンモデルでは，S を次の関数として表すことができる．

$$S = C^{BS}(V, \sigma_V ; r, T, \bar{D}) \tag{10}$$

ただし，C^{BS} はコール・オプションの価値を求める Black-Scholes 価格評価式．

次に，株式のボラティリティ σ_S は観察可能であると仮定すれば，次の式が成り立つ．

---

[2] 本来，推定すべき資産ボラティリティは，将来のインプライド・ボラティリティでなければならない．更に，大半の銘柄においてディープ・アウト・オブ・ザ・マネー，かつ長期のものであるため，理論的な推定が極めて困難である．

[3] 負債簿価＝デフォルト境界線の前提は，構造モデルの持つ強い仮定のひとつであり，現実の企業の資産・負債構成とのズレが指摘される部分でもある．しかし，わが国のデータによる実証分析に前例が存在しないことから，まずはナイーブなモデルによる分析が自然であること，また，今村 (1999) は，倒産企業のバランスシートを精査した結果，資産価値に水増しが認められるケースがあるが，負債サイドは，原則として簿価を信用してよい，と指摘している．本稿では，同前提をそのまま採用する．

$$dS \approx S\sigma_s dW \tag{11}$$

一方，伊藤の補題を式 (10) に適用すれば，株価の変動は次のように表せる．

$$dS = (\cdots) dt + C_V^{BS}(V, \sigma_V, \cdots) V\sigma_V dW \tag{12}$$

ただし，$C_V^{BS}(\cdot)$ はコール・オプションの公式 (10) の V に関する一階の導関数である．式 (11) と式 (12) の dW の項は等しいため，

$$S\sigma_S = V\sigma_V C_V^{BS} \tag{13}$$

が得られる．

本稿では，式 (10)，(13) を使い，σ_S を所与とした上で，σ_V と V を同時推定した．なお，株式のボラティリティ σ_S には，Finger (2002)，Duarte, Longstaff and Yu (2005) と同じく，1000 日のヒストリカル・ボラティリティを採用した．

5 データ

実証分析には，以下のデータを用いた．

本稿は，証券会社の店頭時価を用いた，信頼性の高い市場データ，および個別企業のバランスシートから取り出した財務データを用いて，企業を個社単位で分析することが特徴である．分析に用いた社債サンプルは DBI（大和ボンドインデックス）の事業債インデックス採用銘柄のうち，非上場銘柄および銀行，生・損保，公益セクターを除いた全銘柄，1996 年 9 月以降 2009 年 2 月末までの 150 ヶ月間の月次データである．銀行，生・損保は，バランスシートの構造が異なるため，また，公益セクターは，許認可事業であり，事業リスクそのものが他の一般事業会社とは異なることから分析対象から除外した．上記事業債インデックスに含まれるのは，日本で発行された公募の確定利付き円建社債（残存 1 年以上，残存額面 50 億円以上）全銘柄である．新規発行債券は発行の翌月に分析対象となる．破綻企業の債券は公表の翌月から除外される．採用価格は大和証券 SMBC (株) 評価算定価格．クレジット・スプレッドは国債の理論イールドカーブとの差分で算出される．分析に利用した社債データは，発行体数で 449 社，個別債券の銘柄数ベースで 3622 銘柄，述べ 17 万 2800 件である．

財務データは，日経 NEEDS より連結優先の本決算ベースの数値を取得し

た．企業がデフォルトした場合は，当月末までデータに含め，翌月のデータから除外した．従って，デフォルトした社債の当月リターンは，前月末時点の単価をマイナスしたものとなる．企業買収，合併の場合は存続企業のデータを残し，被買収企業のデータは，正式買収の月末時点で除外した．分析期間中には，スルガコーポレーション，日本国土開発，マイカル，日本総合地所，ゼファー，アーバンコーポレイション，ニューシティー投資法人，計7社のデフォルト事例が含まれる．図5-1に日経平均株価（Nikkei 225）と市場平均クレジット・スプレッド（Credit Spread）の推移を示す．表5-1，5-2に基本統計

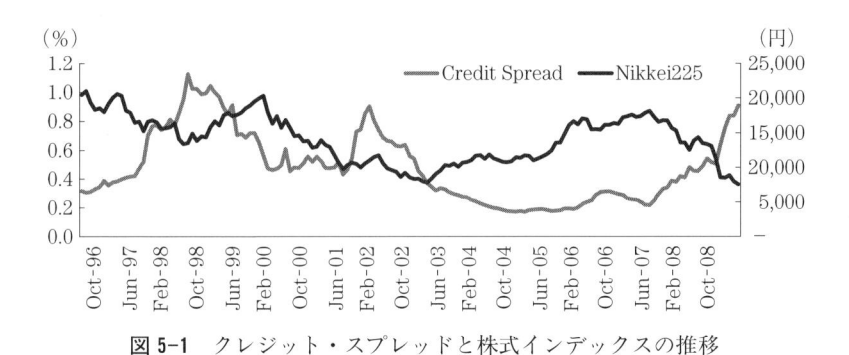

図 5-1 クレジット・スプレッドと株式インデックスの推移

表 5-1 基本統計量

	平均	標準偏差	最大	最小
残存年限（年）	4.45	2.93	29.98	1.00
クーポン（%）	2.10	0.86	7.00	0.29
株式時価総額（10億円）	800	1,359	28,952	0.04
自己資本比率（%）	33.58	17.51	98.49	0.04
資産ボラティリティ	13.25	9.19	119.38	0.07
資産成長率（%）	0.05	0.32	54.80	−2.10
配当利回り（%）	0.90	5.40	750.00	0.00
クレジット・スプレッド（%）	0.92	2.70	173.96	0.00

格付け別	銘柄数	%サンプル
AAA～AA	40,690	23.5%
A～BBB	126,911	73.4%
BB～D	3,448	2.0%
その他（外国格付け等）	1,818	1.1%
合計	172,867	100.0%

表 5-2　基本統計量 II

暦年末	市場平均スプレッド (%)	短期金利 (%)	銘柄数
1996	0.49	0.46	570
1997	1.07	0.55	833
1998	2.12	0.48	1368
1999	1.02	0.14	1520
2000	0.91	0.42	1511
2001	1.53	0.05	1396
2002	1.34	0.03	1225
2003	0.51	0.02	1202
2004	0.27	0.01	1106
2005	0.30	0.06	1033
2006	0.39	0.52	1002
2007	0.58	0.58	1045
2008	2.08	0.33	972

量を示す．

6　実　証　分　析

　本節では，第3節で紹介したモデルに基づき，第4節で提案したパラメーターによる，デルタヘッジの有効性について検証する．

　ヨーロピアン・オプション・アプローチにより推定したデルタに基づいて，社債のクレジット・スプレッドがもたらすリターンと株式によるヘッジ・リターンをそれぞれ求め，ヘッジ効果を分析する．まず，月末時点で社債を市場価格で購入し，1ヶ月間保有すると想定する．そこから，国債金利によるリターンを除外し，純粋にクレジット・スプレッドを源泉とするリターンのみが得られたと仮定する．t 時点における個別銘柄のクレジット・スプレッド CS_t によるリターンは，以下により求められる．

$$R_t^{CS} = (CS_t - CS_{t-1})(-MD_{t-1}) + CS_{t-1}/12 \tag{14}$$

ここで，MD は修正デュレーションである．

　次に，クレジット・リスクをヘッジするために，社債の銘柄毎のヘッジ・レシオに応じた同社株を月末時点でショートし，翌月末に買い戻すと仮定する．これにより生じるキャピタル・ゲイン/ロスをヘッジ・リターンとする．t 時

点における個別銘柄の株式によるヘッジ・リターンは，

$$R_t^{EQ} = \Delta_{t-1}(-S_t/S_{t-1}-1) \tag{15}$$

となる．Δ は式 (5.9) で求めたデルタである．もしヘッジが完全に機能すれば，クレジット・リターンとヘッジ・リターンの和はゼロとなる．

まず，全銘柄ベースでヘッジ効果を検証した．図 5-2 は，月毎のヘッジ効果を示している．全銘柄・全期間で見ると，分析期間の全 149 ヶ月中，65%にあたる 97 ヶ月は，ヘッジが効果を上げている．残りの 52 ヶ月は，クレジットと株式のリターンが同方向に出ており，ヘッジ目的が，むしろリスクを拡大する結果となった．過半の月において，ヘッジが効果を上げているが，その精度にばらつきがあることがわかる．また，銘柄数ベースで見たものが，図 5-3 である．ヘッジが有効な銘柄数の全銘柄に占める割合は，最大の月で 85.1%，最

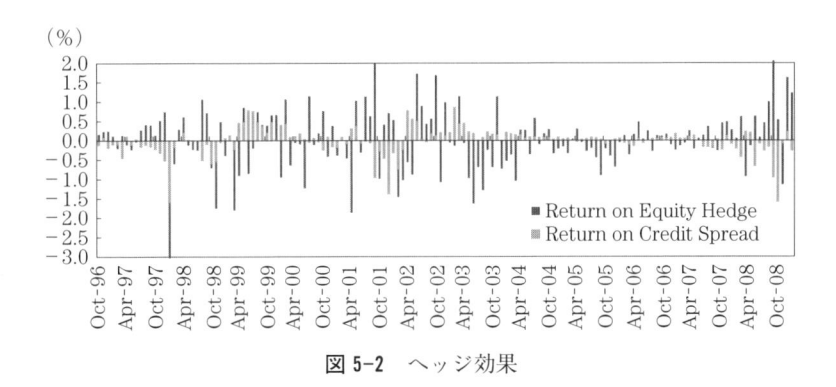

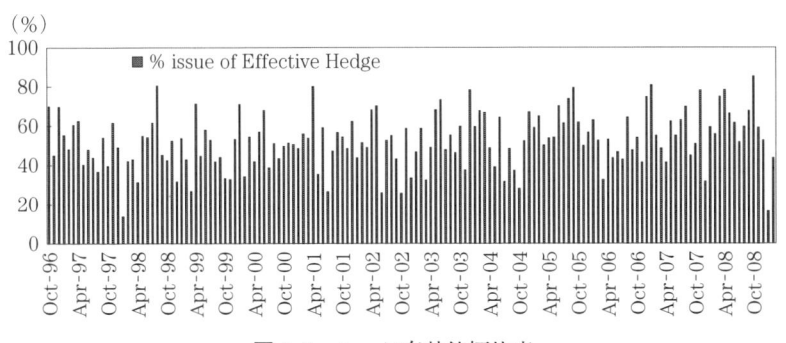

図 5-2　ヘッジ効果

図 5-3　ヘッジ有効銘柄比率

低の月で13.8%,全期間平均52.6%であった.この比率と前掲の図5-1のクレジット・スプレッド平均値との相関は,−0.2であり,ヘッジ・エラーの出現率は,クレジット・スプレッドのシステマティックな変化とは相関が低いことが示された.

98年1月の大きなヘッジ・エラーは,特定の低位株が急騰したケースである.財務状況が極度に悪化し,倒産が懸念され,株価も50円割れの状態にあった(旧)フジタが,支援先の登場,債務免除などのイベントにより,株価は短期間で3倍近い急騰を見せた.しかし,社債市場はこれを好感せず,クレジット・スプレッドは,一層拡大した.このことがエラー発生のひとつの原因となっている.これは,あるイベントに対して,株式・債券市場の反応が,顕著に異なる典型的なケースである.また,他のケースでもクレジット・スプレッドと株価が,理論的にあるべき方向とは逆に動くケースも頻発しており,両市場の動きは,実際には必ずしも整合的ではないことが示された.この結果は,Duarte, Longstaff and Yu (2005) および Yu (2006) による,キャピタル・ストラクチャー・アービトラージの実証分析の含意に近い.

表5-3に示すように,クレジット・リターンと株式ヘッジ・リターンの分布を比較したところ,株式ヘッジ・リターンの分布の標準偏差が大きく,本稿で用いた標準的な設定の下では,平均的にはデルタが過大であることを示唆している.ヘッジ後のクレジット・リターンは,平均値がヘッジ前と比較してゼロに近づいているものの,ヘッジしたはずのリターンの標準偏差はむしろ拡大しており,ヘッジしたことで,むしろリスクが拡大したことを意味する.クレジット・リターンが最大のマイナスを計上したのは,2008年10月のニューシティ投資法人債のデフォルトによるものである.デフォルト時点での回収率をゼ

表 5-3 ヘッジ・エラー

	クレジット・リターン (%)	ヘッジ・リターン (%)	ヘッジ・エラー (%)
平均値	−0.014	0.006	−0.008
中央値	0.035	0.001	0.036
最大	50.707	55.330	56.208
最小	−90.608	−197.582	−194.226
標準偏差	0.575	0.653	1.299

ロと仮定すれば，前月末時点での社債額面あたり時価 90.6 円が全額損失とみなされる．また，ヘッジ・リターンが−197％と最大のマイナスを計上したのは，2008 年 12 月のパシフィック・マネジメント株である．同社の株価は 2008 年 11 月末の 3020 円から，12 月末には 14600 円と，1ヶ月間で約 4.8 倍に急騰した．両ケースとも，クレジット・リターンとヘッジ・リターンが逆方向に出ているため，ヘッジ効果により部分的には相殺されているものの，依然大きなヘッジ・エラーを計上している．

次に，デフォルト銘柄の事例だけを取り出して，個別銘柄ベースでヘッジの効果を検証した．表 5-4 は，わが国社債市場でデフォルトした全銘柄である．全ての銘柄において，社債の単価が直前の月末時点で額面割れしており，市場はある程度これらの銘柄のデフォルトを織り込んでいた，とはいえ 100％ではなかった．デフォルト当月の社債のリターンは，当然大きなマイナスとなった．一方で，株式によるヘッジ・リターンは，全銘柄においてプラスであり，部分的でも，社債の損失を相殺している．従って，ヘッジ効果という点では，有効であったと言える．ただし，株式によるヘッジ・リターンは，平均的に社債のデフォルトによる損失の 3 分の 1 の水準にとどまっており，精度の点では，明らかに不足している[4]．ヘッジ・エラーが生じた原因は，デフォルト直前の財務状況，株価，デルタの状態から，いくつかの典型的なケースに分類できる．ひとつ目は，株価はデフォルト発生時に 100％近く下落したが，デルタがゼロ近傍と低過ぎたために株式ヘッジ・リターンが上がらなかったケースである．デルタの低い要因は，低ボラティリティにある．スルガコーポレーション，ニューシティ投資法人がこのケースに該当するが，両社とも黒字倒産であった．例えばスルガコーポレーションは，デフォルト直前でも株価ボラティリティは 3％台と低く，デルタは−0.04〜−0.06 と極小にとどまった．ふたつ目は，株式市場も，社債市場もデフォルトを十分に織り込んでいたケースである．市場がある程度予想していた通りにデフォルトが発生しても，回収率に対する思惑買いや，ショート筋の買戻し等が入るため，既に低い株価は，そこか

---

[4] 回収率は考慮していない．管財人の選定，債権者集会等を経て，最終的に清算金が支払われるまでの間，当該ポジションの評価はゼロとすることが，機関投資家の間では一般的である．

表 5-4 デフォルト事例

銘柄	デフォルト日時	クレジット・リターン (%)	ヘッジ・リターン (%)	ヘッジ誤差 (%)
2 日本国土開発	1998 年 11 月	−39.9	29.7	−10.2
3 日本国土開発	1998 年 11 月	−58.7	20.7	−38.0
4 日本国土開発	1998 年 11 月	−39.1	30.3	− 8.9
10 ニチイ（マイカル）	2001 年 9 月	−36.6	21.8	−14.8
12 ニチイ（マイカル）	2001 年 9 月	−36.2	22.0	−14.2
13 マイカル	2001 年 9 月	−66.6	8.6	−57.9
14 マイカル	2001 年 9 月	−52.7	14.6	−38.1
15 マイカル	2001 年 9 月	−41.5	19.3	−22.2
16 マイカル	2001 年 9 月	−33.7	22.6	−11.1
20 マイカル	2001 年 9 月	−64.7	9.3	−55.4
22 マイカル	2001 年 9 月	−44.7	17.3	−27.4
23 マイカル	2001 年 9 月	−36.1	21.1	−15.1
24 マイカル	2001 年 9 月	−25.0	26.4	1.4
25 マイカル	2001 年 9 月	−43.8	17.7	−26.1
26 マイカル	2001 年 9 月	−54.1	13.5	−40.6
27 マイカル	2001 年 9 月	−47.9	16.9	−31.0
3 ニチイ（マイカル）	2001 年 9 月	−38.3	20.8	−17.5
5 ニチイ（マイカル）	2001 年 9 月	−71.9	6.5	−65.3
8 ニチイ（マイカル）	2001 年 9 月	−70.4	7.2	−63.3
9 ニチイ（マイカル）	2001 年 9 月	−55.9	13.5	−42.4
1 スルガコーポレーション	2008 年 3 月	−40.0	5.3	−34.7
2 スルガコーポレーション	2008 年 3 月	−30.0	7.3	−22.7
3 ゼファー	2008 年 7 月	−11.3	0.2	−11.1
1 アーバンコーポレイション	2008 年 8 月	−10.0	5.6	− 4.4
2 ニューシティ投資法人	2008 年 10 月	−90.6	8.6	−81.9
3 ニューシティ投資法人	2008 年 10 月	−87.6	6.8	−80.8
10 日本綜合地所	2009 年 2 月	−51.6	23.4	−28.2
平均		−47.4	15.4	−31.9

ら更に大きく下落するとは限らない．日本国土開発，日本総合地所がこのケースに該当する．理論的にも，株価が極端に低下しきったケースでは，ヘッジ効果が期待できない．例えば，時価ベースで自己資本比率が 50% 未満の企業は，発行済み株式数を全株ショートしても，負債の損失をカバーすることは不可能となるケースも起こり得る．

更に，ヘッジ効果を歪める要因について分析した．上記ヘッジ・エラーの絶対値を目的変数とし，当該社債発行体の自己資本比率，株式時価総額の対数，格付け，クレジット・スプレッドの対数，社債年限を説明変数として，パネル

データ回帰分析を行った．表5-5に結果を示す．表5-6は，説明変数の相関係数である．パネルデータは，クロスセクション方向に社債の個別銘柄，時系列方向には，月次の各時点をとった．尤度比検定，およびHausman検定の結果，固定効果モデルが選択された．自己資本比率を除く全ての変数に有意性が認められた．株式時価総額が大きいほどヘッジ・エラーは減少する傾向にある．規模の大きな企業ほど，市場参加者の着目度が高いゆえに社債・株式とも流動性が高く，社債価格との整合性が保たれ易いと解釈できる．また，デルタも安定している可能性が高い．格付けが低いほど，ヘッジ・エラーは増加する

表5-5 ヘッジ・エラー要因

Variable	Coefficient	Std. Error	t-Statistic	Prob.
切片項	2.147	0.682	3.147	0.002
自己資本比率	−0.554	0.607	−0.912	0.362
時価総額（対数）	−0.281	0.133	−2.115	0.034
格付け (AAA=1…C=23)	0.041	0.023	1.805	0.071
スプレッド（対数）	0.496	0.056	8.909	0.000
年限	0.178	0.015	12.013	0.000

Effects Specification			
Cross-section fixed (dummy variables)			
R-squared	0.308	Mean dependent var	0.986
Adjusted R-squared	0.293	S.D. dependent var	2.042
S.E. of regression	1.717	Akaike info criterion	3.940
Sum squared resid	487,990.124	Schwarz criterion	4.154
Log likelihood	−329,725.748	Hannan-Quinn criter.	4.003
F-statistic	20.423	Durbin-Watson stat	1.650
Prob (F-statistic)	0.000		

t 値はWhiteの修正済み

表5-6 相関係数

	自己資本比率	時価総額	格付け	スプレッド	年限
自己資本比率	1.000				
時価総額	0.273	1.000			
格付け	−0.207	−0.278	1.000		
スプレッド	−0.182	−0.086	0.304	1.000	
年限	0.065	0.150	−0.183	−0.055	1.000

傾向にある．低格付けの企業は典型的にハイリスク・ハイリターンであり，その場合，社債市場と株式市場で異なる企業評価がされ易い傾向にあると解釈できる．Kwan (1996) は，株式のリターンと社債利回りの関係は格付けが低いほど強いと述べているが，わが国の事例で言えば，ヘッジ効果に限っては，その主張とは逆の結果が得られたことになる．クレジット・スプレッドが大きいほど，ヘッジ・エラーは増加する．これは，デフォルト・リスクの高い企業ほど株式によるヘッジが効きにくいことを意味しており，重要な示唆となる．また，年限が長期化するほど，ヘッジ・エラーは増加する．長期の債券ほど，株式に近い性格を持つと思われるが，それ以上に長期のオプション・プライシングが困難であることを示唆している．他方，自己資本比率は，ヘッジ・エラーに対して統計的に有意な影響を与えないことが示された．

7 まとめ

本稿では，実際の社債市場データ，企業財務データを用いて，構造モデルにより個別企業の社債-株式間のヘッジ・レシオを算出した．また，社債のクレジット・スプレッドがもたらすリターンと株式によるヘッジ・リターンを比較し，デルタヘッジの有効性について分析した．その結果，平均的に65%の期間，53%の銘柄で効果があったものの，月毎のばらつきが大きく，精度は低かった．ヘッジが効かず，むしろリスクを拡大するというケースもあり，市場で流通する全銘柄をポートフォリオとみなした場合，ヘッジ後のポートフォリオのリターンの標準偏差はヘッジ前に比べ拡大した．デフォルト銘柄の事例からは，株式ショートによるヘッジは，デフォルト時に効果を持つことが示された．わが国の社債市場でデフォルトした全銘柄について，部分的ではあるが，社債の損失が株式のヘッジ売りでカバーされた．ただし，平均的にヘッジは損失の約3分の1をカバーするにとどまっており，アンダー・ヘッジ，つまりヘッジ量が十分ではないという結果が得られた．ヘッジ効果を歪める要因を分析したところ，株式時価総額が小さく，格付けが低く，クレジット・スプレッドが大きく，年限の長い銘柄ほどヘッジ・エラーが生じ易いという結果が得られた．ヘッジ・エラーとマーケット・ファクターの間には非常に低い相関しか見

られなかった．社債のクレジット・リスクをヘッジするため，株式をショートする試みは，理論的には機能するはずであったが，クレジット・スプレッドと株価が，理論的にあるべき方向とは逆に動くケースは頻発しており，両市場の動きは，実際には必ずしも整合的ではないことが示された．実務へのインプリケーションとして，デルタヘッジが有効に機能する条件を，予め把握しておくことは重要だと言える．

〔参考文献〕

今村文宣 (1999)「倒産企業のバランスシート」『大和証券SMBC, Credit Products Monthly Report』, 1999年9月.

成田俊介 (2005)「構造モデルによる信用リスクの定量化と社債投資への応用」『日本ファイナンス学会第13回大会予稿集』, 11-23.

Bajlum, C. and P. T. Larsen (2007), "Capital structure arbitrage : Model choice and volatility calibration," *Working Paper*.

Black, F. and M. Scholes (1973), "The pricing of options and corporate liabilities," *Journal of Political Economy*, **81**(3), 637-654.

Finger, C. C. (2002), *CreditGrades Technical Document*.

Duarte, J., F. A. Longstaff, and F. Yu (2005), "Risk and return in fixed-income arbitrage : Nickels in front of a steamroller?" *The Review of Financial Studies*, **20**(3), 769-811.

Galai, D. and R. W. Masulis (1976), "The option pricing model and the risk factor of stock," *Journal of Financial Economics* **3**, 53-81.

Bensoussan, A, M. Crouhy and D. Galai (1995), *Mathematical Models in Finance*, Chapman and Hall.

Jones, P. E., P. S. Mason and E. Rosenfeld (1984), "Contingent claims analysis of corporate capital structures : An empirical investigation," *The Journal of Finance*, **39**(3), 611-627.

KMV Corporation (2001),「デフォルトリスクのモデル化」.

Kwan, S. H. (1996), "Firm-specific information and the correlation between individual stocks and bonds," *Journal of Financial Economics*, **40**(1), 63-80.

Lando, D. (2004), *Credit Risk Modeling : Theory and Applications*, Princeton University Press.

Merton, R. C. (1974), "On the pricing of corporate debt : The risk structure of interest rates," *The Journal of Finance*, **29**(2), 449-470.

Sarig, O. and A. Warga (1989), "Some empirical estimates of the risk structure of interest rates," *The Journal of Finance*, **44**(5), 1351-1360.

Schaefer, S. M. and I. A. Strebulaev (2004), "Structural models of credit risk are useful, Evidence from hedge ratios on corporate bonds," *Working paper*, London Business School.

Schönbucher, P. J. (2003), *Credit Derivatives Pricing Models : Model, Pricing and Implementation*, John Wiley & Sons.

Yu, F. (2006), "How profitable is capital structure arbitrage?" *Financial Analysis Journal*, **62**(5), 47-62.

(企業年金連合会/筑波大学大学院ビジネス科学研究科)

一 般 論 文

6 我が国におけるブル・ベア市場の区別とリターンの統計分析*

柴 田　舞

概要 本論文は，TOPIX の上昇局面であるブル市場と下落局面であるベア市場を区別し，各局面のリターン変動の特徴について分析した．特に，ブル・ベア市場に分けたリターンの分布と，ボラティリティの変動もモデルに取り入れたうえでのブル・ベア市場に分けたリターンの分布について，ブル市場とベア市場での相違点を分析した．その結果，前者の分布は平均のほかには相違が認められないものの，後者の分布は平均とボラティリティに相違があることがわかった．

1 はじめに

東京証券取引所で取引が活発に行われていることを反映して，TOPIX（東証株価指数）は頻繁に変動している．変動には，日中の短い時間で観測されるものもあれば，数カ月あるいは数年にわたって観測されるものもある．数カ月から数年にわたって株価指数が上昇する局面はブル市場，反対に下落する局面はベア市場と呼ばれる．これは，価格上昇局面はブルが角を下から上へ突き上げる様子，逆に価格下落局面はベアが爪を上から下へ振り下ろす様子にたとえられている．

株式市場がブル市場にあるかベア市場にあるか，その状況を適切に判断できれば，景気予測や投資のリスク管理など様々に有益な情報となりうるため，各時点において市場局面を適切に見極める必要がある．

ブル・ベア市場を区別する代表的な方法の1つは，ブル市場やベア市場が持

---

* 匿名レフェリーのコメントに感謝いたします．本論文にありうべき誤りはすべて筆者個人に属する．

続する期間の長さの最小値や，ブル市場からベア市場へと一連の循環が発生する期間の長さの最小値を設定して，これらの条件をクリアする時点をブル・ベア市場の転換点となる山あるいは谷とし，谷から山までの期間をブル市場，山から谷までの期間をベア市場とする方法である．なお，指数が上昇（あるいは下落）していても，これらの条件に合わないものは一時的な変動とみなされ，ブル・ベア市場局面とは区別される．このほかに，事前に設定された指数変化幅を超えたときに局面が変化したとみなす方法もある．この方法でもやはり，条件をクリアしないものは一時的な変動とみなされる．

このように，既存の方法でブル市場とベア市場を区別するためには，いくつかの条件を設定する必要がある．本論文では，2つの代表的な方法を使ってTOPIXのブル市場とベア市場の転換点を探し出し，事前設定値の影響について考察することを分析目的の1点目とする．

ところで，ブル市場とベア市場それぞれの指数リターンについて統計分析を行った研究によると，リターンの分布がブル市場とベア市場で異なることが明らかにされている．例えば，S&P 500株価指数をブル市場とベア市場について分析したGonzalez et al. (2005)によると，リターンの平均がブル市場とベア市場で異なることは当然としても，ベア市場の標準偏差がブル市場よりも高いことや，ブル市場の尖度はベア市場よりも高いことなど，いくつかの特徴があることが示されている．TOPIXについてブル市場とベア市場を区別して，それぞれの市場状態でリターンの分布が異なるのか否かという観点で行う分析を，分析目的の2点目とする．

上記のような分布の分析も重要ではあるものの，過去のリターンの値を所与とした分布の分析を行う方が，実際の問題に即しているであろう．ブル・ベア分析から離れて一般的に，株価指数に関する研究では，リターンは自己相関を伴って変動することや，その変動の大きさを表すボラティリティが変動していることを仮定し，これらを時系列モデルで表現して分析することが多い．このとき，モデルのパラメータが一定であるとされることが多いが，ブル・ベア市場に関する実証研究からは，これらのパラメータが市場局面に依存して変化することが示されている．そこで，パラメータの変化可能性の分析を，本論文の目的の3点目としたい．

以上のとおり，本論文では，東京証券取引所の市況を表す代表的な株価指数であるTOPIXを用いて，戦後の株式市場のブル・ベア転換点を探し出すとともに，リターンの生成過程について統計分析を行うことを目的とする．本論文の構成は以下のとおりである．第2節ではブル市場とベア市場の転換点を決定する既存方法についてまとめ，TOPIXを使った実証分析を行う．第3節では，前節で決定された転換点を使ってリターンの分析を行い，さらに第4節ではボラティリティの変化とブル・ベア市場局面の転換点の関係について分析を行う．第5節ではまとめを述べる．

2 ブル・ベア市場の転換点決定法

本節はTOPIXのブル市場とベア市場の転換点を決定する方法についてサーベイして実証分析を行い，これらの方法のパフォーマンスを比較する．

2.1 転換点決定法のサーベイ

先行研究では，ブル市場とベア市場の転換点を決定するために，以下の点を吟味している．
1. 指数の変化方向が一定であるか．
2. 各ブル・ベア市場の期間の長さが十分に長いか．
3. 指数が変化する幅は十分に大きいか．

1点目は，ブル市場は指数が上昇する期間，ベア市場は指数が下落する期間を表すために必要とされる．ただし，ブル（ベア）市場の中で指数が一時的に下落（上昇）することは許容される．2点目は，ブル・ベア市場と呼ばれる市場局面の変化と指数の一時的な変動とを区別するために，ブル・ベア市場はある程度の長さを伴うことを条件としている．3点目も一時的な変動を区別するための条件であり，1つの市場局面の始めから終わりまでの間に指数はある程度以上の幅を伴って変化していると主張する条件である．

Bry and Boschan (1971)は代表的な方法である（以下ではBB法と表す）．元来は，NBER (National Bureau of Economic Research)において景気の山と谷の日付を特定するために開発されたアルゴリズムであり，株式市場のブ

ル・ベア市場の分析にこの方法を応用した研究には Pagan and Sossounov (2003), Gonzalez et al. (2005) がある (以下ではそれぞれ BB-PS 法, BB-G 法と表す). 詳しくは後述するとして簡単に説明すると, あらかじめ設定した月数の TOPIX と比較して最も高(低)ければ山(谷)の候補としておき, 続いてブル・ベア市場が続く月数の最低値をはじめとする複数の条件をクリアするものだけを最終的に山や谷として確定する, という手順を踏む. すなわち, BB 法は上記 1 点目に加えて 2 点目で示した期間の長さを重視した方法である.

ところで, ブル・ベア市場の研究の中には, 指数が一定方向に変化する期間だけに注目してブル・ベア市場の転換点を探し出すものもある[1]. BB 法で必要とされている複数の条件のうち 1 つだけに注目している点から, この方法は BB 法を簡略化したものとみなすことができる.

このほかに Lunde and Timmermann (2004) の方法がある (以下では LT 法と表す). この方法を実行するには, 指数の変化幅をあらかじめ設定する必要がある. 山(谷)が見つかったとすると, その指数と事前に設定した変化幅を使って閾値を設定し, それを初めて超えた値を次の山(谷)の候補とし, 同様の作業を繰り返す. BB 法が 2 点目で示した期間の長さを重視しているのに対して, LT 法は 3 点目で示した変化幅を重視した方法である.

BB 法や LT 法を使ってブル・ベア市場のリターンについて統計分析を行う場合には, まずはじめに上記の方法を実行してブル・ベア市場の転換点となる山と谷を探し出し, 続いてブル市場とベア市場に分けてリターンを分析する, というように 2 段階で分析を行うことになる.

2 段階を同時に実行する方法にマルコフ・スイッチング・モデルがある (例えば Maheu and McCurdy (2000) を参照). ブル市場とベア市場で市場局面が変化すると, 指数の変化方向だけではなく, ボラティリティの振舞いも変化するという特徴があり (詳しくは第 4 節で述べる), この特徴を取り入れてブル・ベア市場の転換点を探し出せるという利点がマルコフ・スイッチング・モデルにはある. しかし, Maheu and McCurdy (2000) の推定結果は分析期間の 9 割ほどをブル市場としており, 先行研究と比較して極端な結果である[2].

---

[1] Hardouvelis and Theodossiou (2002) は, 少なくとも N カ月連続してリターンがプラスならブル市場, マイナスならベア市場としている. N は 3 から 6 まで試している.

ブル・ベア市場の分析にマルコフ・スイッチング・モデルを使うことは今後の研究課題としたい．

本論文ではBB法とLT法を使用して，TOPIXのブル・ベア市場について分析する．これら2つの方法について，以下で詳しく説明する．

2.2 BB法

BB法では以下4点を事前に設定する．(1) ウィンドウの長さ（以下ではM_wとする），(2) データ系列の端の除外期間（M_s），(3) 期間の最低継続月数（M_f），(4) 循環の最低継続月数（M_c）．Pagan and Sossounov (2003) およびGonzalez et al. (2005) で使われている値を表6-1にまとめた．これら2論文はどちらもニューヨーク証券取引所の株価指数について分析しており，1つを除いて同じ山と谷が選択されていることから，設定を変えても影響は少ないと考えられている[3]．ただし，TOPIXについても同様に事前設定値を変更して結果が影響を受けないかどうかは不明であり，比較分析が必要とされる．

BB法では第1段階で山と谷の候補を探し[4]，第2段階でそれらを精査する．

表6-1 BB法設定値

先行研究におけるBB法の事前設定値である．M_wはウィンドウの長さ，M_sはデータ系列の端の除外期間，M_fは期間の最低継続月数，M_cは循環の最低継続月数である．

	M_w	M_s	M_f	M_c
Pagan and Sossounov (2003)	8	6	4	16
Gonzalez et al. (2005)	6	6	5	15

---

2) Maheu and McCurdy (2000)，Pagan and Sossounov (2003)，Lunde and Timmermann (2004)，Gonzalez et al. (2005) はいずれもアメリカの証券市場について分析している．
3) Pagan and Sossounov (2003) では，1835年1月から1997年5月の分析期間のうち，山と谷の年月が明記されているのは1946年5月以降である．Gonzalez et al. (2005) は，1800年1月から2000年9月までの分析期間全体にわたって山と谷が記載されている．
4) 景気の山と谷を探すオリジナルのBB法（Bry and Boschan (1971) を参照されたい）は，上記の手順で山と谷を見つける前に，マクロ変数の原系列からはずれ値を取り除いている．一方，株価指数の山と谷を探すPagan and Sossounov (2003) とGonzalez et al. (2005) は，原系列のはずれ値を取り除くことはしない．TOPIXに含まれるはずれ値は，例えばブラック・マンデーやバブル崩壊，9.11テロなど，それぞれが重要な意味を持つことを鑑みて，本論文もはずれ値を除去しないでBB法を実行する．

以下では $P_t, t=0,1,\cdots,T$ が TOPIX の月次終値を表す[5].

・第1段階

1. 前後 M_w カ月の TOPIX と比較して,
$$P_{t-M_w},\cdots,P_{t-1}<P_t>P_{t+1},\cdots,P_{t+M_w} \tag{1}$$
であれば P_t を山の候補とする. 一方,
$$P_{t-M_w},\cdots,P_{t-1}>P_t<P_{t+1},\cdots,P_{t+M_w} \tag{2}$$
であれば, P_t を谷の候補とする. これを標本期間全体で実行する.

2. 前の手順で得られた山(谷)の候補が続く場合には, それらの中で最も高い山(低い谷)を候補として残し, ほかは候補からはずす[6].

・第2段階

3. 系列の始め(終わり)の M_s カ月に含まれる山と谷の候補は削除する.

4. 第1の転換点が山(谷)の場合, その値はデータの始めから最初の山(谷)の前までのどの値よりも高く(低く)なくてはならない. これが満たされないならば, その山(谷)は候補からはずす. 同様に, 最後の転換点が山(谷)である場合, この山(谷)の次から最後までの値と比較して低い(高い)のであれば, この山(谷)は候補からはずす.

5. 山から次の山まで, あるいは谷から次の谷までの期間として定義される一循環が M_c カ月未満であれば候補からはずす.

6. 山から谷, あるいは谷から山までの期間が M_f カ月未満であれば候補からはずす[7].

第1段階には手順1と2が, 第2段階には手順3から6がある. 手順1では2.1項の第2点目をチェックしている. もしも山の候補が続いたとしたら, それはブル市場が続いていることを意味している. ブル・ベア市場の転換点を探すためには山と谷の候補が交互に現れなければならないので, これを手順2で

---

5) TOPIX の場合, T は 701 である.
6) 複数の同値の山(谷)が存在する場合には, 時間に対して後ろに存在する山(谷)を残す.
7) Pagan and Sossounov (2003) と Gonzalez et al. (2005) は例外を認め, リターンが 20%を超える月を含む期間は, たとえ M_f カ月未満であっても候補からはずさないとしている. 理由として, 例外を認めないと3カ月続いたブラック・マンデー時の下落持続期間はベア市場と認識されないが, この期間をベア市場と認めないのはおかしいことを挙げている.

チェックしている.

　手順3について説明するため,手順1,2を終えたときに標本期間の終わり近くに山の候補があると仮定する.標本を更新して期間を長くすることができたら,追加された期間に山や谷の候補が現れる可能性がある.もしも山と山が続いてしまったとしたら,標本期間内の山が候補からはずれる可能性もある.あるいは,手順3や4で標本期間内に見つかった山が候補からはずされるかもしれない.この例で示した山の候補は不確定なものである.転換点の候補の中から不確定なものを手順3で排除している.

　手順4も手順3と同様に,標本期間内に存在する山や谷の候補が確かなものかを確認するために必要とされる.ここで,標本期間内の最後の転換点候補が山であると仮定すると,これよりも後の期間はベア市場である.さらに,標本を後ろから数えて M_w+1 番目よりも後ろに山の候補よりも高い値があったと仮定する.手順1によると最後の転換点の候補は標本を後ろから数えて M_w+1 番目以前にしか存在しないので,この値は山の候補にならない.このとき,ベア市場には直前のブル市場よりも高い指数が含まれることになってしまい,ブル・ベア市場の区別と実際の指数の変動に矛盾が生じてしまう.このような矛盾を排除するために手順4を実行する.

　手順5は一循環が十分な長さを持つことを要求している.例として山の候補だけに注目し,続いて現れる2つの山の間隔が M_c カ月よりも短いときには,手順5で低い山を候補からはずし,高い山を候補として残せばよい.ところで,山と谷が交互に現れるように候補を選び出していたことを思い出すと,1つの山が削除されたことによって,2つの谷が連続してしまうことがわかる.そこで,これらのうち高い谷を候補からはずし,低い谷を候補として残せばよい.このようにすると,手順5を実行した後でも山と谷が交互に現れることと,山(谷)は周辺と比較して高い(低い)という特性を維持できる.同様に谷の候補だけに注目した操作も行う.

　最後の手順6は1つの局面が十分な長さを持つことを要求している.山の候補と,その次に現れる谷の間隔が M_f カ月に満たないときには,手順6で谷を候補からはずす.すると山に続いて次の山が現れるので,これらを比較して高い山を候補として残せばよい.

2.3 LT法

はじめに，ある時点 t_0 の TOPIX が山であったときに次の転換点を探す方法ついて説明する．t_0 時点の指数を $P_{t_0}^{max}$ と表し，上側の境界 $P_{t_0}^{max}$ を最初に上回る時点の中で t_0 に最も近いものを τ_{max}，あらかじめ設定した λ_2 を使った下側の境界 $(1-\lambda_2)P_{t_0}^{max}$ を下回る時点の中で t_0 に最も近いものを τ_{min} とおく．もしも $\tau_{max}<\tau_{min}$，すなわち下側の境界を超えるよりも先に上側の境界を超えるのであれば，$P_{t_0+\tau_{max}}$ を山の候補とする．逆に $\tau_{max}>\tau_{min}$ であれば，$P_{t_0+\tau_{min}}$ を谷の候補とする．

t_0 に谷がある場合には，t_0 の指数を $P_{t_0}^{min}$ と表し，あらかじめ設定した λ_1 を使った上側の境界 $(1+\lambda_1)P_{t_0}^{min}$ を上回る時点の中で t_0 に最も近いものを τ_{max}，下側の境界 $P_{t_0}^{min}$ を超える時点の中で t_0 に最も近いものを τ_{min} とおく．もしも $\tau_{max}<\tau_{min}$ であれば，$P_{t_0+\tau_{max}}$ を山の候補とする．逆に $\tau_{max}>\tau_{min}$ であれば，$P_{t_0+\tau_{min}}$ を谷の候補とする．

このようにして新しい山あるいは谷の候補が見つかれば，その期の TOPIX を使って上下の境界を設定し，同様の手順でさらに新しい候補を探す．これを標本期間全体にわたって繰り返せばよい．

事前設定値 λ_1,λ_2 の選択には注意が必要である．仮に，t_0 に山がある場合の下側の境界 $(1-\lambda_2)P_{t_0}^{max}$ で $\lambda_2=0.2$ とした場合の解釈は，指数が $P_{t_0}^{max}$ の8割よりも低くなったときには谷が存在する可能性があると解釈される．λ_1 と λ_2 は山と谷の指数の離れ具合を表しており，この幅を狭く設定すると，広く設定した場合よりも山や谷が多くなり，ブル市場やベア市場の期間が短いものになる可能性がある．逆に幅を広くすると，期間が長すぎてしまう可能性がある．このように山や谷の数は λ_1,λ_2 の設定値に依存している．

LT-(λ_1,λ_2) 法として表示すると，Lunde and Timmermann (2004) の実証分析では LT-$(0.20,0.15)$ 法，LT-$(0.20,0.10)$ 法，LT-$(0.15,0.15)$ 法，LT-$(0.15,0.10)$ 法の4通りが使われている．このうち LT-$(0.15,0.15)$ 法以外の3通りは λ_1 が λ_2 よりも高い．株価指数には上昇トレンドが存在することが多いため，上側の変化幅 λ_1 を高く設定することで，トレンド周りの山と谷の離れ具合を等しくしようと試みているためである．

2.4 データ

本論文では株式市場全体の変動を分析するため，TOPIX を使用する．TOPIX は東京証券取引所第一部上場全銘柄の 1968 年 1 月 4 日の時価総額を 100 とした指数であり，1969 年 7 月 1 日に公開が開始された．

統計分析のためには，標本期間をできる限り長くすることで，多くの循環が含まれるようにする必要がある．このため，1949 年 5 月から 1969 年 6 月末までの遡及データも合わせて，1949 年 5 月から 2007 年 10 月までの TOPIX を分析対象とした[8]．

ブル・ベア市場の分析には月次データが使われることが多い．これは，ブル・ベア市場とは，短い日数の中で生じる変動ではなく，比較的長い日数に及ぶ変動を表すことに依拠している．そこで本論文でも月次データを用いる．具

図 6-1 TOPIX
1949 年 5 月から 2007 年 10 月までの TOPIX 終値の月末値である．

---

[8] 標本のうち 1976 年 12 月までは東京証券取引所から購入し，1977 年 1 月以降の TOPIX は日経 NEEDS から取得した．

[9] 月次データを構築する方法はいくつかあり，当該月内の日次終値の平均値，あるいは当該月内の高値と安値の平均のように，時間に対する平均を使う方法がある一方，月末値のように一定間隔で観測される値を使う方法もある．本論文で後者を分析に用いる理由として Schwert (1990) を挙げておく．NYSE および AMEX について実証分析したこの論文は，時間に対する平均として算出された指数のリターンは，自己相関を過大に，変動を過小に評価する傾向を持つことを示している．

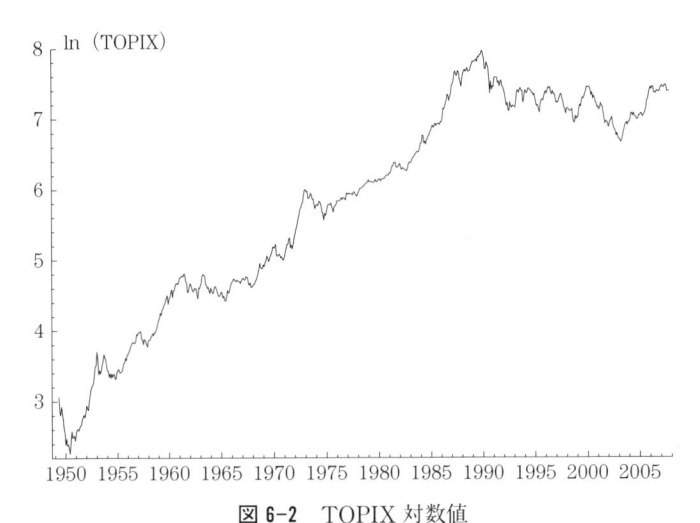

図 6-2　TOPIX 対数値
1949 年 5 月から 2007 年 10 月までの TOPIX 終値の月末値を対数変換させた値である．

体的には TOPIX 終値の月末値を用いた[9]．

図 6-1 に標本期間内の TOPIX を示した．標本期間の前半では上昇の程度は緩やかだったものの，1980 年代に入ると急激になり，1989 年末に最高値をつけた．1949 年 5 月末には 21.43 であった TOPIX は，1989 年 12 月末に 2881.37 まで達している．1990 年以降は下落と上昇が繰り返されている．

標本期間初期の TOPIX の変動もよくみえるように，対数変換させた系列を図 6-2 に掲載した．あらゆる時代に上昇や下落が繰り返されていることがわかる．標本期間は下落から始まり，1950 年を谷として上昇に転じ，さらに 1953 年を山としてまた下落に転じている．標本期間全体にわたってこのような山や谷が確定できれば，谷から山に向かって指数が上昇する期間がブル市場，山から谷に向かって指数が下落する期間がベア市場であるとわかることになる．

2.5　BB 法と LT 法の結果分析

BB 法を使って TOPIX の山と谷を決定した結果と LT 法を使った結果を，主に各期間の長さに注目して比較する．2.1 項で示した転換点の決定の重要な要素 3 点のうち，残り 2 点については次節の統計分析で検証する．

BB法で決定された山と谷,そしてLT法で決定された山と谷を表6-2にまとめた.第1列には,いずれかの方法で山あるいは谷とされた年月を掲載した.第2列目以降には,第1列目の年月に山があれば0,谷があれば1とした.空欄は山も谷もないことを意味する.Pagan and Sossounov (2003)の設定値で実行したものをBB-PS法,Gonzalez et al. (2005)の設定値で実行したものをBB-G法と表記した.また,第1行にLT-(0.15,0.15)法などの数値が記載されている列には,それらの変化幅を設定して実行したLT法の結果をまとめてある.

まずBB法を実行した結果を考察する[10].表6-2のBB-PS法とBB-G法の行をみると,標本期間始めから1970年代前半まで,および1992年以降はほぼ同じ結果である[11].その一方で,1970年代後半と,1990年,1991年については,BB-G法の方に多くの山と谷があることがわかる.BB-G法はウィンドウや一循環の事前設定値を短く設定しているために,多くの山と谷が検出されたと考えられる.

次にLT法の結果を分析する.本論文ではLT-(0.15,0.15)法,LT-(0.20,0.15)法,LT-(0.20,0.20)法の3通りを分析した[12].λ_1の事前設定値を変えた場合の山と谷の結果への影響をみるために,λ_2は同値でλ_1が異なる組み合わせのLT-(0.15,0.15)法とLT-(0.20,0.15)法の結果を比較すると,LT-(0.15,0.15)法とした方が転換点が多いものの,それはたったの2点であった.具体的には,2002年1月の谷と5月の山である.谷の時点から次の山を探すときの上側の変化幅λ_1は0.15か0.20のどちらでもよいとわかる.

次に,山の時点から次の谷を探すときの下側の変化幅λ_2が異なる組み合わ

---

10) Pagan and Sosssounov (2003) と Gonzalez et al. (2005) は,BB法を実行するにあたり例外を認めている.詳しくは2.2項の手順6の脚注7) を参照されたい.本論文の実証分析には,この例外を適用すべき期間は存在しなかった.

11) Gonzalez et al. (2005) も,Pagan and Sossounov (2003) の設定値を使った場合とほとんど同じ結果が得られることを示している.

12) LT-(0.15,0.10)法,LT-(0.20,0.10)法についても分析したものの,この様に変化幅を狭くしてしまうと多くの山と谷が選択されてしまい,中にはブル・ベア市場の持続期間がたったの1カ月のものもあったが,ブル・ベア市場は数カ月から数年にわたる市場の局面を表すことと矛盾する結果である.この結果については報告しない.

表 6-2 市場局面転換点の結果

BB法（2.2項）とLT法（2.3項）でTOPIX（2.4項）のブル・ベア市場の転換点となる山と谷を決定した結果を，山を「0」，谷を「1」として表している．該当する年月に山あるいは谷がないときには空欄とした．

	BB-PS法	BB-G法	LT-(0.15,0.15)法	LT-(0.20,0.15)法	LT-(0.20,0.20)法
50/6	1	1	1	1	1
53/1	0	0	0	0	0
53/3			1	1	1
53/9			0	0	0
54/10	1	1	1	1	1
57/4	0	0	0	0	
57/12	1	1	1	1	
61/6	0	0	0	0	0
62/10	1	1	1	1	1
63/4	0	0	0	0	0
65/6	1	1	1	1	1
66/3	0				
67/5		0			
67/12	1	1			
70/3	0	0	0	0	
70/12	1	1	1	1	
73/1	0	0	0	0	0
74/10	1	1	1	1	1
76/12		0			
77/12		1			
79/1		0			
79/7		1			
81/7	0	0			
82/9	1	1			
87/8			0	0	
87/12			1	1	
89/12	0	0	0	0	0
90/9		1	1	1	1
91/3		0	0	0	0
92/7	1	1	1	1	1
93/8	0	0	0	0	0
93/11			1	1	
94/5			0	0	
95/6	1	1	1	1	1
96/6	0	0	0	0	0
98/10	1	1	1	1	1
99/12	0	0	0	0	0
02/1			1		
02/5			0		
03/3	1	1	1	1	1
06/3	0	0			

せとして LT-(0.20, 0.15) 法と LT-(0.20, 0.20) 法の結果を比較すると，LT-(0.20, 0.20) 法とした方が山や谷が 8 点少ないことがわかる．具体的には 1957 年，1970 年，1987 年，1993〜1994 年に山と谷が検出されていない．図 6-3 は TOPIX 対数値に加えて LT-(0.20, 0.15) 法で検出された山と谷を＋記号で表した．これらの山と谷の中で LT-(0.20, 0.20) 法では検出されなかったものには，□を追加した．LT-(0.20, 0.20) 法で少なくなる 8 点は山と谷のペアで 4 カ所に分けられ，このうち 3 カ所は長期にわたる上昇トレンドの中に含まれていることが図 6-3 から読み取れる．上昇トレンドが存在する中で下側変化幅の λ_2 を広く 0.20 に設定すると，狭く 0.15 と設定した場合よりも谷の候補が見つかりにくい．次の谷が見つからない限りは直前の山が確定されない．このような理由で，LT-(0.20, 0.20) 法としたときに，この 3 カ所は山と谷の順に転換点が見つからなかった．株価指数に上昇トレンドが存在することは多いので，下側の変化幅の設定には注意が必要である．なお，最後の 1 カ所は上昇トレンドが存在しない期間であり，谷と山が検出されなかったのは，この谷が浅いことが理由である．

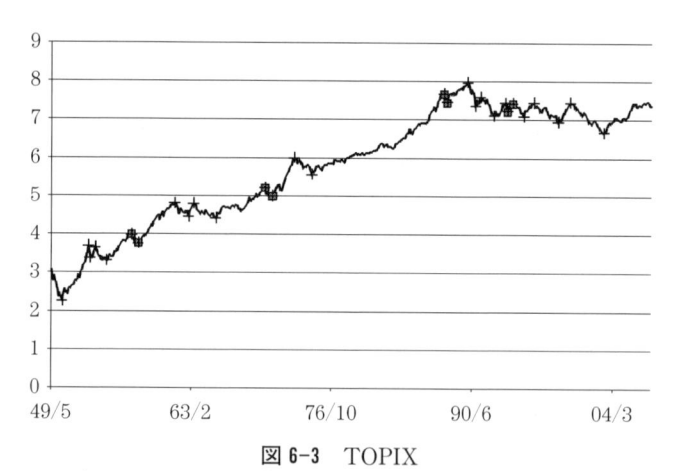

図 6-3　TOPIX

LT-(0.20, 0.15) 法で検出された山と谷に＋をつけて TOPIX 対数値を示した．なお，これらの山と谷のうち LT-(0.20, 0.20) 法では検出されなかったものには＋の上から□をつけた．実際には対数変換させない指数を分析に使用したが，山と谷がわかりやすいように，図では対数値を示した．

ところで，LT法では山と谷の間隔に対する条件が課されないため，短い期間に山と谷が存在することがある．表6-2によると，変化幅を広げてLT-(0.20,0.20)法にしてもなお，1953年1月3月9月という短い期間に転換点が集まっていることがわかる．

ここまでの実証結果をまとめると，(1) ブル・ベア市場の各期間の長さが年代によって変化している，(2) ブル・ベア市場の指数変化幅が変化している，(3) ブル・ベア市場の転換点は短い期間に集中している可能性も否定できない，の3点である．本節で得られた複数の結果に基づいて，次節では統計分析を進める．

3 ブル・ベア市場のリターンの分布

本節では，前節で選択された山と谷を使って，ブル市場は谷の翌月から山まで，ベア市場は山の翌月から谷までとしてブル市場とベア市場を分けたうえで，TOPIXのリターンの統計分析を行い，2.1項で示した特性の1点目および3点目を念頭に置きリターンの分布を分析する．さらに，ブル市場とベア市場のリターンの分布を比較する[13]．

3.1 リターンの統計分析

以下ではTOPIXの月次リターンと累積リターンの統計分析を行う．ところで，最後の転換点の後に続くブル・ベア市場が終わる年月はさらに次の転換点が確定されない限りは不明であるため，このブル・ベア市場は標本期間よりも先まで続いている可能性がある．すなわち，標本期間に含まれているのは最後に現れるブル・ベア市場の一部に過ぎない可能性がある．このため，最後の転換点以降を除いた期間を分析対象期間とした．

---

13) 指数をリターンに変換した後にブル・ベア市場の転換点を探すことには問題がある．Bry and Boschan (1971，第2章) によると，階差の絶対値や変化率は循環的な変動よりも大きな確率的な変動を伴うこと，これらの系列に存在する循環的変動はオリジナルのものと異なり転換点はブル・ベア市場で変化率が最大のときにあること，原系列の変化が段階的な場合に変化率や階差系列のレベル・シフトを識別するのが難しいこと，などを挙げている．

まず，ブル市場とベア市場の区別が適切に行われているのかを分析するため，各ブル・ベア市場について累積リターンの分析を行う．ブル・ベア市場が現れる順に $i=1,\cdots,I$ で番号をつけたとき，i 番目の局面の累積リターン CR_i は，その局面の終わりの転換点の TOPIX を $P_{i,1}$，1つ前の転換点の TOPIX を $P_{i,2}$ として，

$$CR_i = 100 \times [\ln(P_{i,1}) - \ln(P_{i,2})] \tag{3}$$

として求められる，各局面に含まれる月次リターンの累積値である[14]．市場局面の総数 I は，BB-PS法ならば26，BB-G法ならば32，LT-(0.15,0.15)法ならば31，LT-(0.20,0.20)法ならば21である．

BB法とLT法それぞれのブル・ベア市場の識別結果を使って求められた累積リターンを，ブル市場とベア市場に分け，それぞれ最大値と最小値を表6-3にまとめた[15]．表6-3によると，累積リターンの最小値と最大値はブル市場ならばプラス，一方ベア市場ならばマイナスであるため，どちらもブル・ベア市場の区別は適切に行われていることがわかる．

続いて月次リターンを求める．第 t 期の月次リターン R_t は，t 期の月次の TOPIX を P_t と表すと，

$$R_t = 100 \times [\ln(P_t) - \ln(P_{t-1})], \quad t=1,2,\cdots,T^*, \tag{4}$$

として計算される，変化を％表示したものである．なお，1949年5月の TOPIX (P_0) は6月のリターン (R_1) の計算に使われる．P_{T^*} は最後の転換点が存在する年月の TOPIX を表しており，T^* は682（BB-PS法およびBB-G法）あるいは646（LT-(0.15,0.15)法およびLT-(0.20,0.20)法）である．

月次リターンが正値の月数を表6-3に掲載した．ブル（ベア）市場の累積リターンはプラス（マイナス）となるものの，一時的に指数が下落（上昇）することがあるために，1カ月単位の月次リターンにはマイナス（プラス）のものもある．BB-PS法の結果をみると，ベア市場では91カ月のリターンがプラ

---

[14] 最初のブル・ベア市場には $P_{i,2}$ が存在しないので，標本期間最初の TOPIX で置き換えた．

[15] 2.5項で述べたとおり，LT-(0.20,0.15)法とした場合とLT-(0.15,0.15)法とした場合の山と谷はほぼ同じであったため，LT-(0.15,0.15)法の結果を掲載し，LT-(0.20,0.15)法の結果は掲載しない．

表 6-3 ブル・ベア市場の特徴

リターンが正値の月数のカッコ内は全月数に対する正値の月数の%，平均，歪度，尖度のカッコ内の値は標準誤差である．平均の標準誤差は，推定された標準偏差 S と標本の大きさ T を使って $\sqrt{S^2/T}$ とされる．歪度の標準誤差は $\sqrt{6/T}$，尖度の標準誤差は $\sqrt{24/T}$ である．ブル（ベア）市場であれば，平均がゼロを帰無仮説，平均がプラス（マイナス）を対立仮説とした片側検定，歪度については歪度がゼロを帰無仮説，歪度がゼロではないことを対立仮説とした両側検定，尖度については，尖度が3であることを帰無仮説，尖度が3より大きいことを対立仮説とした片側検定の結果について，有意水準1%，5%，10%で有意なものにそれぞれ ***，**，* をつけた．

	ベア市場		ブル市場	
BB-PS法				
最大（最小）累積リターン	−12.19	(−86.00)	170.45	(31.60)
リターンが正値の月数（%）	91	(33.83)	304	(73.61)
月数	269		413	
平均持続月数	20.69		31.77	
平均	−2.06***	(0.35)	2.40***	(0.22)
標準偏差	5.70		4.44	
歪度	−0.29	(0.15)	0.11	(0.12)
尖度	4.25***	(0.30)	4.36***	(0.24)
BB-G法				
最大（最小）累積リターン	−3.96	(−79.99)	170.45	(22.67)
リターンが正値の月数（%）	88	(32.96)	307	(73.98)
月数	267		415	
平均持続月数	16.69		25.94	
平均	−2.20***	(0.33)	2.48***	(0.22)
標準偏差	5.46		4.56	
歪度	−0.49**	(0.15)	0.10	(0.12)
尖度	4.21***	(0.30)	4.44***	(0.24)
LT-(0.15,0.15)法				
最大（最小）累積リターン	−20.88	(−79.99)	210.84	(14.20)
リターンが正値の月数（%）	61	(28.24)	307	(71.40)
月数	216		430	
平均持続月数	13.50		28.67	
平均	−2.95***	(0.38)	2.32***	(0.22)
標準偏差	5.57		4.54	
歪度	−0.43***	(0.17)	0.20*	(0.12)
尖度	3.98***	(0.33)	4.38***	(0.24)
LT-(0.20,0.20)法				
最大（最小）累積リターン	−32.14	(−79.99)	239.92	(22.67)
リターンが正値の月数（%）	66	(32.20)	302	(68.48)
月数	205		441	
平均持続月数	18.64		44.10	
平均	−2.61***	(0.40)	2.03***	(0.22)
標準偏差	5.73		4.71	
歪度	−0.40**	(0.17)	0.06	(0.12)
尖度	3.94***	(0.34)	4.45***	(0.23)

スであった．ベア市場全体の269カ月のうち33.83%は正のリターン，すなわち市場の変化方向と逆の符号を持つリターンが得られていることがわかった．このような逆の符号を持つリターンは，ブル市場では26.39%の月に確認でき，ブル・ベアどちらの市場でも，30%前後の月は市場局面と逆向きの符号を持つリターンがあるとわかる．BB-PS法以外の結果も，やはりこの割合は，30%程度である．

表6-3にはブル市場とベア市場の平均持続月数も掲載した．いずれの方法を使った結果にも共通して，平均持続月数はブル市場の方が長い．例えばBB-PS法の結果での平均持続月数はベア市場では20.69カ月に対して，ブル市場では31.77カ月に及ぶ．ブル市場の方が平均的に長く続いているのはTOPIXは下落よりも上昇している期間の方が長いためであり，図6-1で確認できる．ところで，ブル・ベア市場を決定する方法を変えても平均持続月数に大幅な変化はない．ベア市場では1年から2年，ブル市場では2年から4年である．

続いて，各市場局面の月次リターンについて，平均，標準偏差，歪度，尖度を表6-3に掲載した．平均の符号はブル市場ならばプラス，ベア市場ならばマイナスなので条件に合っていることと，平均は統計的に有意にゼロから離れていることが確かめられる．歪度は統計的に有意なものとそうではないものがあり，すべての結果について一致した傾向は確認できない．尖度は，ブル・ベア市場に関わらず，統計的に有意に3を上回っているため，リターンは正規分布よりも裾の厚い分布に従っていることがわかる．また，尖度の値はブル・ベア市場で大きく異なるものではない．

ところで，ニューヨーク証券取引所のブル・ベア市場について分析したGonzalez et al. (2005) によると，ブル市場の月次リターンの尖度は，ベア市場の尖度の約3倍にも上り，ブル市場の方がベア市場よりも大きな変動を伴うことが報告されている．これに対し，本論文ではブル市場とベア市場で尖度がほぼ同じ値であることは，大変興味深い結果である．

統計量に基づく分析によると，TOPIXのブル市場のリターンとベア市場のリターンは，平均しか異ならない可能性もある．これらのリターンの分布を比較するため，続いて連検定を行う．

3.2 ブル市場とベア市場のリターン分布の比較

3.1項の結果によると,ブル市場とベア市場の月次リターンから平均をゼロに調整すると,2つの母集団が等しい可能性がある.これを分析するために,ブル市場の月次リターンから標本平均を除いた系列の母集団と,ベア市場の月次リターンから標本平均を除いた系列の母集団が同じであることを帰無仮説とし,異なることを対立仮説として,連検定を行う[16].

標本平均を除いたリターンを,ブル市場とベア市場を合わせて小さい順に並べ,ブル市場のリターンを0,ベア市場のリターンを1で置き換える.置き換えた系列の中で0あるいは1が続く連がいくつあるか数える.もしもリターン系列が同一の母集団に従わないのであれば,0や1の連が続く箇所が存在して連の数は少ないと考えられる.観測された連の数が統計的に少ないかどうかを検定するのが連検定の考え方である.

検定統計量は,連の数を Run として,

$$\frac{Run+\frac{1}{2}-E[Run]}{\sqrt{Var[Run]}} \tag{5}$$

で表され,これが漸近的に正規分布に従うことが知られている.なお,$E[Run]$ は連の数の平均,$Var[Run]$ は分散であり,それぞれ

$$E[Run]=\frac{2T_{bull}T_{bear}}{T_{bull}+T_{bear}}+1,$$

$$Var[Run]=\frac{2T_{bull}T_{bear}(2T_{bull}T_{bear}-T_{bull}-T_{bear})}{(T_{bull}+T_{bear})^2(T_{bull}+T_{bear}-1)} \tag{6}$$

と表される.ここで,T_{bull} と T_{bear} はそれぞれブル市場とベア市場のリターンの個数を表す.

連検定の結果は表6-4にまとめた.BB-PS法の結果に基づいて連検定を実行すると[17],(5)式の値は -0.59 であることから,P値は28%とわかる.有意水準を5%とすると帰無仮説は棄却されないので,ブル市場のリターンから標本平均を除いた系列と,ベア市場のリターンから標本平均を除いた系列は同

---

16) この検定方法については加納・浅子(1996)を参考にした.
17) 統計量の分析と同じく,仮説検定を実行する際にも最後の転換点よりも後の期間を除いた.

表 6-4 連検定

連検定でブル・ベア市場のリターンからそれぞれ標本平均を除いた系列が同一の母集団に従っているのかを検定する。第 2 列の T_{bull} と第 3 列の T_{bear} の値を $E[Run] = \dfrac{2T_{bull}T_{bear}}{T_{bull}+T_{bear}}+1$ および $Var[Run] = \dfrac{2T_{bull}T_{bear}(2T_{bull}T_{bear}-T_{bull}-T_{bear})}{(T_{bull}+T_{bear})^2(T_{bull}+T_{bear}-1)}$ に代入して得られた値が第 5 列の $E[Run]$ と第 6 列の $Var[Run]$ である。第 7 列は、これらと第 4 列の Run を $\dfrac{Run+\frac{1}{2}-E[Run]}{\sqrt{Var[Run]}}$ に代入して得られる検定統計量の値である。第 8 列には P 値を記載した。

	T_{bull}	T_{bear}	Run	$E[Run]$	$Var[Run]$	(5)式	P値
BB-PS 法	413	269	319	326.80	155.39	−0.59	0.28
BB-G 法	415	267	340	325.94	154.57	1.17	0.88
LT-(0.15, 0.15) 法	430	216	302	288.55	127.75	1.23	0.89
LT-(0.20, 0.20) 法	441	205	280	280.89	121.02	−0.04	0.48

じ母集団に従うという結論が得られる。

Gonzalez et al. (2005) や、LT 法の LT-(0.15, 0.15) 法、LT-(0.20, 0.20) 法の結果のブル・ベア市場のリターンについても連検定を行った。その結果、すべての場合において、これらの 2 系列は同じ母集団から得られたという結論が導かれた。この検定結果は、ブル市場のリターンとベア市場のリターンは平均だけが異なる分布に従っていることを示している。

4　ボラティリティの分析

前節では、ブル市場の月次リターンとベア市場の月次リターンの相違は平均だけにあることがわかった。しかし、より実際に即した分析を行うのであれば、過去の情報を所与としたときのリターンの分布を分析する必要がある。このような分布に関する研究に Maheu and McCurdy (2000) があり、ブル市場はリターンが高くボラティリティが低い期間、ベア市場はリターンが低くボラティリティが高い期間とされる。そこで、本節では、ボラティリティの分析を行う。

4.1 モデル

リターンとボラティリティがブル・ベア市場によって変化するモデルとして,

$$R_t = \mu_1 + \mu_2 D_t + \varepsilon_t, \tag{7}$$

$$\varepsilon_t = \sqrt{h_t}\eta_t, \eta_t \sim i.i.d.(0,1), \tag{8}$$

$$h_t = \omega_1 + \omega_2 D_t + \alpha_1 \varepsilon_{t-1}^2 + \alpha_2 \varepsilon_{t-2}^2 \tag{9}$$

を仮定する[18]。$\mu_1, \mu_2, \omega_1, \omega_2, \alpha_1, \alpha_2$ はパラメータである。D_t は t 期の市場状態

---

[18] 本論文ではボラティリティ変動を表現するモデルの中からARCHモデルを分析に用いた。このようなダミー変数を含まない通常のボラティリティモデルではARCHモデルよりもGARCHモデルの方がデータに対するフィットがよいことを理由として,本論文でもGARCHモデルを用いるべきであると思われるかも知れない。そこで,ARCHモデルを使う理由を説明する。なお,簡単化のためにラグの短いGARCH (1,1) モデルとARCH (1) モデルを説明に用いる。
初期値として ε_0^2 と h_0 を所与とすると,1期における通常のGARCH (1,1) モデルは

$$h_1 = \omega + \alpha \varepsilon_0^2 + \beta h_0 \tag{10}$$

として与えられる。次期の $h_2 = \omega + \alpha \varepsilon_1^2 + \beta h_1$ に上記の h_1 を代入すると

$$h_2 = (1+\beta)\omega + \alpha(\varepsilon_1^2 + \beta \varepsilon_0^2) + \beta^2 h_0 \tag{11}$$

となる。このように代入を繰り返すと,ある t 期には

$$h_t = \omega(1+\beta+\beta^2+\cdots+\beta^{t-1}) + \alpha(\varepsilon_{t-1}^2 + \beta \varepsilon_{t-2}^2 + \cdots + \beta^{t-1}\varepsilon_0^2) + \beta^t h_0 \tag{12}$$

と表される。
ここで,パラメータ ω が変化するモデルを考え,t 期までは $\omega = \omega_1$ であり,$t+1$ 期に $\omega = \omega_1 + \omega_2$ に変化すると仮定する。このとき,h_{t+1} は

$$h_{t+1} = (\omega_1 + \omega_2) + \omega_1(1+\beta+\beta^2+\cdots+\beta^{t-1})$$
$$+ \alpha(\varepsilon_t^2 + \beta \varepsilon_{t-1}^2 + \cdots + \beta^t \varepsilon_0^2) + \beta^{t+1} h_0 \tag{13}$$

となる。定数項 $(\omega_1 + \omega_2) + \omega_1(1+\beta+\beta^2+\cdots+\beta^{t-1})$ の中で変化するのは新しく加わった $(\omega_1 + \omega_2)$ だけ,すなわち定数項のごく一部分しか変化を伴わない。さらに h_{t+2} 期にも $\omega = \omega_1 + \omega_2$ の状態が続いたと仮定して,定数項だけを書き表すと,

$$2(\omega_1 + \omega_2) + \omega_1(1+\beta+\beta^2+\cdots+\beta^{t-1}) \tag{14}$$

となる。このことから,$\omega = \omega_1 + \omega_2$ の状態が続く限りにおいて,1期長くなるにつれて,定数項が $\omega_1 + \omega_2$ だけ増え続けていくことがわかる。
同じ仮定の下で,1次のラグを伴うARCHモデルを表すと,

$$h_t = \omega_1 + \alpha \varepsilon_{t-1}^2 \tag{15}$$

および,

$$h_{t+1} = \omega_1 + \omega_2 + \alpha \varepsilon_t^2 \tag{16}$$

となることから,$t+1$ 期に定数項が変化することが明らかである。また,$\omega = \omega_1 + \omega_2$ の状態が続く限りにおいて,定数項は常に $\omega_1 + \omega_2$ であり,GARCHモデルのように定数項が増加し続けることがないため,ブル・ベア市場の変わり目とボラティリティの変化の関係を分析しやすい。より高次のラグを伴うARCHモデルについても同様である。Maheu and McCurdy (2000) もやはり,GARCHモデルではなく,ARCHモデルを使っている。

を表すダミー変数であり，t 期がブル市場であれば $D_t=0$，逆にベア市場であれば $D_t=1$ とする．このため，(7) 式の定数項はブル市場のときに μ_1，ベア市場のときに $\mu_1+\mu_2$ となる[19]．

h_t はリターンの条件付き分散を表すために，$h_t>0$ でなければならない[20]．(9) 式の右辺に含まれる D_t, ε_{t-1}^2, ε_{t-2}^2 はすべて非負の値をとるので，$h_t>0$ を満たすには，パラメータに $\omega_1>0$, $\omega_2 \geq 0$, $\alpha_1 \geq 0$, $\alpha_2 \geq 0$ の制約が必要である．

ところで，(9) 式によると，$\omega_1+\omega_2 D_t$ は，h_t の変動の中で ε_{t-1}^2, ε_{t-2}^2 で説明されない残りの部分である．また，$\alpha_1 \varepsilon_{t-1}^2 + \alpha_2 \varepsilon_{t-2}^2$ が非負であることを合わせると，$\omega_1+\omega_2 D_t$ は h_t が取りうる最小の値であることがわかる．(9) 式の定数項は，ブル市場のときに ω_1，ベア市場のときに $\omega_1+\omega_2$ に変化することを仮定したことから，ブル市場よりもベア市場のボラティリティの最小値が高いという条件が含まれていることがわかる[21]．

---

19) より一般的に，
$$R_t = \mu_1 + \mu_2 D_t + \sum_{i=1}^{p} \phi_i (R_{t-i} - \mu_1 - \mu_2 D_{t-i}) + \varepsilon_t$$
$$\varepsilon_t = \sqrt{h_t}\,\eta_t, \eta_t \sim i.i.d.(0,1),$$
$$h_t = \omega_1 + \omega_2 D_t + \sum_{j=1}^{q} \alpha_j \varepsilon_{t-j}^2$$
として，R_t の自己回帰モデルの次数 p を 0~2，ARCH モデルの次数 q を 0~4 と変えて 15 通りのモデルを推定し，情報量基準 SBIC で比較した結果，AR ラグが 0 で ARCH ラグが 2 のモデルが選択された．

20) h_t は $t-1$ 期までの情報を所与としたときの t 期のリターンの条件付き分散と等しい．これを $Var_{t-1}[R_t]$ と表記すると，
$$Var_{t-1}[R_t] = Var_{t-1}[\sqrt{h_t}\,\eta_t] = h_t Var_{t-1}[\eta_t] = h_t$$
となり，リターンの条件付き分散がボラティリティと等しいことがわかる．なお，$\sqrt{h_t}$ と η_t が独立であることと，$t-1$ 期までの情報を所与とした下で h_t は確率変数を含まないことから，2 番目の等式が成り立つ．また，$Var[\eta_t]=1$ と仮定されていることから，最後の等式が成立する．

21) 定式化を確かめるため，本論文の仮定とは逆にブル市場のボラティリティの方が大きいという制約を含めた ARCH モデル
$$h_t = \omega_1 + \omega_2(1-D_t) + \alpha_1 \varepsilon_{t-1}^2 + \alpha_2 \varepsilon_{t-2}^2$$
を推定した．ブル市場であれば $h_t = \omega_1 + \omega_2 + \alpha_1 \varepsilon_{t-1}^2 + \alpha_2 \varepsilon_{t-2}^2$，ベア市場であれば $h_t = \omega_1 + \alpha_1 \varepsilon_{t-1}^2 + \alpha_2 \varepsilon_{t-2}^2$ となることと，パラメータに制約が課されていることから，これはブル市場の方がボラティリティの最小値が高いという制約が含まれたモデルであるとわかる．モデルの推定結果によると ω_2 が統計的にゼロであったため，この仮説は支持されない．このため，本論文では (9) 式のとおりに，ボラティリティの最小値はベア市場の方が高い仮定を含めたモデルを採用する．

ボラティリティの研究によると，リターンの誤差項 η_t は正規分布よりも裾の厚い分布に従っていると指摘されているので (Bollerslev (1987) を参照)，本論文では η_t が平均 0，分散 1，自由度 ν の t 分布に従うことを仮定した．この密度関数は

$$f_\eta(\eta_t) = \frac{\Gamma\left(\frac{\nu+1}{2}\right)}{\Gamma\left(\frac{\nu}{2}\right)} [\pi(\nu-2)]^{-1/2} \left[1 + \frac{\eta_t^2}{\nu-2}\right]^{-(\nu+1)/2} \quad (17)$$

で与えられる．ただし $\nu>2$ の制約が課される．尖度は $E[\eta_t^4]=3(\nu-2)/(\nu-4)$ であるため，$4<\nu<\infty$ で尖度が 3 を上回り，η_t が正規分布よりも裾の厚い分布に従うことがわかる．

　推定の詳細は以下のとおりである．なお，すべてのパラメータ μ_1, μ_2, ω_1, ω_2, α_1, α_2, ν をまとめて θ と表す．はじめに，ε_0^2, ε_{-1}^2 を初期値として与えると $h_1 = \omega_1 + \omega_2 D_1 + \alpha_1 \varepsilon_0^2 + \alpha_2 \varepsilon_{-1}^2$ をパラメータで表すことができる．すると R_1 は平均 $\mu_1 + \mu_2 D_1$，分散 h_1，自由度 ν の t 分布に従う．この密度関数を対数変換したものを $\ln f(R_1|\theta, \varepsilon_0^2, \varepsilon_{-1}^2, D_1)$ とする．

　次に，R_1 を所与とすると，$\varepsilon_1 = R_1 - \mu_1 - \mu_2 D_1$ であり，これと初期値 ε_0^2 で h_2 を表すことができる．R_2 の密度関数を対数変換したものを $\ln f(R_2|\theta, R_1, \varepsilon_0^2, D_1, D_2)$ とする．$t \geq 3$ については，$R_1, \cdots, R_{t-1}$ を所与とすれば (7) 式を使って ε_{t-1}，ε_{t-2} を与えることができるので，これを使って h_t を表し，R_t の対数密度関数 $\ln f(R_t|\theta, \tilde{R}_{t-1}, \tilde{D}_t)$ が与えられる．ただし，$\tilde{R}_{t-1} \equiv \{R_1, \cdots, R_{t-1}\}$ であり，$t-1$ 期までのすべてのリターンを含む．また，$\tilde{D}_t \equiv \{D_1, \cdots, D_t\}$ とする．対数尤度関数は

$$\begin{aligned}
\ln L(\theta|\tilde{D}_{T^*}) &\equiv \ln f(\tilde{R}_{T^*}|\theta, \varepsilon_0^2, \varepsilon_{-1}^2, \tilde{D}_{T^*}) \\
&= \sum_{t=3}^{T^*} \ln f(R_t|\theta, \tilde{R}_{t-1}, \tilde{D}_t) + \ln f(R_2|\theta, R_1, \varepsilon_0^2, \tilde{D}_2) \\
&\quad + \ln f(R_1|\theta, \varepsilon_0^2, \varepsilon_{-1}^2, \tilde{D}_1) \\
&= T^* \ln \Gamma\left(\frac{\nu+1}{2}\right) - T^* \ln \Gamma\left(\frac{\nu}{2}\right) \\
&\quad - \frac{T^*}{2} \ln[\pi(\nu-2)] - \frac{1}{2} \sum_{t=1}^{T^*} \ln h_t
\end{aligned}$$

$$-\frac{(\nu+1)}{2}\sum_{t=1}^{T^*}\ln\left[1+\frac{(R_t-\mu_1-\mu_2 D_t)^2}{(\nu-2)h_t}\right] \qquad (18)$$

である.この対数尤度関数を使って最尤法を行い,θ の推定値を得る.なお,ε_0^2, ε_{-1}^2 には $\{\varepsilon_1,\cdots,\varepsilon_{T^*}\}$ の標本分散を使った.

ところで,(18)式の対数尤度関数は $\ln L(\theta|\tilde{D}_{T^*})$ として $\tilde{D}_{T^*}$ を所与とした関数であることを明記している.なぜなら,BB 法か LT 法でブル・ベア市場を表す $\tilde{D}_{T^*}$ を決定し,続いてこれを所与として(18)式の対数尤度を最大化しているからである.BB 法で決定された $\tilde{D}_{T^*}$ を所与とした推定結果と LT 法で決定された $\tilde{D}_{T^*}$ を所与とした推定結果を比較することで,これら 2 方法の比較検討を行う.

これを所与とせずに,すなわちブル・ベア市場を表す $\tilde{D}_{T^*}$ もモデルの他のパラメータと同時に推定すべきという指摘もあろう.例えばマルコフ・スイッチング・モデルでは,本論文のモデルの $\tilde{D}_{T^*}$ を内生変数として扱い,フィルタリングして最尤法を用いるか,あるいは EM アルゴリズムを使うことで推定できる(詳しくは Kim and Nelson (1999) を参照されたい).この方法の推定結果と本論文の推定結果の比較は今後の研究課題としている.

4.2 推 定 結 果

(7)式から(9)式のモデルの推定結果について考察する.(7)式から(9)式で与えられるモデルを「モデル 1」として,表 6-5 の「モデル 1」列に,BB-PS 法の山と谷の結果を与えた下でのパラメータの推定値と標準誤差,そして対数尤度の値と情報量基準 SBIC をまとめた[22,23].まず,リターンの平均を表すパラメータに注目する.ブル市場の平均 μ_1 の推定値 2.28 に対して,ベア市場の平均 $\mu_1+\mu_2$ の推定値は -1.68 であり,どちらも市場局面を適切に表していることがわかる.また,ブル市場とベア市場のリターンの平均の差を表す μ_2 の推定値がマイナスであることと,μ_2 は統計的に有意にゼロと異なることから,ブル市場とベア市場ではリターンの平均が異なっていることを確かめ

---

22) SBIC$=-2\ln L(\theta)+n\times\ln(T)$ である.n は推定されるパラメータの数である.
23) 基本統計量の分析でも言及したが,標本期間には最後の市場局面の一部しか含まれていない可能性があるため,最後の転換点以降の期間を除いた期間についてモデルを推定した.

表 6-5　推定結果

モデル1はブル・ベア市場でリターン・ボラティリティ・パラメータが変化するARCHモデル，モデル2はリターン・ボラティリティ・パラメータが一定のモデル，モデル3はブル・ベア市場でリターン・パラメータは変化する一方でボラティリティ・パラメータは一定のモデル，モデル4はブル・ベア市場でリターン・ボラティリティ・パラメータが変化するがARCH効果はないモデルである．上段は推定値，下段は標準誤差である．ブル・ベア市場はBB-PS法で決定されたものである．

	モデル1	モデル2	モデル3	モデル4
μ_1	2.28	0.99	2.29	2.35
	0.21	0.19	0.22	0.21
μ_2	−3.96		−3.98	−4.30
	0.40		0.38	0.40
ω_1	14.94	18.22	17.85	20.80
	1.72	2.04	1.72	1.81
ω_2	8.65			12.84
	3.21			3.82
a_1	0.10	0.11	0.11	
	0.05	0.05	0.05	
a_2	0.20	0.34	0.20	
	0.07	0.09	0.07	
ν	11.33	10.84	10.63	7.99
	4.21	3.87	3.73	2.19
対数尤度	−2043.29	−2099.86	−2047.63	−2056.82
SBIC	4132.25	4232.34	4134.41	4146.26

られる．

続いてブル・ベア市場の変化とボラティリティの変化の関係について分析する．表6-5によるとω_2の推定値は8.65であり，$\omega_2=0$を帰無仮説，$\omega_2>0$を対立仮説とする片側検定を行うと帰無仮説は棄却されるため，ベア市場のときにはブル市場のときよりもボラティリティが大きいことが確かめられる[24]．

パラメータの推定値を (7) 式から (9) 式に代入すると，ボラティリティの推定値 $\hat{h}_t$ および，ボラティリティが取りうる最小値の推定値 $\hat{\omega}_1+\hat{\omega}_2 D_t$ を得

---

24) ω_2 には制約が課されているため，対立仮説は $\omega_2 \neq 0$ ではなく $\omega_2>0$ となる．

ることができる.図6-4 にこれらを示した.下方で2段階で変化しているのが $\hat{\omega}_1+\hat{\omega}_2 D_t$ である.ブル・ベア市場の変化と同時に,ボラティリティが取りうる最小値が変化していることが,図からも確認できる.一方,上方に示されている $\hat{h}_t$ は各期ごとに変化していることが見て取れる.このように,ブル・ベア市場の変化に伴って変化する要素と,各期に変化する要素の両方が共存していることがわかる.

推定結果の考察からわかったことは以下3点である.(1) 過去の情報を所与として,ブル・ベア市場の変化とともにリターンの平均,ボラティリティが変化する,(2) ボラティリティが取りうる最小値はベア市場の方が高い,(3) ボラティリティの変動は,ブル・ベア市場の変化に伴うボラティリティの変動のほかに,各期ごとの変動もある.

次にブル・ベア市場決定結果を再考察する.2.5項の考察によると,事前設定値を変えてBB法を実行すると,山と谷が検出される結果が異なることがわかった.本論文の実証分析結果では1970年代と1990年代に,これが顕著に現れていた.このように事前設定値を変えると結果が変わる時期がある一方で,

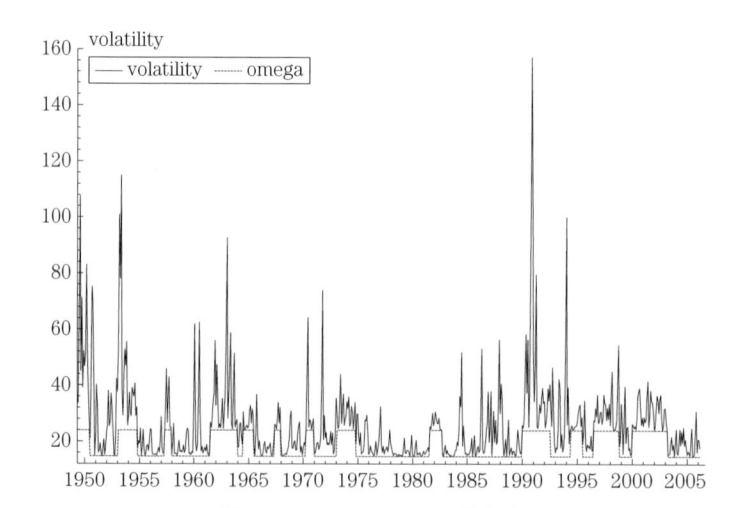

図 6-4 ボラティリティ推定値
パラメータの推定値を (7) 式から (9) 式に代入して得られたボラティリティの推定値である.下方で2段階に変化しているのが $\hat{\omega}_1+\hat{\omega}_2 D_t$ であり,上方で変化しているのが $\hat{h}_t$ である.

そうではない時期もある．その違いは何に由来するものなのかを考察する．

ここで，ブル・ベア市場の区別を所与として (7) 式から (9) 式を推定した結果が，ブル・ベア市場区別の結果へ影響を及ぼすものではないことに注意しなければならない．ここでは推定結果として得られるボラティリティの大きさが，推定より前に決定されていたブル・ベア市場の結果に直接的に与える影響を考察することはできない．しかし，各期の市場状態を知る有益な情報であるボラティリティの推定値を参考とすると，ブル・ベア市場区別の結果の再考察に示唆が与えられる．

図 6-4 のボラティリティ推定値をみると，1970 年代後半はボラティリティが低い．1970 年代の TOPIX は安定的に変動していたことがわかる．安定的であったからこそ，際立った山や谷が存在しないために，事前設定値を変更すると結果が変化してしまったと考えられる．したがって，ウィンドウを狭くした場合に検出された山や谷は，一時的な変動を誤って検出したものであったと解釈できる．

一方，1990〜1991 年はボラティリティが高い期間である．バブル経済崩壊に伴い TOPIX が下落した期間であり，ボラティリティが高いことから，下落率が大きかったことと，そのような期間にも指数が上昇することがあったとわかる．この点は図 6-1 からも確認することができる．このように，短い期間で指数の変化方向が変化していたものを市場局面の転換点ととらえるのは無理があろう．この場合にも，一時的な変動を誤って検出したと解釈できる．

続いて LT 法の問題点は，一時的な変化として許容される幅の事前設定値を狭くすると，多くの転換点が選ばれることであり，この幅をどの程度にすればよいかを判断する材料が乏しいことであった．LT-(0.15, 0.15) 法とLT-(0.20, 0.20) 法を比較したとき，後者の設定値の下で選ばれた転換点が少ない期間は，1957 年，1970 年，1987 年，1993〜1994 年であった．指数の変化幅が非常に大きいときには，どちらの設定値を使っても転換点が選択される．また，変化幅が小さいときには，選択されない．これらと比較すると，変化幅の設定値によって検出されるかされないか結果が変わってしまうときは，指数の変化幅が中程度に大きかったときであると考えられる．この特徴は図 6-4 のボラティリティ推定値からも確認できる．

事前設定値を変更することによる転換点の検出結果への影響をまとめると，BB法ではボラティリティが非常に高いあるいは非常に低いといったときに，LT法では中程度に高いときに，その影響が顕著に現れることが確認された．選択された方法や事前設定値に結果が依存してしまうことは，すなわち，恣意性を排除できないことを意味する．科学的な分析を行うためには，ボラティリティの変化を考慮に入れてブル・ベアの転換点をモデルの中で検出する方法を考案すべきであり，これは今後の課題としたい．

4.3 他のパラメータの変化可能性

(7)～(9)式では，リターンの平均とボラティリティの最小値が変化することを仮定した一方で，ボラティリティの変動のうち ε_{t-1}^2，ε_{t-2}^2 の係数 α_1，α_2 と，t 分布の自由度を表すパラメータ ν は一定と仮定した．以下では，これらのパラメータがブル・ベア市場によって変化する可能性を分析するため，新たなモデル

$$R_t = \mu_1 + \mu_2 D_t + \varepsilon_t \tag{19}$$

$$\varepsilon_t = \sqrt{h_t}\eta_t, \eta_t \sim i.i.d.(0,1), \tag{20}$$

$$h_t = \omega_1 + \omega_2 D_t + (\alpha_1 + \alpha_{1D} D_t)\varepsilon_{t-1}^2 + (\alpha_2 + \alpha_{2D} D_t)\varepsilon_{t-2}^2 \tag{21}$$

を推定した．また，t 分布の自由度を表すパラメータは $\nu + \nu_D D_t$ として，ブル・ベア市場局面の転換と同時に変化することを仮定した．

このモデルを最尤推定した結果は表6-6にまとめた．追加されたパラメータ α_{1D}，α_{2D}，ν_D すべてが統計的に有意にゼロと異ならないことから，α_1，α_2，ν はブル・ベア市場の市場局面の変化と同時に変化しないとわかるので，(7)～(9)式のモデルのように，リターンの平均とボラティリティの最小値だけがブル・ベア市場局面の転換と同時に変化することを確かめることができた．

4.4 モデル比較

(7)～(9)式のモデルが適切か調べるため，ほかにも複数のモデルを推定し，推定結果の比較を行う．(7)～(9)式のモデルを基本モデルとして「モデル1」と表す．比較対象となるモデル2からモデル4と基本モデルを合わせた合計4

表 6-6 推定結果

推定モデルは

$$R_t = \mu_1 + \mu_2 D_t + \varepsilon_t$$
$$\varepsilon_t = \sqrt{h_t}\eta_t, \quad \eta_t \sim i.i.d.\ (0,1),$$
$$h_t = \omega_1 + \omega_2 D_t + (\alpha_1 + \alpha_{1D} D_t)\varepsilon_{t-1}^2 + (\alpha_2 + \alpha_{2D} D_t)\varepsilon_{t-2}^2$$

である．モデルの D_t はブル市場であれば 0，ベア市場であれば 1 となる変数である．第 1 行目に BB-PS 法とある列は BB-PS 法で決定されたブル・ベア市場の区別を所与として推定した結果であり，以下同様に BB-G 法，LT-(0.15, 0.15) 法，LT-(0.20, 0.20) 法で決定されたブル・ベア市場の区別を所与として推定した結果である．上段は推定値，下段は標準誤差である．

	BB-PS法	BB-G法	LT-(0.15,0.15)法	LT-(0.20,0.20)法
μ_1	2.27	2.35	2.14	1.93
	0.21	0.21	0.21	0.21
μ_2	−3.95	−4.12	−4.64	−4.08
	0.40	0.39	0.44	0.45
ω_1	14.94	15.10	15.94	17.45
	1.97	1.94	1.98	2.24
ω_2	7.66	6.32	8.63	5.81
	3.59	3.51	4.04	4.12
α_1	0.11	0.12	0.10	0.11
	0.07	0.07	0.06	0.07
α_2	0.20	0.20	0.16	0.15
	0.10	0.09	0.08	0.09
v	10.00	9.51	9.32	7.59
	4.37	3.99	3.80	2.46
α_{1D}	−0.01	−0.02	−0.02	0.01
	0.10	0.10	0.11	0.11
α_{2D}	−0.03	−0.03	−0.03	0.01
	0.13	0.12	0.11	0.12
ν_D	11.75	12.51	19.90	144.49
	24.05	24.47	48.53	139.96
対数尤度	−2032.28	−2027.78	−1922.06	−1939.10
SBIC	4129.80	4120.82	3908.82	3942.91

つのモデルは次のとおりである．

 モデル 1　ブル・ベア市場でリターン・ボラティリティ・パラメータが変化する ARCH モデル

 モデル 2　リターン・ボラティリティ・パラメータが一定のモデル

 モデル 3　ブル・ベア市場でリターン・パラメータは変化する一方でボラテ

ィリティ・パラメータは一定のモデル

モデル4 ブル・ベア市場でリターン・ボラティリティ・パラメータが変化するがARCH効果はないモデル

以下ではモデル2からモデル4を1つずつ取り上げて，推定結果をモデル1と比較する．

比較対象モデルの1つ目の候補は通常のARCHモデルであり，モデル1で$\mu_2=\omega_2=0$とゼロ制約を課したモデルとして表すことができる．すなわち，リターンの変動もボラティリティの変動も，ブル・ベア市場局面の転換点と何ら関係しないことが仮定されている．推定結果は表6-5の「モデル2」列にまとめた．推定値と標準誤差から，すべてのパラメータが統計的にゼロと異なり，モデルはデータにフィットしていることがわかる．しかし，フィットの良さを比較するために情報量基準SBICをみると，モデル2はモデル1よりも劣っている．したがって，リターンとボラティリティの変化はブル・ベア市場の局面の変化と同時に起こっていることがわかった．

市場局面の変化と同時にリターンの平均が変化している仮定は妥当であろうが，平均だけではなくボラティリティまでもが変化しているという仮定が妥当か確かめるため，$\omega_2=0$の制約を課すことで，ボラティリティは市場局面の変化と関連せずに持続性を持った変化だけをすると仮定したモデルを推定する．これを「モデル3」とする．モデル1と3をSBICで比較すると，モデル1が選択された．この結果から，ボラティリティの持続性だけでは説明不足であり，ブル・ベア市場の局面変化と同時に起こる変化が残されていることがわかる．

「モデル4」は，モデル1に$\alpha_1=\alpha_2=0$の条件を含めることで，ボラティリティ・モデルからARCH効果をはずしたモデルである．このモデルでは，リターンの条件付き分散は$Var_{t-1}[R_t]=h_t=\omega_1+\omega_2 D_t$となる．モデル1を思い出すと，条件付き分散は$Var_{t-1}=\omega_1+\omega_2 D_t+\alpha_1\varepsilon_{t-1}^2+\alpha_2\varepsilon_{t-2}^2$と表され，そこから非負の$\alpha_1\varepsilon_{t-1}^2+\alpha_2\varepsilon_{t-2}^2$を除いた$\omega_1+\omega_2 D_t$は「条件付き分散が取りうる最少値」と解釈された．これと比較すると，モデル4の$\omega_1+\omega_2 D_t$は「条件付き分散が取りうる値」，すなわちブル市場のボラティリティとベア市場のボラティリティそのものである．

推定結果をみると，ブル市場のボラティリティは20.80であり，ベア市場のボラティリティはさらに12.84高い33.64である．ブル市場とベア市場のボラティリティの差を表すω_2が統計的に有意であり，その推定値がプラスであることから，ベア市場の方がボラティリティが高いという結論が得られる．

ところで，モデル4とモデル1をSBICで比較すると，モデル1が選択される．したがって，ボラティリティの変動をブルベア市場の変化に伴う変動だけで説明するのは不十分であり，各期に生じる持続性を伴う変動を含める必要があるとわかる．

以上の分析から，ブル・ベア市場の局面変化とともにTOPIXの月次リターンの平均が変化していることが確かめられたうえに，そのボラティリティが持続性を持つ変動と，ブル・ベア市場の局面変化に伴う変動で構成されていることがわかった．

4.5 ブル・ベア市場転換点決定法への結果依存性のチェック

ここまではPagan and Sossounov (2003) の方法を使ってブル・ベア市場を区別し，その結果に基づくモデル推定結果について考察してきた．他の方法で区別されたブル・ベア市場の結果を使って同様の分析を行った．BB-G法の結果を表6-7に，LT-(0.15, 0.15) 法としたときの推定結果を表6-8に，LT-(0.20, 0.20) 法としたときの推定結果を表6-9に，それぞれまとめた．モデル1のほかに，比較のためにモデル3とモデル4も推定した結果[25]，LT-(0.15, 0.15) 法とLT-(0.20, 0.20) 法については，BB-PS法のブル・ベア区別を使ったモデル推定と同様の結果が得られた．このために，ブル・ベア市場の転換点を決定する方法に依存することなく，分析結果は頑健であることが確かめられた．

BB-G法の結果（表6-7）によると，情報量基準SBICでモデルを比較するとモデル3がモデル1よりも優れているものの，情報量基準の値は僅差であるので，これらのモデル間に明確な優劣はないと判断される．さらに，モデル1のω_2の推定値は7.08，標準誤差は3.09であり，$\omega_2 > 0$を対立仮説として，

---

[25] モデル2はブル・ベア市場の区別を考慮に入れないモデルであったため，追加的に推定する必要はない．

表 6-7 推定結果（BB-G法）

BB-G法で決定されたブル・ベア市場を所与として推定された結果である．モデル1はブル・ベア市場でリターン・ボラティリティ・パラメータが変化するARCHモデル，モデル3はブル・ベア市場でリターン・パラメータは変化する一方でボラティリティ・パラメータは一定のモデル，モデル4はブル・ベア市場でリターン・ボラティリティ・パラメータが変化するがARCH効果はないモデルである．上段は推定値，下段は標準誤差である．

	モデル1	モデル3	モデル4
μ_1	2.36	2.37	2.42
	0.21	0.22	0.22
μ_2	-4.12	-4.13	-4.45
	0.39	0.38	0.39
ω_1	15.14	17.55	21.68
	1.73	1.69	1.91
ω_2	7.08		9.73
	3.09		3.69
α_1	0.11	0.12	
	0.05	0.05	
α_2	0.19	0.20	
	0.07	0.07	
ν	10.93	10.57	7.54
	3.93	3.70	1.99
対数尤度	-2038.95	-2041.98	-2054.39
SBIC	4123.58	4123.11	4141.40

$\omega_2=0$ を検定すると，有意水準5%で帰無仮説は棄却されるため，モデル3で除外されたパラメータ ω_2 はモデル1では有意であることが確認できる．モデル3とモデル1の尤度比検定からも ω_2 がゼロと異なることが確認される．このように仮説検定によると ω_2 は有意であることが確認されたため，ボラティリティの最低値はブル・ベア市場局面の転換と同時に変化していると判断できる．

表 6-8 推定結果 LT-(0.15, 0.15)法

LT-(0.15, 0.15)法で決定されたブル・ベア市場を所与として推定された結果である．モデル1はブル・ベア市場でリターン・ボラティリティ・パラメータが変化するARCHモデル，モデル3はブル・ベア市場でリターン・パラメータは変化する一方でボラティリティ・パラメータは一定のモデル，モデル4はブル・ベア市場でリターン・ボラティリティ・パラメータが変化するがARCH効果はないモデルである．上段は推定値，下段は標準誤差である．

	モデル1	モデル3	モデル4
μ_1	2.16	2.17	2.23
	0.21	0.22	0.21
μ_2	-4.67	-4.71	-5.03
	0.44	0.42	0.43
ω_1	16.03	19.00	21.49
	1.79	1.82	1.85
ω_2	9.79		11.37
	3.63		4.11
α_1	0.08	0.09	
	0.05	0.05	
α_2	0.15	0.15	
	0.06	0.06	
ν	10.94	10.42	7.89
	4.15	3.81	2.23
対数尤度	-1932.82	-1937.45	-1943.09
SBIC	3910.94	3913.72	3918.53

4.6 ボラティリティの分析のまとめ

本節の結果は，ブル市場はリターンが高くボラティリティが低い期間，ベア市場はリターンが低くボラティリティが高い期間を表すというものであった．

ファイナンスの理論によると，リスクが一定であればリターンが大きい資産に投資すると考えられる．ベア市場ではリスクが高いうえにリターンが低いのであれば，もはや投資の魅力はないと受け取れる．ベア市場での投資家の行動を考えるためには，株式市場だけではなく他の市場と合わせたブル・ベア市場の分析が必要であろう．例えば債券市場が考えられる．

表 6-9 推定結果 LT-(0.20,0.20)法

LT-(0.20,0.20)法で決定されたブル・ベア市場を所与として推定された結果である。モデル1はブル・ベア市場でリターン・ボラティリティ・パラメータが変化するARCHモデル，モデル3はブル・ベア市場でリターン・パラメータは変化する一方でボラティリティ・パラメータは一定のモデル，モデル4はブル・ベア市場でリターン・ボラティリティ・パラメータが変化するがARCH効果はないモデルである。上段は推定値，下段は標準誤差である。

	モデル1	モデル3	モデル4
μ_1	1.93	1.94	1.98
	0.21	0.22	0.22
μ_2	−4.09	−4.11	−4.47
	0.45	0.43	0.45
ω_1	17.00	19.43	22.98
	1.92	1.93	1.97
ω_2	9.31		12.15
	3.96		4.51
α_1	0.09	0.10	
	0.05	0.05	
α_2	0.17	0.17	
	0.07	0.06	
ν	9.79	10.12	7.63
	3.22	3.46	2.07
対数尤度	−1950.87	−1954.41	−1961.67
SBIC	3947.03	3947.64	3955.69

　本論文で使用したBB法とLT法の細部は異なるものの，大まかな枠組みは1次元の系列の山と谷を見つけ出す方法である点で共通している．これらの方法を2次元へ拡張できるのであれば，上記の問題，すなわち株式市場と債券市場の市場状態を同時に分析する問題に対応できる．そこで，2次元への拡張可能性について言及する．

　2つの系列の「山」と「谷」が完全に同時期に存在しているとは考えにくい．むしろ異なる時期に存在していると考えるのが自然であろう．このような系列の市場状態の区別に既存の方法を応用するのであれば，以下の2通りが考

えられる．

1つ目は2系列について別々に既存方法を適用し，その結果をまとめ上げるものである．株式と債券といった2系列のそれぞれについて，BB法またはLT法を適用して，2通り（ブルとベア市場）の分類をしてまとめると，合計4通りに分類できる．

2つ目は2系列の変動を1つの指数にまとめ上げ，その指数に既存方法を適用するものである．この場合には指数の作成法について詳細な考察が必要とされる．指数に既存方法を適用する段階には何ら問題はない．

BB法とLT法を2次元へ拡張する方法に加え，他の方法を用いて2次元系列を分析することも可能である．例えば，ブル・ベア市場を表すダミー変数を内生的に扱うモデルとしてマルコフ・スイッチング・モデルを使って多変量時系列モデルとして分析すればよいであろう（マルコフ・スイッチング・モデルについてはKim and Nelson (1999) を参照されたい）．

5　ま　と　め

本論文では，ブル・ベア市場と呼ばれる，株価指数の上昇局面と下落局面の循環的な変動について統計分析を行った．ブル市場とベア市場のリターンの分布について比較すると，リターンの平均値が異なるほかには違いはみられなかったため，リターンの分布を規定するためには，市場局面の転換点と局面の平均だけがわかれば十分である．

その一方で，ボラティリティについて比較したところ，ベア市場のボラティリティが取りうる最小値はブル市場よりも高いという結果が得られた．ボラティリティの変動には，ブル・ベア市場の転換点と同時に起こる変動と，持続性を伴う各期の変動の両方が存在していることが確かめられた．このような特徴は，ブル・ベア市場の転換点決定法に依存しないことも確認された．

最後に，ブル・ベア市場転換点そのものは決定法によって異なっていたため，恣意性を排除した決定法を構築することを今後の研究課題としたい．このとき，リターンが従う分布の特性やボラティリティの特性を内生的に扱う必要も含めた研究が必要とされるであろう．

〔参考文献〕

加納　悟・浅子和美（1996）『入門経済のための統計学』日本評論社.

Bollerslev, T. (1987), "A conditional heteroskedastic time series model for speculative prices and rates of return," *Review of Economics and Statistics*, **69**, 542-547.

Bry, G. and C. Boschan (1971), "Cyclical analysis of time series: Selected procedures and computer programs," National Bureau of Economic Research.

Gonzalez L., J. G. Powell, J. Shi and A. Wilson (2005), "Two centuries of bull and bear market cycles," *International Review of Economics and Finance*, **14**, 469-486.

Hardouvelis, G. A. and P. Theodossiou (2002), "The asymmetric relation between initial margin requirements and stock market volatility across bull and bear markets," *Review of Financial Studies*, **15**(5), 1525-1559.

Kim, C.-J. and C. R. Nelson (1999), *State-Space Models with Regime Switching*, MIT Press.

Lunde, A. and A. Timmermann (2004), "Duration dependence in stock prices: An analysis of bull and bear markets," *Journal of Business and Economic Statistics*, **22**(3), 253-273.

Maheu and McCurdy (2000), "Identifying bull and bear markets in stock returns," *Journal of Business and Economic Statistics*, **18**(1), 100-112.

Pagan, A. R. and K. A. Sossounov (2003), "A simple framework for analysing bull and bear markets," *Journal of Applied Econometrics*, **18**, 23-46.

Schwert, G. W. (2001), "Indexes of U.S. stock prices from 1802 to 1987," *Journal of Business*, **63**(3), 399-426.

（立教大学経営学部）

『ジャフィー・ジャーナル』投稿規定

1. 『ジャフィー・ジャーナル』への投稿原稿は，金融工学，金融証券計量分析，金融経済学，行動ファイナンス，企業経営分析，コーポレートファイナンスなど資本市場と企業行動に関連した内容で，理論・実証・応用に関する内容を持ち，未発表の和文の原稿に限ります．

2. 投稿原稿は，以下の種とします．
   (1) 論文（Paper）
   　　金融工学，金融証券計量分析，金融経済学，行動ファイナンス，企業経営分析，コーポレートファイナンス等の領域，および，その関連領域に貢献するオリジナルな研究成果
   (2) 展望論文（Review Article）
   　　特定のテーマに関する一連の研究，その周辺領域の発展と未解決問題を，総括的，かつ，体系的に著者独自の視点から報告したもの
   (3) 研究ノート（Short Communication）
   　　研究速報，事例報告や既発表の論文に対するコメントなどで金融工学，金融証券計量分析，金融経済学，行動ファイナンス，企業経営分析，コーポレートファイナンス等の領域に関して記録する価値があると認められるもの

3. 投稿された原稿は，『ジャフィー・ジャーナル』編集委員会が選定・依頼した査読者の審査を経て，掲載の可否を決定し，本編集委員会から著者に連絡する．

4. 原稿は，PDFファイルに変換したものをEメールでJAFEE事務局へ提出する．原則として，原稿は返却しない．なお，投稿原稿には，著者名，所属，連絡先を記載せず，別に，標題，種別，著者名，所属，連絡先（住所，Eメールアドレス，電話番号）を明記したものを添付する．

5. 査読者の審査を経て，採択された原稿は，原則としてLatex形式で入稿しなければならない．なお，『ジャフィー・ジャーナル』への掲載図表も論文投稿者が作

成する．

6. 著作権
   (1) 掲載された論文などの著作権は日本金融・証券計量・工学学会に帰属する（特別な事情がある場合には，著者と本編集委員会との間で協議の上措置する）．
   (2) 投稿原稿の中で引用する文章や図表の著作権に関する問題は，著者の責任において処理する．

［既刊ジャフィー・ジャーナル］

① 1995 年版　**金融・証券投資戦略の新展開**（森棟公夫・刈屋武昭編）
　　　　　　　A5 判 176 頁　ISBN 4-492-71097-3
② 1998 年版　**リスク管理と金融・証券投資戦略**（森棟公夫・刈屋武昭編）
　　　　　　　A5 判 215 頁　ISBN 4-492-71109-0
③ 1999 年版　**金融技術とリスク管理の展開**（今野　浩編）
　　　　　　　A5 判 185 頁　ISBN 4-492-71128-7
④ 2001 年版　**金融工学の新展開**（高橋　一編）
　　　　　　　A5 判 166 頁　ISBN 4-492-71145-7
⑤ 2003 年版　**金融工学と資本市場の計量分析**（高橋　一・池田昌幸編）
　　　　　　　A5 判 192 頁　ISBN 4-492-71161-9
⑥ 2006 年版　**金融工学と証券市場の計量分析 2006**（池田昌幸・津田博史編）
　　　　　　　A5 判 227 頁　ISBN 4-492-71171-6
　　　　　　　　　　　　　　　　　　　　　（以上，発行元：東洋経済新報社）
⑦ 2007 年版　ジャフィー・ジャーナル―金融工学と市場計量分析
　　　　　　　非流動性資産の価格付けとリアルオプション
　　　　　　　（津田博史・中妻照雄・山田雄二編）
　　　　　　　A5 判 276 頁　ISBN 978-4-254-29009-7
⑧ 2008 年版　ジャフィー・ジャーナル―金融工学と市場計量分析
　　　　　　　ベイズ統計学とファイナンス
　　　　　　　（津田博史・中妻照雄・山田雄二編）
　　　　　　　A5 判 256 頁　ISBN 978-4-254-29011-0
　　　　　　　　　　　　　　　　　　　　　（以上，発行元：朝倉書店）

役 員 名 簿

会長	：前川功一
副会長，和文誌担当	：津田博史
副会長，庶務担当	：中川秀敏
英文誌担当	：赤堀次郎
庶務担当	：石井昌宏
会計担当	：大上慎吾
広報担当	：石村直之　塚原英敦
ジャフィー・コロンビア担当	：林　高樹
大会兼フォーラム担当	：中妻照雄　新井拓児　山田雄二
	山内浩嗣　石島　博
法人担当	：池森俊文　中村信弘
監事	：木村　哲　池田昌幸
	（2010 年 1 月 1 日　現在）

＊　　　＊　　　＊　　　＊　　　＊

『ジャフィー・ジャーナル』編集委員会
　　編集長：津田博史
　　副編集長：中妻照雄　山田雄二

なお，日本金融・証券計量・工学学会については，以下までお問い合わせ下さい：
〒101-8439　東京都千代田区一ツ橋 2-1-2　学術総合センタービル 8 F
　　一橋大学大学院国際企業戦略研究科　金融戦略共同研究室内
　　ジャフィー事務局
　　　　　　TEL ：03-4212-3112
　　　　　　FAX ：03-4212-3020
　　　　　　E-mail：office@jafee.gr.jp
詳しいことはジャフィー・ホームページをご覧下さい．
http://www.jafee.gr.jp/

日本金融・証券計量・工学学会（ジャフィー）会則

1. 本学会は，日本金融・証券計量・工学学会と称する．英語名は The Japanese Association of Financial Econometrics & Engineering とする．略称をジャフィー（英語名：JAFEE）とする．本学会の設立趣意は次のとおりである．

    「**設立趣意**」日本金融・証券計量・工学学会（ジャフィー）は，広い意味での金融資産価格や実際の金融的意思決定に関わる実証的領域を研究対象とし，産学官にわたる多くのこの領域の研究・分析者が自由闊達な意見交換，情報交換，研究交流および研究発表するための学術的組織とする．特に，その設立の基本的な狙いは，フィナンシャル・エンジニアリング，インベストメント・テクノロジー，クウォンツ，理財工学，ポートフォリオ計量分析，ALM，アセット・アロケーション，派生証券分析，ファンダメンタルズ分析等の領域に関係する産学官の研究・分析者が，それぞれの立場から個人ベースでリベラルな相互交流できる場を形成し，それを通じてこの領域を学術的領域として一層発展させ，国際的水準に高めることにある．

    組織は個人会員が基本であり，参加資格はこの領域に興味を持ち，設立趣意に賛同する者とする．運営組織は，リベラルかつ民主的なものとする．

2. 本学会は，設立趣意の目的を達成するために，次の事業を行う．
    (1) 研究発表会（通称，ジャフィー大会），その他学術的会合の開催
    (2) 会員の研究成果の公刊
    (3) その他本学会の目的を達成するための適切な事業
3. 本学会は，個人会員と法人会員からなる．参加資格は，本学会の設立趣旨に賛同するものとする．個人会員は，正会員，学生会員および名誉会員からなる．法人会員は口数で加入し，1法人1部局（機関）2口までとする．
4. 1) 会員は以下の特典を与えられる．

    (1) 日本金融・証券計量・工学学会誌（和文会誌）について，個人正会員は1部無料で配付される．また，法人会員は1口あたり1部を無料で配付される．

    (2) 英文会誌 Asia-Pacific Financial Markets について，個人正会員は1部無料で配付される．また，法人会員は1口あたり1部を無料で配付される．

    (3) 本学会が催す，研究発表会等の国内学術的会合への参加については，以

　　　　（ア）個人正会員，学生会員，名誉会員とも原則有料とし，その料金は予め会員に通知されるものとする．
　　　　（イ）法人会員は，研究発表会については1口の場合3名まで，2口の場合5名までが無料で参加できるものとし，それを超える参加者については個人正会員と同額の料金で参加できるものとする．また，研究発表会以外の会合への参加は原則有料とし，その料金は予め会員に通知されるものとする．
　　（4）本学会が催す国際的学術的会合への参加については，個人正会員，学生会員，名誉会員，法人会員とも原則有料とし，その料金は予め個人正会員，学生会員，名誉会員，法人会員に通知されるものとする．
　　2）各種料金については，会計報告によって会員の承認を得るものとする．
5．学生会員および法人会員は，選挙権および被選挙権をもたない．名誉会員は被選挙権をもたない．
6．入会にあたっては，入会金およびその年度の会費を納めなければならない．
7．1）会員の年会費は以下のように定める．
　　（1）関東地域（東京都，千葉県，茨城県，群馬県，栃木県，埼玉県，山梨県，神奈川県）に連絡先住所がある個人正会員は10,000円とする．
　　（2）上記以外の地域に連絡先住所がある個人正会員は6,000円とする．
　　（3）学生会員は2,500円とする．
　　（4）法人会員の年会費は，1口70,000円，2口は100,000円とする．
　　（5）名誉会員は無料とする．
　　2）入会金は，個人正会員は2,000円，学生会員は500円，法人会員は1口10,000円とする．
　　3）会費を3年以上滞納した者は，退会したものとみなすことがある．会費滞納により退会処分となった者の再入会は，未納分の全納をもって許可する．
8．正会員であって，本学会もしくは本学界に大きな貢献のあったものは，総会の承認を得て名誉会員とすることができる．その細則は別に定める．
9．本会に次の役員をおく．
　　会長1名，副会長2名以内，評議員20名，理事若干名，監事2名
　　評議員は原則として学界10名，産業界および官界10名とし，1法人（機関）1部局あたり1名までとする．
10．会長および評議員は，個人正会員の中から互選する．評議員は，評議員会を組織して会務を審議する．

11. 理事は，会長が推薦し，総会が承認する．ただし，会誌編集理事（エディター）は評議員会の承認を得て総会が選出する．理事は会長，副会長とともに第2条に規定する会務を執行する．理事は次の会務の分担をする．

    庶務，会計，渉外，広報，会誌編集，大会開催，研究報告会のプログラム編成，その他評議員会で必要と議決された事務．

12. 会長は選挙によって定める．会長は，本学会を代表し，評議員会の議長となる．会長は第10条の規定にかかわらず評議員となる．会長は (1) 評議員会の推薦した候補者，(2) 20名以上の個人正会員の推薦を受けた候補者，もしくは (3) その他の個人正会員，の中から選出する．(1)(2) の候補者については，本人の同意を必要とする．(1)(2) の候補者については経歴・業績等の個人情報を公開するものとする．

13. 副会長は，会長が個人正会員より推薦し，総会が承認する．副会長は，評議員会に出席し，会長を補佐する．

14. 監事は，評議員会が会長，副会長，理事以外の個人正会員から選出する．監事は会計監査を行う．

15. 本学会の役員の任期は，原則2年とする．ただし，連続する任期の全期間は会長は4年を超えないものとする．なお，英文会誌編集担当理事（エディター）の任期は附則で定める．

16. 評議員会は，評議員会議長が必要と認めたときに招集する．また，評議員の1/2以上が評議員会の開催を評議員会議長に要求したときは，議長はこれを招集しなければならない．

17. 総会は会長が招集する．通常総会は，年1回開く．評議員会が必要と認めたときは，臨時総会を開くことができる．正会員の1/4以上が，署名によって臨時総会の開催を要求したときは，会長はこれを開催しなければならない．

18. 総会の議決は，出席者の過半数による．

19. 次の事項は，通常総会に提出して承認を受けなければならない．
    (1) 事業計画および収支予算
    (2) 事業報告および収支決算
    (3) 会則に定められた承認事項や決定事項
    (4) その他評議員会で総会提出が議決された事項

20. 本学会は，会務に関する各種の委員会をおくことができる．各種委員会の運営は，別に定める規定による．

21. 本学会の会計年度は，毎年4月1日に始まり，3月31日に終わる．

22. 本学会の運営に関する細則は別に定める．

23．本会則の変更は，評議員会の議決を経て，総会が決定する．

附則 1． 英文会誌編集担当理事（エディター）の任期は 4 年とする．

  改正 1999 年 8 月 29 日
  改正 2000 年 6 月 30 日
  改正 2008 年 8 月 2 日
  改正 2009 年 1 月 29 日
  改正 2009 年 7 月 29 日
  改正 2009 年 12 月 23 日

編者略歴

津田博史（つだ　ひろし）
1959 年生まれ
現　在　同志社大学理工学部　数理システム学科 教授，
　　　　学術博士（統計科学）
著　書　『株式の統計学』（シリーズ〈社会現象の計量分析〉2），
　　　　朝倉書店，1994 年

中妻照雄（なかつま　てるお）
1968 年生まれ
現　在　慶應義塾大学 経済学部 准教授，Ph. D.（経済学）
著　書　『入門ベイズ統計学』（ファイナンス・ライブラリー 10），
　　　　朝倉書店，2007 年

山田雄二（やまだ　ゆうじ）
1969 年生まれ
現　在　筑波大学大学院 ビジネス科学研究科 准教授，
　　　　博士（工学）
著　書　『チャンスとリスクのマネジメント』（シリーズ〈ビジネスの数理〉2），朝倉書店，2006 年
　　　　『計算で学ぶファイナンス―MATLAB による実装―』
　　　　（シリーズ〈ビジネスの数理〉6），朝倉書店，2008 年

ジャフィー・ジャーナル―金融工学と市場計量分析
定量的信用リスク評価とその応用　　　　定価はカバーに表示

2010 年 3 月 30 日　初版第 1 刷

編　者　津　田　博　史
　　　　中　妻　照　雄
　　　　山　田　雄　二
発行者　朝　倉　邦　造
発行所　株式会社　朝　倉　書　店
　　　　東京都新宿区新小川町 6-29
　　　　郵便番号　162-8707
　　　　電話　03（3260）0141
　　　　FAX　03（3260）0180
　　　　http://www.asakura.co.jp

〈検印省略〉

© 2010〈無断複写・転載を禁ず〉　　　新日本印刷・渡辺製本

ISBN 978-4-254-29013-4　C 3050　　Printed in Japan

金融工学ハンドブック

首都大 木島正明監訳

29010-3 C3050　　A5判 1028頁 本体28000円

各テーマにおける世界的第一線の研究者が専門家向けに書き下ろしたハンドブック。デリバティブ証券，金利と信用リスクとデリバティブ，非完備市場，リスク管理，ポートフォリオ最適化，の4部構成から成る。〔内容〕金融資産価格付けの基礎／金融収益率のモデル化／ボラティリティ／デリバティブの価格付けにおける変分法／クレジットデリバティブの評価／非完備市場／オプション価格付け／モンテカルロシミュレーションを用いた全リスク最小化／保険分野への適用／他

金融工学事典

中大 今野 浩・明大 刈屋武昭・首都大 木島正明編

29005-9 C3550　　A5判 848頁 本体22000円

中項目主義の事典として，金融工学を一つの体系の下に纏めることを目的とし，金融工学および必要となる数学，統計学，OR，金融・財務などの各分野の重要な述語に明確な定義を与えるとともに，概念を平易に解説し，指針書も目指したもの〔内容〕伊藤積分／ALM／確率微分方程式／GARCH／為替／金利モデル／最適制御理論／CAPM／スワップ／倒産確率／年金／判別分析／不動産金融工学／保険／マーケット構造モデル／マルチンゲール／乱数／リアルオプション他

計量経済学ハンドブック

日大 蓑谷千凰彦・東大 縄田和満・京産大 和合 肇編

29007-3 C3050　　A5判 1048頁 本体28000円

計量経済学の基礎から応用までを30余のテーマにまとめ，詳しく解説する。〔内容〕微分・積分，伊藤積分／行列／統計的推測／確率過程／標準回帰モデル／パラメータ推定(LS,QML他)／自己相関／不均一分散／正規性の検定／構造変化テスト／同時方程式／頑健推定／包括テスト／季節調整法／産業連関分析／時系列分析(ARIMA,VAR他)／カルマンフィルター／ウェーブレット解析／ベイジアン計量経済学／モンテカルロ法／質的データ／生存解析モデル／他

ファイナンスハンドブック

R.A.ジャロウ・V.マクシモビッチ・W.T.ジエンバ編
中大 今野 浩・岩手県大 古川浩一監訳

12124-7 C3041　　A5判 1152頁 本体29000円

〔内容〕ポートフォリオ／証券市場／資本成長理論／裁定取引／資産評価／先物価格／金利オプション／金利債券価格設定／株式指数裁定取引／担保証券／マイクロストラクチャ／財務意思決定／ヴォラティリティ／資産・負債配分／市場暴落／普通株収益／賭け市場／パフォーマンス評価／市場調査／実物オプション／最適契約／投資資金調達／財務構造と税制／配当政策／合併と買収／製品市場競争／企業財務論／新規株式公開／株式配当／金融仲介業務／米国貯蓄貸付組合危機

ファイナンス統計学ハンドブック

G.S.マタラ・C.R.ラオ編
慶大 小暮厚之・早大 森平爽一郎監訳

29002-8 C3050　　A5判 740頁 本体26000円

ファイナンスに用いられる統計的・確率的手法を国際的に著名な研究者らが解説した，研究者・実務者にとって最高のリファレンスブック。〔内容〕アセットプライシング／金利の期間構造／ボラティリティ／予測／選択可能な確率モデル／特別な統計手法の応用(ブートストラップ，主成分と因子分析，変量誤差問題，人工ニューラルネットワーク，制限従属変数モデル)／種々の他の問題(オプション価格モデルの検定，ペソ問題，市場マイクロストラクチャー，ポートフォリオ収益率)

日銀金融研 小田信之著
ファイナンス・ライブラリー1
金融デリバティブズ
29531-3 C3350　　A5判 184頁 本体3600円

抽象的な方法論だけでなく，具体的なデリバティブズの商品例や応用計算例等も盛り込んで解説した"理論と実務を橋渡しする"書。〔内容〕プライシングとリスク・ヘッジ／イールドカーブ・モデル／信用リスクのある金融商品のプライシング

日銀金融研 小田信之著
ファイナンス・ライブラリー2
金融リスクの計量分析
29532-0 C3350　　A5判 192頁 本体3600円

金融取引に付随するリスクを計量的に評価・分析するために習得すべき知識について，"理論と実務のバランスをとって"体系的に整理して解説。〔内容〕マーケット・リスク／信用リスク／デリバティブズ価格に基づく市場分析とリスク管理

日銀金融研 家田　明著
ファイナンス・ライブラリー3
リスク計量とプライシング
29533-7 C3350　　A5判 180頁 本体3300円

〔内容〕政策保有株式のリスク管理／与信ポートフォリオの信用リスクおよび銀行勘定の金利リスクの把握手法／オプション商品の非線型リスクの計量化／モンテカルロ法によるオプション商品のプライシング／有限差分法を用いた数値計算手法

慶大 小暮厚之・東北大 照井伸彦著
ファイナンス・ライブラリー4
計量ファイナンス分析の基礎
29534-4 C3350　　A5判 264頁 本体3800円

ファイナンスで用いられる確率・統計について，その数理的理解に配慮して解説。〔内容〕金融資産の価値と収益率／リスク／統計的推測／ポートフォリオ分析／資産価格評価モデル／派生資産の評価／回帰分析／時系列分析／データ／微分・積分

神戸大 加藤英明著
ファイナンス・ライブラリー5
行動ファイナンス
——理論と実証——
29535-1 C3350　　A5判 208頁 本体3400円

2002年ノーベル経済学賞のカーネマン教授の業績をはじめ最新の知見を盛り込んで解説された行動ファイナンスの入門書。〔内容〕市場の効率性／アノマリー／心理学からのアプローチ／ファイナンスへの適用／日本市場の実証分析／人工市場／他

J.-P.ブショー他著　早大 森平爽一郎監修
ファイナンス・ライブラリー6
金融リスクの理論
——経済物理からのアプローチ——
29536-8 C3350　　A5判 260頁 本体4800円

"Theory of Financial Risks:From Statistical Physics to Risk Management"の和訳。〔内容〕確率理論：基礎概念／実際の価格の統計／最大リスクと最適ポートフォリオ／先物とオプション：基本概念／オプション：特殊問題／金融用語集

早大 葛山康典著
ファイナンス・ライブラリー7
企業財務のための金融工学
29537-5 C3350　　A5判 176頁 本体3400円

〔内容〕危険回避的な投資家と効用／ポートフォリオ選択理論／資本資産評価モデル／市場モデルと裁定価格理論／投資意思決定の理論／デリバティブズ／離散時間でのオプションの評価／Black-Scholesモデル／信用リスクと社債の評価／他

みずほ情報総研 安岡孝司著
ファイナンス・ライブラリー8
市場リスクとデリバティブ
29538-2 C3350　　A5判 176頁 本体2700円

基礎的な確率論と微積分の知識を有する理工系の人々を対象に，実例を多く揚げ市場リスク管理実現をやさしく説いた入門書。〔内容〕金融リスク／金融先物および先渡／オプション／オプションの価格付け理論／金利スワップ／金利オプション

広島大 前川功一訳
ファイナンス・ライブラリー9
ビョルク 数理ファイナンスの基礎
——連続時間モデル——
29539-9 C3350　　A5判 308頁 本体6200円

抽象的な測度論に深入りせずに金融デリバティブの包括的な解説を行うファイナンスの入門的教科書〔内容〕1期間モデル／確率積分／裁定価格／完備性とヘッジング／非完備市場／配当／通貨デリバティブ／債券と利子率／短期金利モデル／など

慶大 中妻照雄著
ファイナンス・ライブラリー10
入門ベイズ統計学
29540-5 C3350　　A5判 200頁 本体3600円

ファイナンス分野で特に有効なデータ分析手法の初歩を懇切丁寧に解説。〔内容〕ベイズ分析を学ぼう／ベイズ的視点から世界を見る／成功と失敗のベイズ的分析／ベイズ的アプローチによる資産運用／マルコフ連鎖モンテカルロ法／練習問題／他

同大 津田博史・慶大 中妻照雄・筑波大 山田雄二編 ジャフィー・ジャーナル：金融工学と市場計量分析 **非流動性資産の価格付けとリアルオプション** 29009-7　C3050　　　A5判 276頁 本体5200円	〔内容〕代替的な環境政策の選択／無形資産価値評価／資源開発プロジェクトの事業価値評価／冬季気温リスク・スワップ／気温オプションの価格付け／風力デリバティブ／多期間最適ポートフォリオ／拡張Mertonモデル／株式市場の風見鶏効果
同大 津田博史・慶大 中妻照雄・筑波大 山田雄二編 ジャフィー・ジャーナル：金融工学と市場計量分析 **ベイズ統計学とファイナンス** 29011-0　C3050　　　A5判 256頁 本体4200円	〔内容〕階層ベイズモデルによる社債格付分析／外国債券投資の有効性／株式市場におけるブル・ベア相場の日次データ分析／レジーム・スイッチング不動産価格評価モデル／企業の資源開発事業の統合リスク評価／債務担保証券（CDO）の価格予測
横国大 浅野幸弘・住友信託銀行 岩本純一・住友信託銀行 矢野　学著 応用ファイナンス講座1 **年金とファイナンス** 29586-3　C3350　　　A5判 228頁 本体3800円	公的年金の基本的知識から仕組みおよび運用までわかりやすく詳説〔内容〕わが国の年金制度／企業年金の選択／企業財務と年金資産運用／年金会計／年金財務と企業評価／積立不足と年金ALM／物価連動国債と年金ALM／公的年金運用／他
国際教養大 市川博也著 応用ファイナンス講座2 **応用経済学のための時系列分析** 29587-0　C3350　　　A5判 184頁 本体3500円	時系列分析の基礎からファイナンスのための時系列分析を平易に解説。〔内容〕マクロ経済変数と時系列分析／分布ラグモデルの最適次数の決定／統計学の基礎概念と単位根テスト／定常な時系列変数と長期乗数／ボラティリティ変動モデル／他
みずほ信託銀行 菅原周一著 応用ファイナンス講座3 **資産運用の理論と実践** 29588-7　C3350　　　A5判 228頁 本体3500円	資産運用に関する基礎理論から実践まで，実証分析の結果を掲げながら大学生および実務家向けにわかり易く解説〔内容〕資産運用理論の誕生と発展の歴史／株式運用と基礎理論と実践への応用／債券運用の基礎と実践への応用／最適資産配分戦略
麗澤大 清水千弘・富山大 唐渡広志著 応用ファイナンス講座4 **不動産市場の計量経済分析** 29589-4　C3350　　　A5判 192頁 本体3900円	客観的な数量データを用いて経済理論を基にした統計分析の方法をまとめた書〔内容〕不動産市場の計量分析／ヘドニックアプローチ／推定の基本と応用／空間計量経済学の基礎／住宅価格関数の推定／住宅価格指数の推定／用途別賃料関数の推定
電通大 宮﨑浩一著 応用ファイナンス講座5 **オプション市場分析への招待** 29590-0　C3350　　　A5判 224頁 本体3900円	重要なモデルを取り上げ，各モデルや数理的な分析手法の勘所をわかりやすく解説。〔内容〕BSモデルと拡張／デタミニスティックボラティリティモデル／ジャンプ拡張モデル／確率ボラティリティモデル／インプライド確率分布の実証分析／他
早大 森平爽一郎著 応用ファイナンス講座6 **信用リスクモデリング** 　　　　　測定と管理 29591-7　C3350　　　A5判 224頁 本体3600円	住宅・銀行等のローンに関するBIS規制に対応し，信用リスクの測定と管理を詳説。〔内容〕債権の評価／実績デフォルト率／デフォルト確率の推定／デフォルト確率の期間構造推定／デフォルト時損失率，回収率／デフォルト相関／損失分布推定
首都大 木島正明・早大 小守林克哉著 シリーズ〈現代金融工学〉8 **信用リスク評価の数理モデル** 27508-7　C3350　　　A5判 168頁 本体3600円	デフォルト（倒産）発生のモデルや統計分析の手法を解説した信用リスク分析の入門書。〔内容〕デフォルトと信用リスク／デフォルト発生のモデル化／判別分析／一般線形モデル／確率選択モデル／ハザードモデル／市場性資産の信用リスク評価
首都大 室町幸雄著 シリーズ〈金融工学の新潮流〉3 **信用リスク計測とCDOの価格付け** 29603-7　C3350　　　A5判 224頁 本体3800円	デフォルトの関連性における原因・影響度・波及効果に関するモデルの詳細を整理し解説〔内容〕デフォルト相関のモデル化／リスク尺度とリスク寄与度／極限損失分布と新BIS規制／ハイブリッド法／信用・市場リスク総合評価モデル／他

上記価格（税別）は2010年2月現在